RÉALISER LE
CHANGEMENT

Réaliser le changement

La méditation Vipassana en action

de
Ian Hetherington

Vipassana Research Publications

VIPASSANA RESEARCH PUBLICATIONS
(AN IMPRINT OF)
PARIYATTI
www.pariyatti.org

❧

Traduction de Vipassana France

Print ISBN: 978-1-68172-612-0
PDF ebook: 978-1-68172-615-1
ePub ebook: 978-1-68172-613-7
Mobi ebook: 978-1-68172-614-4

Library of Congress Control Number: 2023947601

Table des matières

Préface

Malgré un nombre toujours croissant de cours de méditation, le terme de méditation Vipassana et son potentiel restent largement inconnus en Occident. Ce livre, présentant des récits de méditants menant une vie quotidienne normale, a pour but de mieux faire connaître la méditation Vipassana et de la rendre plus compréhensible.

Il y a deux décennies, j'ai eu la chance d'apprendre la technique de Vipassana directement de S.N. Goenka, un maître de méditation contemporain laïc d'une tradition datant du temps du Bouddha. Depuis lors, comme de nombreux autres, j'ai pu apprécier la valeur inestimable de Vipassana. Je sais à travers mon expérience, tant personnelle que professionnelle, que les bienfaits tirés de cette pratique de méditation sont énormes. Je suis profondément redevable à M. Goenka, dont l'enseignement imprègne ce livre, et qui est un ambassadeur infatigable et exemplaire de Vipassana dans le monde entier.

La rédaction de *Réaliser le changement* s'est étalée sur cinq années. De par le monde, de nombreuses personnes ont généreusement donné leur temps, leur énergie et leurs compétences pour aider à l'aboutissement de ce projet. Je suis particulièrement reconnaissant envers les dizaines de méditants – étudiants et enseignants – qui m'ont transmis des récits relatant leur expérience de Vipassana. Seul un échantillon en est inclus ici. En réalisant cette compilation, j'ai également eu la bonne fortune de puiser dans une source abondante en média de tous genres : le Vipassana Research

Institute (Inde), Pariyatti (USA) et les auteurs qui m'ont fourni une liste riche de livres, articles et notes de séminaires ; Karuna Films, les cinéastes David Donnenfield, Michael Norton et Gerald Frape; les transcripteurs d'entretiens publiés ou vidéographiés; Michael Green et Kirk Brown pour leurs photographies ; Paul Fleischman qui a autorisé la reproduction d'extraits de son livre *Cultiver la Paix Intérieure.*

Il s'est agi d'un travail d'anthologie, plutôt que d'écriture, afin de tisser des narrations personnelles en un compte-rendu direct de la méditation Vipassana et de sa signification à l'époque actuelle. Je tiens à remercier les éditeurs Rick Crutcher de Pariyatti et Bill Hart pour leurs commentaires particulièrement perspicaces, leurs suggestions et leurs conseils patients. En nous ramenant d'une manière répétée à l'essentiel, leurs conseils ont sans aucun doute amélioré le texte. Un grand merci également au UK Vipassana Trust qui permit, de manière inestimable, l'accès aux installations du centre de méditation de Hereford et à son personnel.

Mes amis Kirk et Reinette Brown et ma femme Shelina ont également lu les textes en intégralité et ont été d'un encouragement sans faille – ce fut une équipe idéale de supporters.

Vipassana occupe une place primordiale dans ma vie depuis vingt-quatre ans et ce texte reflète ma propre expérience et compréhension, en tant que méditant et assistant enseignant. Lorsqu'il y a des insuffisances, elles sont exclusivement de mon fait et ne reflètent en rien l'enseignement qui est sans défaut.

Les remerciements les plus profonds vont à tous ceux qui ont contribué à ce joyeux travail. Puissent les mérites de ce travail être partagés par toutes ces personnes.

Ian Hetherington
Herefordshire, Royaume-Uni
2002

Introduction

Quel chemin suivre à présent ?

Tels des tornades, des changements très violents bouleversent notre époque. Ils font et défont les destins, testent nos limites. Où trouver refuge dans le tumulte ? Le monde ne va pas s'arrêter pour nous laisser descendre en marche, alors que faire et quel chemin prendre ? Doit-on plier ou se briser ? La pratique de Vipassana nous permet d'expérimenter le changement, en le comprenant totalement, à chaque instant de notre vie quotidienne. En prenant pleinement conscience de ce changement, nous pouvons cesser de subir et devenir acteurs plutôt que spectateurs passifs. Le but de ce livre est de présenter la méditation Vipassana comme méthode testée et approuvée pour la résolution de nos problèmes quotidiens.

Cet ouvrage se veut une célébration et une invitation. Célébration d'une tradition de méditation vivante, pratiquée dans le monde entier aujourd'hui, transformant de façon positive la vie des gens à tous les niveaux, de façon infaillible comme elle l'a fait depuis plus de deux mille ans ; une invitation au voyage, ensemble, dans un domaine fascinant de sensations, de pensées et d'actions.

Vipassana est une ancienne technique de méditation originaire d'Inde. Le Bouddha l'a découverte et est parvenu à l'éveil total en l'utilisant. Il en a fait l'essence de son enseignement qui s'est répandu à travers tout le sous-continent indien puis dans tous les pays limitrophes. Durant cinq cent ans, Vipassana a prospéré en Inde mais a été polluée et a fini par y disparaître.

Cependant, en Birmanie[1] (désormais Myanmar), une lignée d'enseignants dévoués a maintenu la théorie et la pratique de la technique dans leur forme originelle à travers les siècles. Sayagyi U Ba Khin, enseignant de méditation laïc, respecté et fonctionnaire de haut rang, est celui à qui l'on doit le renouveau de Vipassana dans les temps modernes. Dans son centre de Rangoon, il enseignait aussi bien à des étrangers qu'à des Birmans. Parmi ses étudiants les plus proches, se trouvait S.N. Goenka, homme d'affaires birman d'origine indienne, dont la famille s'était établie en Birmanie plusieurs générations auparavant. En 1969, après quatorze années passées à étudier la méditation et à assister son enseignant, M. Goenka retourna en Inde. La mission que lui confia U Ba Khin était de ramener Vipassana dans son lieu de naissance, la terre du Bouddha, et, de là, de la répandre partout dans le monde. En conséquence, M. Goenka commença à donner des cours de Vipassana, tout d'abord en Inde puis à l'étranger. Avec le temps, des centres de méditation dédiés exclusivement à l'enseignement furent créés.

Bien que Vipassana ait son origine en Inde et ait été préservée dans la tradition bouddhiste, elle n'est en rien sectaire et peut être acceptée et appliquée par chacun, quel que que soit son milieu. En Occident, les gens se sentent souvent mal à l'aise à l'évocation du terme « méditation ». Plusieurs associations négatives sont faites à son encontre : associations à des « cultes », à d'« autres religions» », au « mysticisme ». En résumé, les gens en concluent souvent que la méditation n'est pas faite pour eux. Par sa progression depuis les trente dernières années, Vipassana a démontré combien ces inquiétudes étaient infondées. L'approche est pratique, rationnelle et scientifique : une investigation objective de nos esprits et de nos corps, libre de tout rituel ou concept aveugle. Des personnes de toutes confessions ou des agnostiques, venant des quatre coins du monde et de tous milieux sociaux, pratiquent Vipassana avec

---

1   NDT: La dénomination officielle française est «Birmanie». L'ONU emploie le terme "Myanmar".

succès. Ceci ne devrait pas surprendre. Nos problèmes sont universels et leur solution doit également être universelle. De nos jours comme dans le passé, les gens d'Orient et d'Occident sont fondamentalement les mêmes. Des preuves tangibles de l'efficacité de la technique sont offertes ici dans les récits et la recherche. Au travers de la pratique de Vipassana et au-delà de toutes les barrières culturelles, nous allons voir comment des individus développent non seulement leur propre potentiel en tant qu'êtres humains, mais sont capables d'apporter une plus grande contribution à la société toute entière.

L'invitation, cher/e lecteur/trice, est la suivante : vous trouverez une description d'ensemble de la technique dans ces pages afin que vous sachiez ce dont il s'agit. Cependant, cet ouvrage n'est pas un manuel d'auto-formation à la méditation et ne doit pas être utilisé en ce sens. Rien ne peut remplacer l'apprentissage de Vipassana par votre propre expérience. Pour cela, vous devez participer à un cours de dix jours avec un enseignant autorisé, dans un environnement favorable. Ces cours sont conçus pour que vous puissiez découvrir par vous-mêmes comment méditer et obtenir les meilleurs résultats possibles.

Parallèlement à l'exposé de la technique se trouvent, en écho, des voix de méditants de différentes communautés, jeunes et plus anciens, hommes et femmes, simples et sophistiqués. Certains noms de personnes ayant contribué à ce livre ont été changés à leur demande. Tous ont leur propre histoire : comment ils sont venus à Vipassana, ce qu'ils y ont appris, les difficultés, les récompenses... Tout un chacun se trouvera revigoré par cette pratique basée sur la paix, le bonheur, la compassion et l'amour bienveillant. Ceci est le voyage que nous allons entreprendre.

Le livre est composé de trois parties :

Partie A : « Vipassana – Méditer sur le changement ».
Cette partie porte un regard sur l'impact du change-ment sur nos vies quotidiennes, ce qu'est Vipassana et ce qui se passe lors d'un cours de dix jours.

Partie B : « Vipassana – Changer le quotidien ».
Cette partie décrit les différentes manières dont les individus et les organisations appliquent l'enseignement au quotidien, chez eux, avec des amis et dans des cadres aussi divers que l'éducation, les affaires et l'administration, les réformes sociales et la santé.

Les annexes fournissent des informations pour ceux qui désirent en savoir plus sur Vipassana et sur les modalités à effectuer pour se rendre à un cours.

Puisse ce que vous lisez ici vous encourager et vous donner une direction pour votre propre quête vers le bonheur et la vérité.

~☙

VIPASSANA — MÉDITER SUR LE CHANGEMENT

~☙

CHAPITRE 1

LE DÉFI ET LE CHANGEMENT

Né hors mariage dans un petit village côtier de la Grèce des années 1960, ma mère de naissance fut dans l'impossibilité de me garder et de m'élever dans le climat culturel de cet endroit et de cette époque. Je fus donc placé dans un orphelinat local, après ma naissance dans le bus du village. Mon existence commençait plutôt mal, mais à l'âge de six mois, je fus adopté par une famille gréco-américaine et emmené aux Etats-Unis, dans une grande ville du Midwest. Ma famille me porta beaucoup d'attention, ce qui me donna des racines et me stabilisa pendant mon éducation.

Les blessures d'une adoption, tant pour la famille que pour le fils n'étaient cependant jamais directement formulées, ce qui en laissait certaines s'infecter. De plus, quelques dynamiques familiales étranges ajoutèrent du sel sur ces blessures, et il me revenait la tâche de me débrouiller seul de toute l'attention et l'amour dont je faisais l'objet dans ma famille avec comme bruit de fond le bourdonnement incessant de mon anxiété interne et de mon mal-être. Dans mon enfance, j'abordais ce défi comme beaucoup d'enfants le font, en entraînant leur mère dans des discussions philosophiques. Je me souviens encore aujourd'hui de beaucoup de ces discussions, dont le point central était ma préoccupation pour l'origine de la vie, la fin de la vie, et la souffrance d'autrui.

Après une éducation bon chic bon genre et une maîtrise en spiritualité, je retournai dans la ville ou j'avais grandi et pris un travail dans une librairie « progressiste » locale pour pouvoir lire tout ce que je pouvais sur la condition humaine. Mon éducation scolaire et universitaire ne satisfaisait pas ma curiosité existentielle ; en plus de gagner un peu d'argent, j'avais choisi ce travail afin d'explorer la dérision de cette condition humaine et de ma propre nature. Je lus des livres sur la guérison, les dynamiques familiales, l'adoption, le chagrin, la « nouvelle science », etc... Et puis, je finis par atterrir à la section sur le Bouddhisme et le message que je glanai d'un auteur en particulier fut que pour transcender la souffrance, on doit d'abord transcender le champ de la pensée et du langage. Arrivé à ce point, on atteint une double perspective où à la fois la beauté et la folie de la vie disparaissent en un silence mystérieux. Selon cet auteur, ni la compréhension ni la lecture ne peuvent résoudre seules ce paradoxe ; seule la méditation le peut.

Ce serait donc la méditation, et ainsi me suis-je mis en route pour apprendre le chemin au-delà de la souffrance...

- Dimitri Topitzes, Wisconsin, USA,
a suivi son premier cours de Vipassana en 1996.

Le changement : l'unique certitude existante

Pour nous qui avons grandi dans la prospérité de la fin du vingtième siècle, nous pourrions penser que la plupart des problèmes de la vie ont été résolus. La majorité de la population mange à sa faim et possède un logement confortable. Nous vivons plus longtemps, passons moins de temps au travail. Nous avons plus d'argent que jamais et une grande quantité de biens et de services à notre disposition. Cependant, si les taux de suicides, les statistiques de divorce et les chiffres des abus d'alcool ou de drogues sont des indicateurs fiables, alors même les riches ne sont pas heureux. Comme on peut s'y attendre, les diverses minorités, les groupes ethniques dans les ghettos, les personnes âgées, les handicapés ou les malades, les chômeurs : tous ceux qui n'ont pas accès à l'abondance et au confort font monter les statistiques dans tous les domaines. Les cycles de privations s'installent rapidement, naturellement suivis de conséquences tragiques, non seulement pour l'individu mais indirectement pour toute la société. Les mêmes villes, qui sont des dynamos financières et commerciales durant la journée, deviennent des abris d'indigents la nuit tombée. Des scènes que nous aimerions voir situées dans des bidonvilles lointains se déroulent dans nos arrière-cours.

Une moitié du monde semble être affairée au-delà du possible, travaillant non-stop, jusqu'à l'épuisement. L'autre moitié est désœuvrée, désengagée de toute action, frustrée. À quoi rime cet enfer ?

Dans les pays en développement, les nécessités de base telles que la nourriture, l'eau et le logement ne peuvent être assurées, en dépit de l'abondante richesse de la planète. On peut craindre que beaucoup de nations émergentes se précipitent, tête baissée, vers un « progrès » de type occidental, surajoutant de nouvelles divisions à leurs populations. La pauvreté, lorsqu'elle n'est pas absolue, reste toujours relative par rapport au standard de vie du monde industrialisé. Comme toujours, la survie est une occupation à plein temps pour la plupart des habitants de ces parties du monde. Ils pourraient cependant être surpris à leur tour de découvrir que les richesses, que beaucoup désirent ardemment, échouent à apporter le bien-être. Le prix du succès économique est élevé, pas seulement pour les perdants mais également pour les soi-disant gagnants. Les travailleurs dans les usines, les fermes, les bureaux et les magasins sont de moins en moins nombreux mais travaillent plus, ont plus de responsabilités et bien souvent un salaire en baisse et peu de satisfactions. L'impact de la quantité et de la qualité des changements dans la vie de chacun se voit partout. La sécurité de l'emploi et la protection sociale qui la sous-tendait souvent ne sont rapidement plus d'actualité.

*Emploi du temps du jour : rendez-vous, tâches quotidiennes,
corvées de ménage, priorités, urgences...
Et le temps pour soi ? On oublie !*

Les rêves des designers sont sans cesse manufacturés et
lancés sur le marché pour chaque segment de la population.
Ceux qui travaillent dur sont également ceux qui sont
portés à se divertir à la dure dans les clubs de gym, les
bars, les boîtes de nuit, ou dans les galeries commerciales.
La pression pour être vainqueur et étaler son succès est un
« must » et lorsque qu'on ne gagne pas assez ou que l'avidité
domine, les crimes et la corruption prospèrent. Le menu des
échappatoires telles que la fête, la gourmandise, la bringue,
les voyages exotiques, le matériel dernier cri ne sont souvent
qu'éphémères.

De toute façon, le soulagement que ces petits riens
offrent est temporaire, c'est une distraction momentanée
du boulot quotidien. Quel intérêt ?

*Le sexe fait tout vendre : voitures, cosmétiques, sport ou miches
de pain. Une véritable obsession, une épidémie.*

Que peut-on dire du processus de changement que
nous traversons ? La vie a toujours impliqué une lutte mais
tant par son rythme que par son intensité, cette époque est
probablement sans pareille dans l'histoire humaine.

Les révolutions dans les sciences, les technologies, la
médecine et les télécommunications font la une des médias.
Tout ceci est contrebalancé par la vague des idéologies
concurrentes : le colonialisme, le capitalisme, le fascisme,
le communisme, le racisme, le féminisme, l'environnemen-
talisme, le fondamentalisme..., la liste s'allonge sans cesse.
Mais c'est au niveau de l'humain que les drames se jouent et
que les retombées se ressentent. Que de questions soulevées
pour être ignorées ou rester sans réponse. Les traditions se
dissolvent face à la modernité. S'il n'y a pas de travail, que
doit-on faire ? Si ça te fait plaisir, fais-le, et laisse tomber les

conséquences ! Quand la vie devient dure, ce sont les plus durs qui s'en sortent ! Reste-t-il des liens solides entre les partenaires, les parents, les enfants, les amis, les collègues, les associés, et avec vous, mon voisin ? Au-delà des gentillesses, y a-t-il quelque chose à part le seul intérêt personnel ? Partout l'argent et la gratification de l'ego menacent de remplacer la toile complexe de respect mutuel, d'attention et de responsabilité, qui s'est développé parallèlement aux espèces. La famille est morte paraît-il, la religion hors sujet, la politique, une ultime comédie. Le cynisme d'aujourd'hui est corrosif et il atteint tout le monde. Pas besoin d'aller voir plus loin que les attaques d'étrangers inspirés par la haine ou les derniers épisodes de rage au volant. Notre société va mal.

Qui a besoin d'une telle pagaille ?

À l'intérieur de ce tourbillon, aux quatre coins du monde des gens essayent de comprendre leurs vies bouleversées. Si nous avons de la chance, nous trouvons des ressources en nous-mêmes, des capacités et des aides extérieures pour pouvoir continuer. Si nous sommes moins chanceux, la combinaison des faiblesses personnelles, de la négligence et de l'acharnement commercial rend notre situation dangereuse. Il n'est pas étonnant que sans préparation ou appui, autant de personnes souffrent de stress débilitant, sous une forme ou une autre. Le stress, une part de notre marchandage avec le diable, l'envers du décor de notre culture, une culture qui risque de perdre tous ses repères.

Des corps brûlés par le soleil sur une plage
Tels des fumeurs invétérés
Conscients des risques
Pensant que cela n'arrive qu'aux autres.

De plus en plus de gens le reconnaissent, il faut faire quelque chose pour retrouver et maintenir l'équilibre à l'intérieur de la société alors que nous évoluons dans une période de turbulences continues, qui vont même en s'accélérant. Le retour au passé n'est pas une option, le bon vieux temps a disparu, il n'existe plus que sur des sites Internet historiques sous forme d'articles pittoresques. Les institutions, les écoles, les sociétés commerciales, mêmes les gouvernements peuvent changer avec le temps, mais uniquement à la rapidité permise par les individus. La clé du bonheur se trouve dans les mains des individus eux-mêmes.

Comment un être humain fait-il face aux changements que nous avons répertoriés ? La survie -par la fuite, la bagarre, l'échappatoire ou par tout autre moyen- demande une adaptation. Dans la mesure où nous pouvons accepter un nouvel ensemble de circonstances et modifier notre comportement en conséquence, nous serons d'autant plus en phase avec la nouvelle situation... Cependant, nous pouvons percevoir de nombreux changements extérieurs comme fâcheux, inconfortables, ou contrariants pour notre mode de vie et notre réponse est alors un déni ou bien une résistance. Une autre option est de penser que nous faisons face aux défis et que nous nous en sortons bien, alors qu'au niveau profond du subconscient de l'esprit, une réaction intense est en cours et nos véritables sentiments sont refoulés.

Le monde peut bien changer ; laissez-moi simplement être.

L'esprit et son contenu sont de la plus haute importance. Tel un iceberg, dont on ne peut voir que le sommet, l'esprit conscient ne représente qu'une petite partie de la totalité. L'intellect, la partie rationnelle de l'esprit, est fréquemment assimilé à sa totalité. En réalité, il y a une vaste réserve d'expériences et d'émotions non ressenties, en-dessous de la surface, qui ont un impact constant sur l'esprit conscient et le dominent. Pour faire face au changement d'une manière autre que superficielle, nous devons avoir un accès complet aux mystères de notre esprit. Nous avons également besoin d'une façon de travailler sur nous-mêmes qui soit sans danger et qui nous aide à nous aligner, au plus profond de notre être, avec le flux en mouvement dans l'univers. La méditation Vipassana nous fournit justement une telle technique. Par l'auto-observation chacun de nous peut apprendre la vérité sur lui-même et développer la sagesse vivante capable d'appréhender le changement d'une manière efficace.

~&

C'était le 26 avril 1977, presque trois ans après mon séjour en Inde et plusieurs mois après mon dernier cours de méditation. Bien que je me sois senti désorienté dans les sombres et étranges rues guatémaltèques, j'arrivais malgré tout à l'aéroport à temps pour le vol. En route pour Tikal, site de la plus grande ruine Maya. Cependant, le décollage fut repoussé un long moment. Comme la ville était en altitude, nous avons commencé notre descente vers une ville côtière où nous devions nous arrêter avant d'atteindre Tikal. L'appareil avait deux moteurs, mais l'un d'eux a commencé à mal fonctionner et nous avons essayé de retourner à Guatemala City. L'avion n'avait pas assez de puissance pour voler avec un seul moteur et nous nous sommes rapprochés de plus en plus près du sol. Je ne savais pas que quelque chose allait vraiment mal et je continuais à regarder à la fenêtre en m'attendant à voir le bout d'une piste d'atterrissage apparaître. C'est alors que nous avons heurté quelque chose et j'ai réalisé que nous nous écrasions. Je me suis dit littéralement, « J'ai bien peu de chances d'en réchapper » et j'ai maintenu ma tête contre le dos du siège avant, en attendant le craquement qui aller mettre un terme à ma vie. Je ne ressentais aucune peur ni aucun regret à être dans cette situation. Je ne ressentais pas non plus d'émotion positive. Il s'agissait simplement d'une expérience qui se déroulait et l'émotion n'en faisait pas partie. Nous avons rebondi de manière plutôt brutale mais finalement tout s'est arrêté. J'ai relevé la tête ainsi que tous les autres passagers, chacun regardant autour de soi avec une expression de surprise sur le visage. Je pouvais sentir de la fumée, mais je ne me sentais toujours pas concerné. J'étais à l'arrière de l'avion et je me suis levé alors que ceux qui étaient tout au fond suivaient les couloirs vers les sorties au-dessus des ailes. Une procession similaire se déroulait à l'avant de l'avion. La dernière personne de l'avant a pris la sortie au-dessus d'une aile tandis que j'ai pris l'autre, et là l'avion était désormais complètement vide. En sortant, j'ai couru à la bonne distance pour éviter à mon avis d'être pris dans une explosion. Je me suis alors arrêté, me suis retourné et j'ai pris les deux premières photos d'une série. Je me suis éloigné alors un peu plus et j'ai regardé les flammes s'élever de plus en plus haut, produisant un son du genre « whump » à chaque nouvel apport de carburant qui nourrissait le feu. Mes affaires étaient dans l'avion, quelques-unes des achats récents, et d'autres, des objets que j'avais avec moi depuis plusieurs années de voyage. Je n'ai ressenti aucun regret en constatant qu'ils disparaissaient. En vérité, ce fut juste une expérience très intéressante.

—Charles Brown a suivi son premier cours en 1974.
Il vit et travaille maintenant à Seattle, USA.

Certains sont à la recherche d'une direction nouvelle, tous leurs sens en éveil, tels des oiseaux en attente de l'appel de la saison. Ils expérimentent diverses situations, testent leurs réactions et se jaugent. Articulée ou non, une quête de soi est en cours, un voyage spirituel est entrepris. D'autres peuvent se développer personnellement dans leur fauteuil ; quand ils lisent ou entendent des propos sur un gain de contrôle accru sur leur vie, cela les attire, mais ils sont plus à l'aise avec l'idée du changement qu'avec l'effort à faire pour y parvenir. Peut-être doutent-ils qu'ils puissent arriver à changer les habitudes de toute une vie ou bien s'inquiètent-ils de ce qui surviendra s'ils le font. Il se peut qu'ils n'arrivent pas à pas croire que de simples êtres humains, plutôt qu'une quelconque force extérieure, ont la capacité de changer leurs propres vies. Par-dessus tout, ils ont peur de l'inconnu. D'autres, tels des autruches, semblent à peu près satisfaits de leur existence telle qu'elle est et ne montrent aucun intérêt au-delà de la satisfaction de leurs besoins matériels immédiats.

Peut-être que ces stéréotypes sont moins des types de personnalité fixes que des phases que chacun peut traverser à tout moment. Les plaques tectoniques sont sans cesse en déplacement, de même que les masques que nous portons. Même le point de vue le plus étroitement auto-satisfait sur la vie peut être balayé par une crise soudaine : le décès d'une personne chère, une maladie grave, une perte matérielle ou de statut. Paradoxalement c'est lorsque nous sommes le plus vulnérables, en nous débattant avec tout le bagage du passé, que nous pouvons être le plus innovants, en cherchant à négocier ce virage de la vie. Petits ou grands, subis ou lointains, ces défis à nos routines établies surviennent sans cesse. Et si nous n'avons pas de moyens efficaces pour faire face à ces défis, ils vont prendre l'ascendant sur nous et nous hanter dans le futur. Nous sommes fiers aujourd'hui de la technologie des sondes spatiales, du génie génétique, des armes intelligentes, mais nous oublions souvent la nécessité d'exploiter l'immense pouvoir de notre propre esprit.

Un pouvoir définitivement capable de clarifier notre confusion dans un monde aux choix difficiles ; une chance pour une véritable amélioration personnelle – qui aidera également autrui. C'est la promesse de la méditation Vipassana.

Tout le monde aspire à la paix et au bonheur,
mais où les trouver ?

CHAPITRE 2

QU'EST-CE QUE LA MÉDITATION VIPASSANA ?

∾

J'ai suivi mon premier cours de méditation Vipassana en octobre 1991. Auparavant, j'étais timide et nerveuse. J'avais peur de rencontrer de nouvelles personnes et étais très facilement troublée. J'étais également quelqu'un d'assez négatif. Enfant, on me surnommait Bourriquet (l'âne triste dans les aventures de *Winnie l'Ourson* d'A.A. Milne) en raison de mon attitude morose dans la vie. Il devait y avoir du vrai là-dedans parce qu'indépendamment, je reçus le même surnom de mes pairs à l'université. Dans une certaine mesure, je suis toujours cette personne aujourd'hui, mais il y a eu de grands changements...

—Kerry Jacobs est devenue écrivain en résidence dans une prison britannique et enseigne à présent au Japon.

Pourquoi méditer ?

La méditation a différentes significations selon les gens. En Occident, le terme a généralement un sens très large en relation avec « penser les choses en profondeur », « peser les choses », « réfléchir ». On peut aussi l'associer à la prière, à la contemplation religieuse, à la relaxation et à des états modifiés de conscience. L'intérêt pour la « méditation » ne

cesse de croître depuis les années 60 mais le côté vague de
la définition peut porter à confusion. Cela recouvre un vaste
champ d'activités qui utilisent le même terme de façon très
différente. Pour beaucoup de gens, cela reste flou, voire
étrange. Qu'en est-il ?

Dans le cadre de Vipassana, la méditation signifie développement mental et fait référence à certains exercices et
techniques spécifiques utilisés pour concentrer et dénouer
l'esprit.

Notre temps et notre attention sont tellement sollicités.
Alors pourquoi voudrait-on méditer ?

- Avec Vipassana, nous apprenons à aller réellement à
  l'intérieur de notre cœur et de notre esprit pour découvrir
  qui nous sommes et construire à partir de cette vérité.
- Nous apprenons à prendre du recul par rapport aux
  stimulations du monde pour rester centré, nous équilibrer
  – physiquement, mentalement, émotionnellement,
  spirituellement – et nous reconnecter avec la nature.
- Nous apprenons que la paix est à l'intérieur de nous-
  mêmes et à la trouver.
- Nous méditons pour renforcer notre esprit. Chaque jour,
  un athlète passe des heures à entretenir son corps en
  bonne condition. L'exercice que nous pratiquons avec
  Vipassana équivaut à un travail mental complet.
- Nous élevons nos capacités de concentration.
- Nous découvrons de nouvelles ressources d'énergie.
- Nous devenons plus disponibles pour les autres et
  utiles à la société.
- Nous apprenons une technique concrète pour surmonter
  les tempêtes et le stress de la vie quotidienne.
- Nous cessons d'engendrer des souffrances pour nous-
  mêmes et de décharger notre détresse sur les autres.
- Nous apprenons à développer et à partager un amour et
  une compassion désintéressés.
- Nous apprenons à désintoxiquer notre esprit, à devenir

plus positifs, moins réactifs, plus compréhensifs, moins enclins à critiquer, plus généreux et moins centrés sur nous-mêmes.

• Nous commençons à prendre le contrôle, à enrichir immensément nos vies, à nous changer pour le mieux.

Ce que Vipassana n'est pas

Beaucoup parmi ceux qui découvrent la méditation Vipassana la traitent avec suspicion et défiance comme on le fait avec tout ce qui est nouveau. Il est sain d'être sceptique ; le domaine de la spiritualité a connu sa part de fraudes, de scandales et même de tragédies ces dernières années. Traitons directement d'un certain nombre de malentendus possibles.

• Vipassana n'est pas une échappatoire face aux exigences et aux responsabilités du monde réel. C'est exactement l'inverse : la pratique de cette méditation nous aide à élargir nos capacités à participer à la société de manière créative. C'est donc à juste titre qu'on l'appelle « l'art de vivre ».

• Est-ce encore une philosophie abstraite dont des gens débattent sans fin dans leurs tours d'ivoire ? Non, l'enseignement est simple et concret. Tout le monde, de l'enfant au professeur, peut le comprendre. Il est fermement basé sur notre expérience lorsque nous apprenons à observer la vérité à l'intérieur de nous-mêmes. On ne nous dit pas quoi penser, on nous montre ce que nous sommes et ce que nous pouvons être.

• Alors quel est le but de Vipassana : contrôler les gens, comme certaines religions ou sectes ? Soyons clairs : le but de la technique est de purifier l'esprit. Comme nous l'avons déjà dit, l'esprit est ce qu'il y a de plus important chez une personne. C'est le moteur qui dirige tous nos actes et nos paroles. L'esprit humain est plein de bonté, nous le voyons dans l'innocence des jeunes enfants, dans le flot de soutien pour les programmes d'aide humanitaire, dans les moments de sacrifice de soi. Malheureusement, cette positivité est fréquemment assombrie par de fortes impuretés mentales telles que la colère, la haine, la passion et la peur. À moins de trouver un moyen de déraciner ces négativités et de nous en libérer, elles vont rester le côté dominant de notre nature. Vipassana nous aide à nettoyer nos actions. Le but de la technique est le contrôle de nous-mêmes et non la manipulation des autres.

- Alors où l'illumination trouve-t-elle sa place ? L'illumination est une autre façon de décrire le même processus et s'ensuit naturellement. Nous purifions notre esprit en méditant et en faisant de notre mieux pour suivre un mode de vie sain. Petit à petit, nous développons les qualités de l'illumination en nous-mêmes. Vipassana donne de bons résultats ici et maintenant. Cela ne signifie pas que nous devenons instantanément des Bouddhas. Des changements vont apparaître, lentement mais sûrement, dans nos attitudes et nos comportements qui vont finalement nous amener à la perfection. Mais ne nous accrochons pas à cette idée de l'illumination, tout vient à temps ; le paradis peut attendre !
- Alors quel est le rôle de l'enseignant et comment tout cela est-il financé ? Un enseignant Vipassana ou un assistant enseignant est un méditant expérimenté dont le travail est de guider les autres dans la méditation. Le but pour ceux qui veulent pratiquer est de développer la compréhension et l'autonomie, et non la dépendance. L'enseignant est un ami spirituel pour l'étudiant et non pas un gourou distant. Il s'agit d'un service volontaire, non rémunéré. La tradition Vipassana est complètement dépourvue de mercantilisme et n'a aucun lien avec des organisations politiques ou religieuses.

J'ai eu l'énorme chance d'être né profondément déprimé.

Mes souvenirs les plus anciens sont de me sentir seul, exclu par les autres enfants, triste. À l'école, pendant une période, on pensait que j'avais un retard de développement comme on disait à l'époque. En grandissant, je devins encore moins intégré dans la vie. J'avais peu d'amis, je passais la plupart de mon temps seul et dus redoubler ma cinquième.

En entrant dans l'adolescence et jusqu'au début de ma vie d'adulte, des sentiments d'inutilité augmentèrent et des pensées suicidaires me hantaient fréquemment. Je me fis aider par de nombreux psychanalystes, psychiatres, psychologues, conseillers et travailleurs sociaux. Cela ne m'aida pas beaucoup. J'avais le sentiment d'être pressé dans une sorte de boîte construite d'après une théorie ou une autre. Souvent, je ressentais que l'ego du thérapeute s'introduisait tellement dans le processus que je me perdais dans leur propre grandeur ou leurs doutes personnels.

À cette époque, au début de ma vingtaine, j'ai senti que j'avais touché le fond. Rien de ce que nos professionnels de la santé mentale proposaient ne semblait m'aider. Je compris que si je devais atteindre le fond de ma misère, je devais trouver la réponse moi-même. Je commençai à m'intéresser aux pratiques spirituelles et religieuses. Après tout, si des milliards de gens dans le monde entier s'y adonnaient, il devait bien exister des bienfaits et des expériences communes.

Je commençai à lire des ouvrages sur le christianisme, le taoïsme, le vedanta, le confucianisme, le zen, le bouddhisme tibétain, le soufisme et de multiples mouvements « New Age ». Finalement, j'essayais diverses pratiques. J'avais l'espoir que peut-être se trouvait là une solution. Il semblait qu'il y avait une vérité profonde commune. Dans la pratique, je ne la trouvais pas. Tout cela semblait recouvert par des couches de rituels, d'imaginaire, d'histoires financières et même d'immoralité de la part des étudiants et même d'un enseignant. La graine d'espoir subsistait cependant et j'ébauchais graduellement et de façon empirique quatre règles pour m'aider dans ma recherche.

1. La pratique devait être gratuite. S'il y a une connaissance qui conduit au bonheur et à la liberté, quiconque l'a trouvée

et quiconque l'enseigne devrait désirer que chacun puisse la partager et ne devrait pas chercher à en profiter ni à en exclure ceux qui ne peuvent pas payer.

2. Il ne devrait pas être demandé d'acte de foi. Il ne devrait pas y avoir de Dieu invisible ni de dévotion aveugle. Chaque étape devrait être claire et acceptable depuis le début.

3. Il ne devrait pas y avoir d'exclusion de quiconque et de damnation de ceux qui sont sur un chemin différent.

4. L'enseignant devrait suivre son propre enseignement et devrait s'abstenir d'actions immorales.

Ces critères accélérèrent grandement ma recherche, mais éliminèrent presque tout ce que j'avais approché jusqu'alors. Je pratiquais dans une école bouddhiste plutôt éclectique et édulcorée lorsque je rencontrai finalement quelqu'un qui avait suivi un cours de Vipassana en Inde.

Après avoir participé à mon premier cours avec M. Goenka, je sus que j'avais trouvé l'outil qui remplissait mes quatre critères pour une pratique pure ! Il n'y eut pas de miracle, mais je trouvais que cours après cours, année après année, ma dépression de longue date devint gérable. Plus précisément, je devins moins réactif à la souffrance qui est la nature même de la vie. Bien sûr, des humeurs noires arrivent toujours, mais cela s'apparente plus à regarder un nuage passer devant le soleil qu'à être enseveli sous une coulée de boue.

—Ben Turner est un infirmier praticien
qui travaille dans l'équipe médicale d'une prison des USA depuis
neuf ans.

Qu'est-ce que Vipassana ?

De celui qui dans la bataille a vaincu mille milliers d'hommes
Et de celui qui s'est vaincu lui-même,
c'est ce dernier qui est le plus grand vainqueur.

—Dhammapada, 103

La méditation Vipassana est une manière directe et

pratique d'atteindre une véritable paix d'esprit et de vivre une vie heureuse et utile. En Pāli, l'ancienne langue de l'Inde, « Vipassana » signifie voir les choses d'une manière spéciale ; c'est-à-dire telles qu'elles sont et non pas seulement telles qu'elles semblent être. Il s'agit d'un processus logique de purification mentale par l'observation de soi.

Vipassana est la technique que le Bouddha pratiqua pour devenir illuminé et qu'il enseigna pendant les quarante-cinq années restantes de sa vie. Par l'expérience directe et personnelle, il réalisa à quel point nous vivons, nous les êtres humains, dans un monde fantasque et plein d'illusions, notre petit monde à nous, bien loin de la réalité. La méditation Vipassana nous maintient sur la bonne voie en nous ramenant sans cesse à la réalité du moment présent.

Vipassana est une technique universelle, une manière de se connaître soi-même qui est totalement non sectaire, sans aucune foi aveugle ou connexion quelconque avec une religion organisée. Le Bouddha n'a pas inventé le terme « Bouddhiste » ni n'a proclamé qu'il avait été le seul à découvrir le chemin qu'il enseignait. Il n'avait aucun intérêt à constituer une secte de disciples dépendants ou à avoir des adeptes personnels. Pour lui, il y avait deux points centraux : la reconnaissance de la réalité de la souffrance, physique et mentale, et comment se libérer complètement de cette condition universelle. Il enseignait « le Dhamma », la loi de la nature qui fonctionne à l'intérieur et à l'extérieur de nous. L'enseignement entier peut être résumé en quelques lignes :

Abstiens-toi de toute action malsaine
Accomplis des actions saines
Purifie ton esprit.

—Dhammapada, 183

La pratique de la méditation Vipassana est ancrée autour de ces trois apprentissages : éviter les actions malsaines, contrôler l'esprit pour réaliser des actions saines et purifier l'esprit grâce à la sagesse du discernement. En apprenant la technique et en l'appliquant dans la vie, on ne s'adonne pas à un rite ou un rituel – des progrès concrets et immédiats vont en résulter. De nos jours, comme du temps de Bouddha, des hommes et des femmes ordinaires, aussi bien que ceux dévoués à une vie spirituelle de différentes traditions reçoivent des bénéfices de cette pratique. L'aspiration partagée, l'objectif durable, est de devenir une personne meilleure.

Pour apprendre la technique, il est nécessaire de participer à un cours résidentiel de dix jours avec un enseignant qualifié avant de pratiquer par soi-même. Le cours, qu'il soit tenu dans l'un des nombreux centres dans le monde ou dans un lieu loué pour l'occasion, repose toujours sur le principe du don. Il n'est pas demandé de paiement pour la nourriture, le logement ou l'enseignement. Durant le cours, les enseignants et le personnel offrent tous leurs services gratuitement. Dans cette pure tradition, tous les coûts sont assurés par les dons d'étudiants reconnaissants qui ont eux-mêmes fait l'expérience des bienfaits de la technique et désirent que d'autres aient la même opportunité.

CHAPITRE 3

L'EXPÉRIENCE DU COURS — AVANT LE COURS

Les étudiants commencent à arriver en début d'après-midi. Certains marchent tranquillement dans l'allée avec un petit sac, ils ont fait du stop ou pris le bus. D'autres sortent une montagne de literie, de valises et de coussins de leur voiture. « Bienvenue au Centre de méditation Vipassana ». Il y a de l'impatience dans l'air lorsqu'ils s'enregistrent et complètent leur formulaire d'inscription au cours. Ils découvrent leur logement, déballent leurs affaires pour ces dix jours très spéciaux. Il y aura un repas léger en début de soirée et le cours doit commencer aux alentours de 20h. Il reste donc beaucoup de temps pour se promener dans le site, prendre ses marques, explorer les salles de bain, les salles à manger, les aires de promenade et le chemin qui mène au hall de méditation où ils vont passer l'essentiel de la prochaine semaine et demie. Du temps pour relire les informations sur le cours et se rappeler l'emploi du temps journalier. Une ou deux questions à poser aux organisateurs viennent peut-être à l'esprit avant que ne cours ne commence.

Certains de ces étudiants ont voyagé des milliers de kilomètres pour participer à cette retraite ; comment sont-ils arrivés là ? Était-ce une recommandation personnelle d'un membre de la famille ou d'un ami, était-ce un livre, un article dans un magazine, un film ou peut-être le fruit du hasard ?

Ce fut la migraine qui mena S.N. Goenka à Vipassana. Vers vingt-cinq ans, Goenka était déjà un homme d'affaires couronné de succès et un leader de la communauté indienne de Birmanie. Cependant, ce succès fut accompagné de « beaucoup de tensions et de beaucoup d'ego » et il commença à souffrir de migraines sévères nécessitant un traitement à base de morphine pour lutter contre la douleur. Bien qu'il eût consulté les meilleurs docteurs dans le monde entier, il ne parvint pas à trouver de traitement efficace à ses migraines. Le risque existait, en cas de poursuite du traitement, de devenir dépendant de la morphine. Un de ses meilleurs amis, ressentant que la maladie de Goenka était psychosomatique lui suggéra de participer à une retraite de méditation avec Sayagyi U Ba Khin qui, tout en étant maître laïc de méditation, avait aussi un poste gouvernemental élevé en tant qu'Agent Comptable Général du pays.

Goenka fut attiré mais il y avait des barrières à franchir. La méditation pouvait-elle réellement réussir là où le gratin de la profession médicale avait échoué ? De plus, il craignait de devoir se convertir au Bouddhisme, alors qu'il appartenait à une famille d'Hindouistes stricte. Une rencontre avec U Ba Khin l'aida à surmonter ces réserves et parvint à convaincre Goenka de donner une chance à la technique. Mais une grosse surprise l'attendait. Lorsqu'il expliqua que ses migraines motivaient son intérêt pour Vipassana, U Ba Khin refusa de l'accepter comme étudiant. La condition pour qu'il puisse participer à un cours était qu'il ait la volonté de travailler selon la technique pour la purification de l'esprit, en étant prêt à accepter toute amélioration physique uniquement en tant que conséquence d'un processus plus profond. Vraiment touché par la gentillesse et la sagesse de son enseignant, Goenka accepta de travailler selon ses instructions et même après un seul cours les changements en lui ont été spectaculaires.

Tony White quitta son travail de professionnel de la santé à Londres en 1995 et partit en Inde sac au dos. Il entreprit ce voyage pour mieux se connaître lui-même, pour connaître le monde et différentes cultures, et pour faire l'expérience de la liberté, sans doute pour la première fois de sa vie.

J'avais 29 ans et je n'étais pas du tout satisfait de ma vie. Je connaissais de longues périodes où j'avais le moral au plus bas (et je connaissais ces états depuis aussi loin que je pouvais me souvenir.) Je sortais juste d'une relation amoureuse longue et difficile. Je buvais trop d'alcool, fumais du tabac et du cannabis, et essayais à l'occasion d'autres drogues telles que LSD et speed. J'essayais tout ce que je pouvais imaginer pour être en paix avec moi-même et pour être heureux : le travail intensif, les loisirs très arrosés, les relations sexuelles avec de nombreuses femmes. Il semblait que quoi que je fasse, j'avais toujours ce vide, cette tristesse et cette insatisfaction, et plus j'essayais d'atteindre le bonheur, plus je me sentais mal.

Je travaillais en tant qu'infirmier psychiatrique dans le service d'urgence des cas graves depuis quatre ans. Auparavant j'avais été en poste dans divers hôpitaux psychiatriques pendant sept ans, et je me sentais vraiment « vidé » comme si j'avais tout donné aux patients et à mon travail ; je ne pouvais tout simplement rien donner de plus. Je me sentais un poids pour mon équipe.

Mon idée fut de voyager en Inde et de découvrir « les mystères de l'Asie ». Je pratiquais la méditation transcendantale depuis deux ou trois ans mais avec un succès limité. Avec un couple d'autres voyageurs occidentaux intéressés par l'apprentissage de la technique, nous partîmes d'Udaïpur pour Buhj dans le Gujarat jusqu'au centre Vipassana où un cours allait bientôt commencer. Le voyage fut long, poussiéreux, fatiguant et inconfortable.

J'étais tellement pris par la pensée de participer au cours que je suis arrivé au centre avec juste trente-cinq roupies en poche, sans la moindre idée de comment je pourrais retourner à Delhi...

—*Tony White, Royaume Uni*

c~&

Deux semaines après leur mariage en septembre 1981, Tim et Karen Donovan partirent des USA pour un voyage à vélo qui les mena à travers l'Europe et l'Inde jusqu'à la ville de Pokara au bord d'un lac au Népal.

Après deux jours, nous avons laissé nos vélos dans une auberge pour louer du matériel de randonnée. Nous sommes partis pour un trek de trois semaines et avons marché jusqu'au petit village de Muktinath. Pendant cette période, la tension monta entre nous. Nous avions beau être en train de réaliser notre rêve commun de randonner dans l'Himalaya, ce n'était que disputes et larmes au milieu de merveilleuses forêts de rhododendrons, de panoramas montagneux spectaculaires et d'ascensions épuisantes sur des chemins de montagne sans fin. Je me souviens qu'une fois nous nous sommes arrêtés pour regarder la vue spectaculaire de la chaîne de l'Anapurna, en essayant d'être présents à l'étendue merveilleuse des montagnes étincelantes de blancheur dans un ciel d'un bleu éclatant. Nous nous sentions désespérés. Nous étions incapables d'apprécier réellement cette beauté car nos esprits étaient envahis par nos souffrances, nos émotions et nos pensées.

Ce fut à Gorepani, dans une petite auberge de voyageurs, que nous avons rencontré une allemande qui nous a donné les informations qui ont changé le cours de notre voyage et de nos vies. Nous lui avons parlé d'un livre sur le Zen que nous avions lu et raconté combien nous étions attirés par l'enseignement du Bouddha. Nous lui avons dit que nous avions entendu parler d'un homme du nom de Goenka qui enseignait Vipassana dans des cours gratuits. Elle s'est illuminée et a dit qu'elle venait justement de finir un cours avec lui à Calcutta le mois d'avant, et qu'il allait à Kathmandou donner un cours au début du mois de mai. Tim et moi avons tous les deux été enthousiasmés par la nouvelle. On pouvait facilement finir notre randonnée et arriver à Kathmandou à cette date.

—*Karen Donovan, USA*

❧

Ma formation et mon éducation religieuse ont toujours mis l'accent sur la manière dont je devais vivre et mener ma vie. En d'autres mots, je savais intellectuellement comment je devais me conduire mais quelque chose à l'intérieur de moi ne coopérait pas toujours. D'aussi loin que je me souvienne, j'ai toujours cherché quelque chose pour me changer intérieurement ; pour me permettre d'être ce que je savais devoir être en surmontant le tiraillement intérieur constant pour aller au plus facile ou au plus plaisant.

En 1988 alors que j'étais en vacances avec ma femme près de Myrtle Beach en Caroline du Sud, je feuilletais des livres chez un bouquiniste quand je suis tombé sur un exemplaire du livre de William Hart « L'Art de Vivre ». Comme il était d'occasion et ne coûtait que 2$95, je l'ai acheté en pensant que je le lirais un jour ou l'autre. Lorsque je l'ai lu deux mois plus tard, j'ai immédiatement su que je devais participer à un cours de dix jours de méditation Vipassana et je sentis, même avant de le faire, que c'était ce que je cherchais depuis toujours. Une des choses qui m'impressionna le plus était la gratuité des cours. Chacun était libre de de donner ou non après le cours. Quelle intention pouvait-il y avoir derrière une telle offre ?

J'ai participé à mon premier cours en mars 1989, à Shelburne Falls dans le Massachusetts et cela a été la chose la plus importante que j'ai faite dans ma vie.

—*Ray Goss est journaliste sportif de télévision*
en Pennsylvanie aux USA.
Il est marié et a sept enfants.

❧

Depuis deux ans, je sens que je suis dans une période de changement, que j'ai besoin d'effectuer un changement, qu'un changement radical arrive ou bien que je suis en plein dedans, ce qui rend la vie intenable telle qu'elle est...

Comme je lui disais avoir vraiment besoin de m'éclaircir l'esprit, mon ami m'a conseillé la méditation Vipassana. « Tiens encore ce mot-là » me suis-je dit. J'ai donc écrit pour une demande d'information puis je me suis inscrit, et me voilà, j'y suis...

—*Entretien d'avant cours avec un nouvel étudiant,
Australie, 1990.*

◦❧

Thanda Win est une femme ingénieur de 34 ans, travaillant comme Directrice de projet à Bangkok en Thaïlande.

Le terme Vipassana ne nous est pas étranger car j'appartiens à une famille très traditionnelle de bouddhistes birmans. Je me considère comme une bouddhiste très fervente et j'ai commencé à pratiquer Vipassana à l'âge de 16 ans dans un des monastères de Rangoon en Birmanie. À chaque fois que j'avais du temps libre, je voulais séjourner dans un centre du Dhamma. Et je le faisais presque chaque année. Mais je ne vis aucun changement dans mon état d'esprit. Je demeurais tout aussi colérique qu'avant et je perdais mon calme la plupart du temps. J'étais une personne très émotionnelle et je me rappelle que ma mère me disait tout le temps : « Tu travailles très sérieusement en méditant pendant le cours, mais à chaque fois que tu en sors, tu ne changes pas du tout. Si tu connais le Dhamma, pourquoi ne l'utilises-tu pas pour réduire ta colère ? » Je me sentais très abattue et je savais que cela n'allait pas, mais je ne savais pas comment changer.

Étant en dehors de mon pays d'origine, puisque j'étudiais et travaillais ici à Bangkok, je n'avais pas d'endroit et pas de possibilité pour pratiquer le Dhamma en tant qu'étrangère par la méditation assise (je pensais uniquement à la méditation dans un monastère à cette époque). Je découvris alors un monastère associé avec un sayadaw (moine enseignant) birman dans une province de Thaïlande. Durant une longue période de vacances, je partis seule pour ce monastère et essayais de pratiquer le Dhamma. Je dus pratiquer seule car je considérais que le sayadaw était trop vieux pour me soutenir dans ma pratique. Je pris des livres avec moi pour me servir de discours quotidien et pour me motiver. C'est là que je lus *L'Art de vivre*, chapitre après chapitre, chaque jour de ma pratique.

Je possédais ce livre depuis près d'un an et franchement je ne l'aimais pas car son approche me semblait trop scientifique. Je méditais pour mon accomplissement religieux et je me considérais comme une adepte très obéissante du Bouddha. Mais en fait ce livre m'inspira énormément et me donna envie de participer au cours dont il parlait. Par chance, j'ai découvert que la Thaïlande avait un centre Vipassana près de Bangkok. Je me suis inscrite pour le cours qui se tenait au début d'octobre 1995 pendant mes uniques deux semaines annuelles de vacances offertes par mon entreprise. C'est là que j'ai connu Vipassana dans cette tradition.

🍵

Un gong sonne pour le repas. Il y a une soupe savoureuse, du pain fait maison ou des petits gâteaux et du thé. Pendant le repas, les gens font connaissance et des liens se tissent. Pour certains c'est leur première rencontre avec une quelconque technique de méditation, pour d'autres c'est leur première rencontre avec Vipassana dans cette tradition. Et il y a les « anciens étudiants » qui ont déjà participé à des cours et qui reviennent. En regardant aux alentours les mélanges de visage, c'est un véritable échantillon de races, d'âges et de genres. Qu'espèrent-ils retirer de ce cours ?

🍵

Être plus calme intérieurement, prendre des décisions concernant ma vie, la direction où elle va...

Avoir moins de peur - et de colère-, être capable d'y faire face, les regarder et passer à travers...

Devenir quelqu'un de meilleur, mentalement, physiquement, spirituellement. Je suis ici maintenant, je dois le faire, ne pas retourner en arrière...

...une manière d'être en relation avec mon essence ...

...un processus d'apprentissage ...

...une nouvelle expérience...

—Extraits d'entretiens avec de nouveaux étudiants,
Australie, 1990.

❧

Un discours introductif suit le repas. Le but est que les étudiants soient complètement au courant de la discipline, de l'emploi du temps et des aspects pratiques de la vie au centre pendant le cours et qu'ils aient la possibilité de trouver des réponses à leurs interrogations. L'équipe et les organisateurs du cours se présentent et souhaitent la bienvenue à tout le monde. Ils nous expliquent que le code de discipline existe uniquement pour aider les étudiants à obtenir les meilleurs résultats possibles de leur méditation et qu'il doit être suivi avec soin.

La première et principale règle de base consiste à rester pour toute la durée du cours. La technique est enseignée pas à pas et dix jours est la période minimale pendant laquelle il est possible de l'apprendre. Si quelqu'un part au milieu du cours, il ne se donnera pas la possibilité d'apprendre la technique en entier et il ne donnera pas l'opportunité à la technique de fonctionner pour lui. Ainsi, chacun doit prendre la ferme détermination qu'il restera pour toute la période du cours, du début à la fin.

Le noble silence est indispensable si l'on veut tirer le maximum de bénéfices de cette retraite. En pratique, cela signifie que durant les neuf premiers jours du cours il est demandé aux étudiants de n'avoir aucun contact avec les autres méditants par la parole, l'écriture ou la gestuelle. Ils doivent couper tous les contacts entre eux, aussi bien qu'avec le monde extérieur. La prise de notes ou l'écriture d'un journal sont également interdites. En cas de problèmes matériels, par exemple par rapport à la nourriture, le logement ou la santé, les étudiants peuvent en parler avec le manager du cours. S'ils ont des problèmes ou des questions par rapport à la méditation, ils peuvent voir les assistants enseignants. Des panneaux d'affichage sont disposés régulièrement pour donner aux étudiants l'emploi du temps, ou d'autres informations concernant le cours.

Le dernier jour complet du cours, les étudiants auront la possibilité de partager leurs expériences, ils pourront parler entre eux et refaire connaissance. Cependant, pendant la période de travail sérieux et intensif, il est vital de maintenir le silence complet pour ne pas se distraire soi-même ou les autres méditants. Le noble silence finit le matin du jour dix, mais le cours ne finit pas avant 7h30 le matin suivant. L'intervalle entre la fin de la période intensive de méditation et le retour à la vie de tous les jours est une transition essentielle. L'enseignement continue : comment intégrer la pratique dans la vie quotidienne ? Le dernier jour est important et chacun doit rester jusqu'à la toute fin du cours.

Durant la période du cours, les étudiants doivent s'abstenir de toute pratique spirituelle qu'ils ont pu apprendre auparavant et travailler selon les instructions qui leur sont données : cela inclut toutes formes de prières, de cultes ou de cérémonies religieuses aussi bien que d'autres techniques de méditations et de pratiques de guérison. Ceci n'a pas pour but de condamner une pratique ou technique quelle qu'elle soit, mais de donner une véritable chance à la technique de Vipassana sans la mélanger à quoique ce soit d'autre.

Pour apprendre, il faut être réceptif, être prêt à accepter l'enseignement avec discrimination et compréhension, à accepter les conseils de l'enseignant pour la période du cours au minimum. Pendant les dix jours, il est indispensable de travailler exactement selon les instructions, sans rien ajouter ni omettre. À la fin du cours, l'étudiant peut décider quelle pratique lui convient le mieux.

Pour préserver l'atmosphère méditative, il est important que les étudiants restent à l'intérieur des limites du cours et évitent tout contact avec des personnes de l'extérieur. Des aires de promenade séparées sont à la disposition des hommes comme des femmes. Une ségrégation complète sera observée pendant tout le cours et il ne devra pas y avoir de contacts physiques entre les membres du même sexe ou de sexe opposé. Les couples, les amis ou les membres d'une même famille ne doivent pas communiquer d'une quelconque manière durant la période intensive du cours.

La présentation se conclut par les paroles suivantes : « Vipassana est une technique d'auto-observation. Pour réussir, on doit essayer de travailler comme si on était seul, travailler en s'isolant, se centrer sur soi-même. Il faut essayer de ne pas créer de distraction pour les autres et ignorer toute distraction qui pourrait survenir. Le cours va bientôt commencer. Nous vous souhaitons de réussir ».

Après quelques dernières questions, la réunion se termine et chacun se prépare pour la première séance dans la salle de méditation. Même avant que le cours ne commence, la discipline du silence s'installe. Le calme dans le crépuscule. Pendant qu'ils attendent, les étudiants sont seuls avec leurs pensées au début d'un voyage intérieur.

❧

J'ai accroché la brochure avec l'emploi du temps au mur de ma chambre, et je la regardais souvent avec incrédulité. Comptant les heures de méditation, je me demandais à chaque fois : c'est vraiment dix heures ? Est-ce qu'ils sont cinglés ? Est-ce que je suis cinglé ? Qu'est-ce que je fais ici ? Pourquoi m'imposer ça ? Quelque chose m'a attiré ici c'est sûr, mais alors que le cours de dix jours se prépare à commencer, je n'arrive toujours pas à trouver quoi.

Il a fallu un ancien étudiant, le manager occidental d'un centre indien, pour me faire changer d'idée sur Vipassana. Je me souviens de cet homme avec beaucoup de gratitude. Il avait à peu près mon âge, était américain, blanc et protestant comme moi, il y avait une similitude depuis le début. Mais ce qui chez lui m'a convaincu, c'est son manque de sens commercial, et ce quelque chose d'intangible qui émanait de lui quand il parlait de Vipassana et du Dhamma. Il fut exactement ce dont j'avais besoin, au bon moment. Au lieu de pontifier et de prêcher, je me souviens qu'il souriait calmement à mes questions et disait : « Si tu es attiré, alors c'est simple, vas-y ! ».

—*Marty Cooper est en troisième cycle universitaire de conseil en psychologie dans une université à San Francisco. Il est également écrivain, percussionniste et militant politique.*

꙳

Tout fut si soudain. J'avais été tellement amoureux et la séparation était récente. C'était très douloureux, extrêmement douloureux. Et brusquement j'ai décidé que c'en était assez. Assez de souffrance. Tout à coup, j'ai choisi le courant du non-désir. Je passais du désir au non-désir. C'était très clair. Plus de douleurs dorénavant. Et quelques semaines plus tard, je me trouvais assis pour un cours de dix jours dirigé par S.N.Goenka à Bodh Gaya en Inde, à l'endroit où le Bouddha connut l'éveil. C'était en février 1977. Avant cela j'avais pratiqué la méditation pendant vingt ans mais n'avais jamais effectué de périodes intensives. Jamais plus d'une heure. Alors, lorsque ma fille cadette (qui avait aux alentours de 17 ans) décida qu'elle ne me reverrait plus, je pensais naturellement : « Suis-je si mauvais que ma compagne et ma fille ne veulent plus me voir ? » Et je commençais à chercher une longue période de méditation, un programme intensif qui pourrait me changer.

—*Jean-Claude See était peintre et réalisateur de film avant d'étudier et de pratiquer la psychothérapie. Maintenant à la retraite, il vit à Paris, en France.*

꙳

Une fille m'avait dit : « Quand tu es venu ici, tu étais si vidé et si marqué... » Ah bon, j'étais comme cela ? Je ne le savais pas.

—*Extrait d'un entretien d'avant-cours avec un nouvel étudiant, Australie 1990.*

❦

À l'âge de 25 ans, quand j'ai commencé à méditer, j'étais déjà passé par des périodes difficiles de ma vie où je m'adonnais à des drogues récréatives telles que la marijuana, le hachisch, la cocaïne et des drogues hallucinogènes. Je me suis fait arrêter une fois par la police pour possession de drogues quand j'avais 16 ans, ce qui fut rapporté à mes parents. Je suis également passé par une période de vols dans les magasins et chez les gens ; j'avais généralement l'impression que je pouvais prendre tout ce qui me tombait sous la main ! Je me suis fait prendre trois fois dans les magasins et mes parents ont été mis au courant. D'une manière peut-être surprenante, mon éducation fut très confortable financièrement et émotionnellement. J'ai grandi dans une ville ; mon père avait une bonne situation professionnelle. Mes parents étaient épris l'un de l'autre et étaient de bons parents. J'ai bénéficié de toutes les possibilités éducatives, sociales et sportives qu'on peut imaginer –écoles privées, appartements aux sports d'hiver, villas d'été au bord de la mer, plus les cours de sport et d'art après l'école. Ma dernière grande forme d'ignorance, ce fut les relations sexuelles en chaînes, ce qui s'avéra l'habitude la plus difficile à changer, même après avoir commencé à méditer.

—*Jenni Parker, Chicago, USA.*

❦

« J'allais participer à ma neuvième retraite de méditation et je dois bien admettre que je me sentais tout à fait blasé. J'y participais avec l'impression de déjà-vu. Ma première retraite s'était déroulée en Inde trente et un ans auparavant. À vingt-et-un an, je voulais devenir moine, abandonner toutes mes possessions terrestres pour étudier le Dhamma sur le chemin d'un éveil rapide et romantique. Comme nombre de mes jeunes acolytes, je découvris rapidement que le chemin était plus raide qu'escompté et j'avais rapidement retrouvé mes chaussons confortables de tous les jours. Mais l'habitude de la méditation régulière était prise, ainsi que la souffrance des occasionnels dix jours de mise au point, si hautement recommandés par Gautama le Bouddha comme le véritable chemin de la libération ultime...

J'arrivai au centre de Bragg Creek (Alberta) où le cours était organisé sachant parfaitement bien que la base de mon cœur était étouffée par des décennies de déchets que mes deux heures de méditation quotidienne n'avaient même pas commencé à nettoyer. Je savais que je ne faisais que « me maintenir », et que j'avais besoin d'une aide que je n'avais pas reçue. J'avais fait trois sortes de thérapies de groupe, quatre cours de méditation, et j'avais consulté un thérapeute dans les deux dernières années. Peut-être était-ce une bonne chose, mais cela avait échoué à atteindre la racine de mes problèmes. Il était évident que j'avais besoin de quelque chose d'autre.

J'avais entendu parler de l'intensité du programme du cours dans cette tradition de Vipassana, l'importance accordée aux onze heures de méditation assise. J'avais donc une certaine appréhension à m'engager pour les dix jours, mais je relevais le défi. Je savais qu'il y aurait une bonne dose de « *tapas* » (le feu, la friction) mais c'était exactement ce dont j'avais besoin avant de commencer à y voir plus clair et à me sentir plus léger.

Après m'être inscrit et avoir vu ma chambre dans le dortoir du centre d'été, je ressentais une légère déception. « Oh, encore cela... » me dit mon esprit. « On a déjà fait cela et... nous y revoilà. À quoi cela sert finalement ? ».

Je n'étais vraiment sûr de rien.

—*Jason Farrel, enseignant et écrivain, vit au Canada.*

CHAPITRE 4

L'EXPÉRIENCE DU COURS – PENDANT

Le programme chargé du cours est conçu pour aider les étudiants, nouveaux comme anciens, à tirer le meilleur parti de leur retraite. L'enseignement est présenté de manière systématique au moyen d'instructions et de discours quotidiens. Les étudiants ont la possibilité de méditer seuls ou en groupe ; leur progrès est vérifié périodiquement par les enseignants qui conduisent le cours. Bien qu'il soit demandé aux méditants de garder le silence entre eux pendant les neuf premiers jours du cours, les enseignants et les managers du cours sont toujours disponibles pour les soutenir ou les aider.

La journée commence à 4h30 du matin, les étudiants méditent dans leur chambre ou dans la salle de méditation où l'enregistrement du *chanting* est diffusé. Le petit déjeuner est à 6h30, suivi d'une séance de méditation de groupe puis des instructions. Ensuite, la méditation individuelle continue et les enseignants rencontrent les étudiants et méditent avec eux en petits groupes. Il peut être attribué une chambre ou une cellule individuelle de méditation aux anciens étudiants pour leur permettre de travailler de façon plus indépendante et plus sérieuse. Le déjeuner a lieu à 11h où l'on sert une nourriture végétarienne simple et nutritive. Une pause de deux heures au milieu de la journée permet à chacun de se reposer, de faire sa lessive ou de prendre un peu d'exercice à l'extérieur. Les enseignants sont disponibles pour des entretiens individuels avec les étudiants à ce moment-là. La méditation et les bilans de pratique continuent dans l'après-midi. À 17h, du thé et des fruits sont servis pour les nouveaux étudiants, une eau citronnée ou un jus de fruit pour les anciens étudiants. Après la dernière séance de méditation de groupe, un discours enregistré de S.N. Goenka clarifie la pratique de chaque jour. Les enseignants sont à nouveau disponibles après le discours pour répondre aux questions, puis les étudiants vont se reposer vers 21h30.

Il y a trois étapes dans l'apprentissage de Vipassana : la moralité, la maîtrise de l'esprit et le développement du discernement intérieur. Le cours débute avec des formalités importantes et des instructions initiales. L'engagement à suivre un code moral simple constitue la base d'une pratique de méditation réussie. En faisant des efforts délibérés pour ne pas tuer, ne pas mentir, ne pas voler, pour s'abstenir de toute activité sexuelle ou de prendre des intoxicants, on contribue au bien-être de la communauté. Mais on agit également dans son propre intérêt. Au fur et à mesure que l'on progresse dans la méditation, il devient clair qu'avant d'accomplir une quelconque mauvaise action en gestes ou en paroles, il faut d'abord générer une intense négativité dans l'esprit. Ce n'est que suite à cela que se produisent des écarts de conduite. En menant une vie morale, nous empêchons notre mental de se polluer de manière très clairement nuisible à nous-mêmes et à ceux qui nous entourent. Nous ouvrons également la voie à une méditation efficace en libérant l'esprit de toute agitation, en le gardant calme et tranquille.

Le Bouddha a souligné à plusieurs reprises la prééminence de l'esprit sur les actions physiques et vocales et les conséquences pratiques de notre attitude mentale. Dans des versets jouant sur les contrastes, il explique :

Si vous parlez ou agissez avec un esprit impur,
la souffrance vous suit,
tout comme la roue suit le bœuf qui tire la charrette ;

Si vous parlez ou agissez avec un esprit pur,
le bonheur vous suit comme une ombre qui ne vous
quitte jamais.

—Dhammapada, 1,2

Il nous rappelle que la loi de cause à effet (*kamma* en Pāli) opère toujours, que nous en soyons conscients ou non, que cela nous plaise ou non. Le résultat est certain : nous récoltons inévitablement ce que nous avons semé.

Pour commencer à méditer, nous avons besoin d'un objet sur lequel concentrer notre attention. Il existe de nombreuses techniques de méditation qui utilisent diverses méthodes pour concentrer l'esprit – un mot ou une phrase, une image, un objet ou la contemplation de ses propres pensées. Cependant, Vipassana, sans les condamner, évite toutes ces approches pour une raison très précise. Le but de la technique n'est rien moins que la purification totale de l'esprit et pour cela, la concentration est un moyen et non une fin en soi. La préparation la plus appropriée pour la pratique de Vipassana est l'exercice qui consiste à développer la conscience de la respiration (*ānāpāna* en Pāli). C'est la pratique avec laquelle les étudiants commencent le premier soir du cours et qu'ils vont développer durant les trois jours et demi suivants.

L'étudiant s'assoit dans une position confortable avec le dos et le cou droits. Les yeux et la bouche sont délicatement fermés. On fixe toute son attention à l'entrée des narines, en observant le souffle qui entre et qui sort. Si la perception n'est pas distincte, on peut respirer intentionnellement un peu plus fort pendant quelques minutes avant de revenir à la respiration normale et naturelle, la réalité du moment qui est l'objet de l'attention.

L'exercice en lui-même est simple. De jeunes enfants peuvent le comprendre et le réaliser. De plus, il n'est pas du tout sectaire et peut être accepté par tous. Et pourtant, la pratique n'est pas facile. Pour quelle raison ? Dès que nous essayons d'être attentifs à la respiration, notre esprit et notre corps se rebellent. Notre organisme n'est pas accoutumé à cette discipline et des douleurs apparaissent un peu partout. En même temps, nous sommes irrités de découvrir que l'esprit trouve des milliers de distractions et semble être tout à fait incapable de mener à bien cette tâche élémentaire. Cependant, en persévérant dans la pratique, nous réalisons peu à peu, par notre propre expérience intérieure, certaines vérités importantes à propos de l'esprit. Même s'il n'est pas l'objet premier de la méditation, nous commençons à voir combien l'esprit est encombré de pensées et de sentiments ; combien il est sauvage et désordonné ; à quel point il préfère se perdre dans des souvenirs du passé ou des spéculations sur le futur plutôt que de demeurer dans le présent ; à quel point, s'il ne se perd pas dans les fantasmes, il se vautre dans l'avidité et la haine. Il nous faut mobiliser toute notre patience et toute notre persévérance pour continuer à avancer face à un mur de difficultés intérieures. L'expérience aidant, nous acceptons l'insipidité et la grossièreté de l'esprit et nous en sourions. Les difficultés font également partie du processus ; nous apprenons à ne plus être abattus ou désappointés lorsque la concentration semble impossible. Notre tâche consiste simplement à continuer d'essayer. Le simple fait de maintenir des efforts appropriés nous permet de tenir le coup et, peu à peu, les tempêtes s'apaisent et l'attention s'établit enfin véritablement.

Avec une pratique continue, l'attention s'aiguise et nous parvenons à ressentir des objets plus subtils dans la zone de la bouche et des narines, le toucher de la respiration, la température de la respiration et même des sensations qui ne sont pas en rapport avec la respiration. En même temps, l'esprit devient plus docile et plus malléable, ce qui nous permet de nous concentrer plus longtemps sans interruption. En observant les sensations naturelles sur une surface limitée du corps et en apprenant à ne pas réagir à ces sensations, nous nous préparons au véritable travail de purification : Vipassana.

❧

« Il y avait beaucoup de résistance dans mon esprit, bien qu'il ait reçu une préparation si douce et si patiente. On m'a longuement aidée à trouver une position confortable et le résultat était parfait. J'avais peu de gêne au niveau physique, j'essayais de prêter uniquement attention à la pratique d'*Anāpāna*. Le silence et la pénombre de la salle de méditation m'ont été particulièrement utiles. Parfois, le peu d'espace au sol attribué à chaque étudiant était problématique. Mais la solitude et l'ennui dans ma chambre, la nuit, pendant les nombreuses périodes où je restais éveillée, me posèrent également problème. Il est possible que l'ennui et le manque d'activité étaient ce que je supportais le moins. Ce sont des états dont on fait rarement l'expérience durant les heures éveillées de la journée, je devenais très anxieuse et n'acceptais pas de recommencer l'observation ni de diriger mon attention sur la petite zone au-dessus de la lèvre supérieure. Il ne semblait pas se passer grand-chose à cet endroit, mais je découvrais le manque abyssal de concentration et de patience dont je faisais preuve ! Je découvrais pour la première fois l'habitude de mon esprit à s'agiter et à s'égarer. Ce fut un choc et je trouvais même que les très courts moments de calme étaient chose rare.

Le concept « Être ici maintenant » m'avait toujours attirée. J'apprenais un peu à en faire l'expérience pour la toute première fois. Beaucoup d'agitation et d'aversion surgirent en moi alors que les jours se suivaient les uns après les autres, accompagnés de pulsions négatives tellement fortes !

L'envie de m'échapper était l'une d'elles et me revenait souvent à l'esprit. Cependant, les instructions et beaucoup d'assistance, claire et ferme, me permirent de renforcer ma détermination qui vacillait. »

—Jessie Brown, âgée de 80 ans, aide-soignante et femme au foyer,
vit dans le Gloucestershire, au Royaume Uni et médite depuis
plus de 20 ans.

∽❧

« Le premier jour, rester assis les jambes croisées fut une véritable agonie. J'ai cinquante ans ; une vieille blessure au dos s'est réveillée et j'avais aussi des douleurs aux genoux et aux chevilles. Je m'étais engagé à rester dix jours et j'ai toujours cru au respect de mes engagements. Cependant, je ne pouvais imaginer que je pourrais supporter dix fois plus de douleur et je ne pensais pas finir le cours. J'ai parlé de mes problèmes à l'assistant d'enseignement qui m'a suggéré de m'asseoir dos au mur. C'était juste avant le premier discours vidéo de Goenkaji et je fus captivé par ce qu'il disait. Il décrivait mon expérience et son style était tellement rafraîchissant pour moi que mon moral s'est amélioré. Jamais auparavant je n'avais rencontré une telle sagesse, si accordée à ma propre expérience. J'attendais avec impatience les prochains discours.

Les jours passaient, la douleur ne s'atténuait pas. Mais, vers le troisième jour, alors que je pensais : « Ma jambe est douloureuse » soudain, le sens des mots et l'expérience coïncidèrent : mes jambes souffraient, mais pas moi ; j'étais l'observateur de mes jambes douloureuses. C'était la même technique que j'avais employée chez le dentiste pour éviter la panique et la douleur. À partir de là, je fus capable, la plupart du temps, d'observer la douleur sans me laisser entraîner dans la chaîne cyclique de l'évasion. J'ai également apprécié les deuxième et troisième discours de Goenkaji et j'ai été frappé par la description de l'esprit comme étant rempli de singes jacassant, de chevaux sauvages et d'un éléphant ravageur. Je sais que cette description vaut pour tout le monde mais, selon mes amis, je suis particulièrement atteint par ce syndrome et je pense beaucoup trop. Ce fut une véritable bataille pour contrôler mon esprit, mais j'étais accroché à cette idée et très déterminé.

—Ron Thompson a renoncé à une carrière d'informaticien pour devenir philosophe.
Il a participé à sa première retraite de Vipassana à Kaukapakapa,
en Nouvelle Zélande en 1998.

꩜

Le deuxième jour de son premier cours de Vipassana, S.N. Goenka a failli s'enfuir. À Rangoon dans le centre de méditation de son enseignant, les méditants étaient autorisés à parler pendant les premiers jours du cours – la période d'*Anāpāna*. Naturellement, ils parlaient de leurs différentes expériences de méditation. Le deuxième jour, d'autres étudiants lui racontèrent leurs expériences de « vision divine » et de « son divin ». Selon ses idées préconçues sur la méditation, cela correspondait à des signes de haut niveau, bien supérieurs à l'observation de la respiration ordinaire et des sensations, qu'il pratiquait avec assiduité.

« Je fus complètement découragé tout l'après-midi. Une conviction insurmontable s'était emparée de moi : comme un saint homme l'a dit, il est plus facile à un chameau de passer à travers le chas d'une aiguille qu'à un homme riche d'accéder aux portes du paradis. Et moi, homme riche, je cherchais à entrer au paradis – une tâche impossible. Pas étonnant que les autres méditants aient mieux réussi que moi – c'était des gens tranquilles, qui n'avaient pas l'esprit tordu d'un homme d'affaire, qui n'étaient pas impliqués dans une course folle pour amasser de l'argent.

Le soir venu, j'avais décidé d'abandonner le cours et de rentrer chez moi. Chaque jour à 17h une voiture venait de chez moi avec du linge propre et d'autres produits de première nécessité. J'étais sûr que l'enseignant ne m'autoriserait pas à partir, je décidais de m'éclipser dans ma voiture ce soir-là. »

Goenka se rendit dans sa chambre et commença à faire ses valises. Heureusement, une autre méditante, sentant qu'il avait des difficultés, vint lui parler. Lorsqu'il expliqua la raison de son départ, elle lui recommanda d'oublier ce désir de sons ou visions divines. L'enseignant était satisfait de ses progrès, pourquoi ne pas essayer un jour de plus ?

Inspiré par ces paroles, Goenka s'installa de nouveau pour méditer, déterminé à donner toute son importance à la respiration et aux sensations dans la zone des narines et de la bouche, et à oublier tout le reste, comme son enseignant l'avait demandé. Très rapidement, alors que son esprit se concentrait, il fit l'expérience d'une lumière brillante comme une étoile, et un moment après, d'autres expériences extrasensorielles commencèrent à survenir. C'était ce qu'il avait attendu avec avidité, mais maintenant, il comprenait que sa tâche consistait à observer seulement les objets de la méditation en ignorant toute distraction. L'intervention au bon moment de cette femme bienveillante l'avait empêché de s'enfuir et de passer à côté de quelque chose d'une valeur inestimable pour un être humain.

❧

« Au début du cours, je n'ai pas éprouvé grand-chose d'autre que du ressentiment et de la désorientation. Tout était faux, faux, faux : la technique, si différente de ce à quoi j'étais habitué, ma place dans la salle parmi les nouveaux étudiants malgré des années de méditation, les enseignants. Mais j'avais accepté de me livrer entièrement à la technique et au bout d'un ou deux jours, je remarquais des changements subtils mais très intéressants : la compacité qui avait été mon expérience « normale » se fissurait.

En quittant la salle de méditation le matin du troisième jour, je suis tombé sur une chatte rousse tigrée. Elle me regardait alors que je mettais mes sandales et j'ai vu qu'il lui manquait l'œil droit, comme moi. Ma réaction immédiate fut de me dire que cela la rendait spéciale, non estropiée ou diminuée comme je m'étais toujours considéré, de façon plus ou moins consciente, en raison d'un accident qui m'avait défiguré à l'âge de trois ans. Mon acceptation immédiate de cette chatte se transféra à moi-même instantanément et je fondis en larmes. Une pure acceptation de moi-même ! Quelle joie merveilleuse et inattendue !

Cette première fêlure dans mon armure épaisse et bien gardée laissa entrer un petit filet d'exultation. Ce fut un tel soulagement de me penser ou de me sentir complet, d'être

parfaitement et glorieusement moi-même, avec mon étrange
œil aveugle et le reste... »

—*Jason Farrell, Canada*

❧

« La discipline était très stricte, mais personnellement, je
pense qu'elle doit l'être. Moi, j'avais besoin d'un bon coup
de pied aux fesses. Il y a ce conflit en moi : d'un côté, je
pense : « C'est super, je veux aller faire un cours de 30 jours
en Inde. » D'un autre, je me dis « Tu es fou ? Qu'est-ce que tu
fais là ? C'est dur, tu as dû perdre la raison ! ». Je savais que
je vivrai un conflit avant de venir, mais plus je restais, plus
j'apprenais à l'observer : « OK, je vais vivre cela, observons
simplement ce qui arrive. »

—*Extrait d'un entretien avec un étudiant
finissant son premier cours, Australie 1990.*

❧

« Le centre était très agréable, paisible, avec beaucoup
d'arbres, de buissons et de plantes entre les dortoirs. Je
partageais ma chambre avec un canadien qui, à trois reprises
pendant les dix jours, était tellement dans ses méditations
qu'il m'enferma accidentellement dans la chambre en
verrouillant la porte de l'extérieur. Je me trouvais alors face à
un vrai dilemme : rompre le noble silence en appelant à l'aide
ou risquer de manquer une méditation de groupe. (J'ai fini par
secouer la porte jusqu'à ce que quelqu'un ait pitié de moi.)

—*Tony White, Grande-Bretagne*

L'enseignement de Vipassana est donné le quatrième
jour du cours. À ce moment, les étudiants se sont habitués au
rythme silencieux du programme. À l'aide de la respiration,
ils sont parvenus à se concentrer un peu et à calmer l'esprit
vagabond. Ils comprennent mieux la pratique grâce à leur
expérience directe de la méditation, aux explications et

encouragements des discours et à l'interaction régulière avec les enseignants qui conduisent le cours.

L'objet de la méditation dans Vipassana est, encore une fois, universel et totalement non sectaire. Avec l'attention accrue atteinte pendant *ānāpāna*, on déplace l'attention à travers tout le corps, de la tête aux pieds et des pieds à la tête, en scrutant chaque partie du corps et en pratiquant l'examen de chaque sensation que l'on observe en chemin.

L'augmentation de la zone d'attention va de pair avec un aspect complémentaire de la technique : le développement de l'équanimité, c'est-à-dire la faculté à garder un esprit équilibré quelle que soit la nature des sensations rencontrées.

Les sensations sur le corps, de réelles sensations normales, physiques telles que la chaleur, la lourdeur, la transpiration, la douleur, l'engourdissement, les picotements, les vibrations sont au cœur de la pratique de méditation enseignée par le Bouddha.

Tout ce qui est dans l'esprit s'écoule en même temps que les sensations sur le corps.

Mūlaka Sutta ; Aṅguttara Nikāya

En une seule phrase, il souligne l'interrelation de l'esprit et du corps. Si nos pensées se manifestent réellement par des sensations physiques, nous pouvons finir par apprendre à « lire » dans notre esprit à l'aide de notre corps. Mais de façon plus immédiate, en apprenant à ne pas réagir aux sensations, qu'elles soient agréables, désagréables ou neutres, nous cessons de créer des tensions pour nous-même dans le présent et nous permettons à des conditionnements mentaux passés de faire surface et de se défaire. Tel est l'authentique chemin de purification que le Bouddha découvrit, au-delà des extrêmes de l'austérité et de l'excès, et qui l'amena à l'illumination totale : un état de bonheur indescriptible où toutes les impuretés mentales ont été éradiquées.

Au début, alors que nous examinons le corps en méditation, nous avons tendance à rencontrer principalement des sensations solidifiées, de type grossier, ou bien des zones aveugles d'où toute sensation semble absente. Cependant, en travaillant calmement, nous découvrons que, si nous parvenons à ne pas réagir à ces sensations déplaisantes, leur intensité se dissout naturellement. Nous commençons à faire l'expérience en nous-mêmes de l'apparition et de la disparition des sensations corporelles, quelquefois lentement, quelquefois avec une grande rapidité, et nous finissons par atteindre un stade où nous ne ressentons plus de solidité du tout dans le corps.

Avec une objectivité croissante, nous pouvons apprécier l'interrelation entre le corps et l'esprit ainsi que leur impermanence. Au niveau mental, les pensées et les émotions continuent à surgir durant la méditation. En suivant la technique, nous apprenons à ne pas exprimer ce flux de contenu mental, colère, passion, peur ou tristesse, et à ne pas le réprimer. Au lieu de cela, nous nous entraînons à observer simplement les sensations ou la respiration qui apparaissent en corrélation avec le contenu de l'esprit. Plus nous avançons dans la pratique, plus l'avidité, la haine et l'ignorance s'estompent pour céder la place à la simple observation et à la compréhension.

En pratiquant Vipassana, nous commençons à explorer pour nous-mêmes les Quatre Nobles Vérités enseignées par le Bouddha. Premièrement, la vérité de la souffrance, tant physique que mentale, si évidente lorsque nous nous asseyons en méditation. Elle devient « noble » dans de précieux moments de sagesse où nous parvenons à seulement observer sans réagir. Et quelle est la cause de cette souffrance, si ce n'est notre avidité constante et notre attachement à notre moi et à nos désirs ? Réaliser cette cause par l'expérience est la deuxième vérité. « Je » est devenu si important ; et il est devenu si difficile de lâcher prise, qu'il s'agisse de nos possessions, de nos opinions ou d'accepter notre inévitable destin. Ce n'est qu'une moitié du tableau. Car l'enseignement est optimiste autant que réaliste. L'introspection développée grâce à la méditation nous révèle également la troisième vérité, à savoir qu'il existe une autre voie ; nous avons réellement le choix de réduire notre souffrance jusqu'à l'éliminer. Non seulement il existe réellement une fin à l'adversité, ce dont nous faisons l'expérience en travaillant avec les sensations dans notre pratique, mais cette voie – c'est la quatrième noble vérité : mener une vie morale, contrôler et purifier l'esprit - nous mène vers ce but élevé.

Ayant si souvent observé les lois de la nature dans le monde extérieur : dans le flux et reflux des marées, la nuit et le jour, la naissance, la vie, la mort, nous commençons à réaliser à présent comment ces mêmes lois s'appliquent à l'intérieur de chacun de nous. Nous acceptons peu à peu que cet état de changement continu dont nous sommes témoins est complètement impersonnel et qu'il échappe à notre contrôle, malgré nos tentatives constantes de nous y identifier. Telle une aube naissante, la réalité apparaît en nous : tout ce dont nous faisons l'expérience est essentiellement insatisfaisant – soit parce que cela n'est pas à notre goût, soit, si nous désirons quelque chose, parce que cela aussi disparaîtra bien assez tôt. Vipassana nous permet d'être totalement conscients de tout ce qui se passe, en rompant la barrière entre l'esprit conscient et inconscient. Vipassana nous aide également à entraîner l'esprit à rester détaché dans toutes les situations pour aller au-delà de la poussée et de l'attraction des sensations, vers une paix véritable.

Aujourd'hui, tout le monde peut pratiquer cette technique et, avec des conseils appropriés et des efforts sincères, progresser vers le but ultime. Méditant ou non, nous pouvons sentir intuitivement que cette description de la connexion de l'esprit et du corps est correcte ; cependant, comprendre le processus par nous-mêmes prend du temps. Le changement continu, la souffrance et l'absence d'ego (en Pāli : *anicca, dukkha* et *anattā*) caractérisent notre existence dans le monde. Un enseignant ne peut que montrer le chemin, a dit le Bouddha. Il ou elle ne peut libérer personne. Chaque individu doit tenter par lui-même de se libérer. De jour en jour, les étudiants du cours travaillent plus sérieusement. La pratique de Vipassana libère de l'espace pour un changement personnel profond ; dès lors, les vieilles habitudes, menacées de disparaître, se rebellent. Des obstacles à la méditation ne cessent de surgir : des désirs et des aversions intenses, de la somnolence, de l'agitation, des vagues de doute. Les étudiants sont soulagés d'apprendre que c'est tout à fait normal. Avec détermination et courage, ils sont de plus en plus capables de se maintenir à flot et de surmonter les tempêtes. Ils gagnent en confiance. Ils apprécient de plus en plus l'enseignement et la force d'esprit qu'ils acquièrent.

Dans la méditation, la science de l'esprit et du corps se révèle à nous. Nous nous examinons aussi bien au niveau physique que mental à l'aide des sensations physiques. Il n'y a aucune dépendance à un Dieu ou à des forces divines pour atteindre le résultat. Nous prenons sur nous la responsabilité de la réalité du présent. Le futur prendra alors soin de lui-même, tandis que l'emprise du passé s'affaiblira graduellement.

Par la pratique de la méditation Vipassana, nous commençons à voir ce qui se passe réellement dans l'esprit et le corps instant après instant. Par exemple, un incident déplaisant survient, une dispute avec un ami ou la voiture qui ne démarre pas, et je réagis avec colère – en réponse, il semble, à cette situation extérieure. Cependant, en recherchant la vérité au plus profond de l'esprit, le Bouddha découvrit un lien manquant entre le stimulus et la réponse. Une sensation ou une autre apparaît dans le corps comme résultat de l'expérience initiale et c'est à cette sensation que nous réagissons et non, en fait, au monde extérieur. Un flux biochimique est constamment déclenché et libéré à l'intérieur, ce qui se manifeste par différentes sensations.

Auparavant, nous étions soit inconscients de ces phénomènes subtils entre l'esprit et le corps, soit continuellement submergés par ces sensations corporelles et nos réactions envers elles. Un schéma d'habitudes rempli de blocages, d'obsessions, de confusion, de fantasmes et de complexes s'est créé ; nous ne pouvons nous en prendre qu'à nous-mêmes. Cela a provoqué des comportements et des opinions bien enracinés, sans aucun soulagement apparent et sans issue. Et du fait que rien au monde, à l'intérieur ou à l'extérieur de nous, ne reste fixe, un processus constant de multiplication d'impureté accumulée (*sankhāra* en Pāli) a entassé pour nous misère sur misère. Il n'est pas étonnant que parfois, sans une technique pour fournir une perspective et une direction, nous désespérons de notre capacité à nous débarrasser de ce fardeau. Mais avec Vipassana, il y a une issue. En entraînant notre esprit à observer les sensations sans réagir, nous pouvons arrêter le processus négatif qui nous a piégé. Non seulement nous obtenons un bénéfice immédiat en évitant les réactions aveugles, mais en plus nous commençons à éliminer les impuretés au plus profond de nous-mêmes – le processus inverse, un cycle vertueux, s'est mis en route. La lucidité que nous développons nous aide à trouver des solutions appropriées à nos problèmes.

Si l'on ne nourrit pas le corps, il va finir par mourir. Cependant, malgré les privations, il est capable de se maintenir pendant quelques semaines – pourquoi ? Grâce aux graisses et autres éléments de la structure physique, il peut encore fonctionner pour une période limitée. L'esprit, qui nécessite d'être constamment alimenté d'une façon ou d'une autre, fonctionne de la même manière. Si nous arrêtons de générer et d'ingérer des pensées et des émotions négatives, le stock d'impuretés constitué dans le passé se libère. En faisant face au problème, nous en sommes libérés.

Les piles rechargeables fonctionnent selon le même principe. Pour les décharger, il n'y a rien à faire, il suffit de couper le courant. Chacun peut essayer par lui-même et constater la vérité de ce principe. Nous ne pouvons jamais posséder la sagesse des autres, écrite ou orale, nous pouvons seulement la recevoir de deuxième main. Nous pouvons utiliser l'intellect et faire preuve d'esprit critique mais cela ne va pas résoudre les problèmes fondamentaux de l'existence, qui se trouvent au-delà de l'intellect.

Cependant, si l'inspiration et le raisonnement nous amènent à développer notre propre compréhension judicieuse par le biais de l'expérience personnelle, alors cela aura servi un objectif valable. Car seule cette sagesse personnelle libèrera l'esprit et nous convaincra que la technique fonctionne. Le Bouddha lui-même recommandait cette approche pragmatique pour adopter un chemin spirituel – ne pas se laisser influencer par un enseignant, une tradition, une spéculation ou le point de vue de la majorité :

... après observation et analyse, si cela est raisonnable et propice au bien et au profit de tous et de chacun, alors accepte-le et vit en accord avec cela.

Kālāma Sutta, Aṅguttara Nikāya

En participant à un cours de dix jours, nous pouvons consacrer notre attention pleine et entière à ce processus d'introspection. En travaillant selon un emploi du temps intensif et en faisant des efforts continus, nous pouvons vraiment entraîner l'esprit à la tâche de l'auto-observation. Non pas que nous allons atteindre la perfection à la fin d'un seul cours, mais nous acquérons les grandes lignes de la technique et l'expérience des sensations en relation avec l'esprit et le corps. Nous ressentons les changements qui s'opèrent en nous, nous obtenons les outils qui vont nous accompagner dans la vie et, bientôt, nous aurons l'occasion de mettre la pratique en application.

❧

« Quand Goenkaji expliqua les Quatre Nobles Vérités ce premier soir, j'embrassais la Première Noble Vérité avec acceptation et soulagement. J'étais là, en pleine lune de miel, en train de vivre les rêves que je nourrissais depuis des années et pourtant, j'étais affreusement malheureuse avec mon mari, avec moi-même et avec ma vie. Je devais finalement faire face à la vérité pour moi-même : la vie est souffrance.

Je me suis sentie exaltée dès les premières instructions d'*ānāpāna*. Depuis quelques années, j'étais intriguée par l'idée d'observer la respiration mais je ne savais pas comment m'y prendre. D'un seul coup, on me donnait la méthode avec un but si clair : concentrer l'esprit ! Alors que le cours progressait, je me débattais avec mon esprit agité et d'intenses douleurs dans tout le corps. Au moment où les instructions de Vipassana furent données, la douleur commença à devenir insurmontable. Alors que nous déplacions notre attention à travers le corps pour observer les sensations, en essayant de ne pas réagir, je compris et j'acceptai totalement que c'était la manière de sortir de la souffrance. Je réalisai que j'avais finalement trouvé ce que je cherchais dans ma vie sans le savoir. »

—*Karen Donovan, USA*

❧

Un médecin se spécialisait en psychologie clinique et en psychopathologie lorsqu'il fit sa première retraite avec un ami :

« Mon esprit n'a jamais accepté la foi aveugle. Je participais au cours de Vipassana avec des doutes nourris par l'expérience directe de l'hypocrisie spirituelle dominante. Cependant, ces doutes étaient tempérés par une ouverture d'esprit scientifique. Un événement étrange s'est alors produit. Les doutes se sont évaporés et la véritable foi a germé. Mon esprit scientifique s'inclina avec révérence. L'expérience dura dix jours dans des conditions complètement contrôlées. J'essayais de travailler avec une totale sincérité. J'observais strictement le vœu de silence et je suivais à la lettre les instructions.

N'étant pas habitué à rester assis dans une seule posture pendant une longue période, mon esprit a été très agité pendant les deux ou trois premiers jours. Mais cette agitation initiale a dû céder la place à une forte détermination. Dès le début de Vipassana, des impuretés ont explosé dans mes yeux qui sont devenus rouges et douloureux, émettant continuellement des écoulements épais pendant plusieurs jours. Conscient que des éruptions d'impuretés peuvent se produire pendant la pratique, cela ne me causa pas de découragement ni d'obstruction. En raison de la douleur, je gardai les yeux le plus souvent fermés ou baissés, ce qui était une aide à la méditation. Avant de participer au cours, les deux années précédentes, j'avais traversé une période très critique et tendue de ma vie. Maintenant, les nuages de stress et de tension se sont évaporés et le système mental a été totalement nettoyé, devenant plein de fraîcheur, de vivacité et de légèreté. Petit à petit, les problèmes oculaires se sont atténués et après deux ou trois jours, à la fin du cours, tout était rentré dans l'ordre. »

—*Docteur Ram Nayan Singh, École supérieure, Ghazipur, Inde*

« Une fois habitué à détecter les sensations subtiles du corps, je fus immédiatement capable d'observer des blessures, anciennes ou actuelles, et je notai une légère amélioration. Je pris conscience de sensations dans le bas de mon abdomen en relation avec une douleur intestinale. L'observation de ces sensations soulage l'inconfort.

Parfois, je percevais très clairement des sensations subtiles et j'étais capable de balayer mon corps en entier de la tête aux pieds et inversement, plusieurs fois par seconde. À ces moments-là, les sensations individuelles de chaque partie de mon corps étaient très claires et très précisément localisées si bien qu'il me semblait être beaucoup, beaucoup plus conscient en un temps beaucoup plus réduit. À d'autres moments, les sensations grossières dominaient des parties de mon corps et le balayage était impossible. Je tombai dans le piège de l'avidité et de l'aversion envers ces conditions et je m'infligeai un parcours de montagne russe en atteignant des sommets incroyables avec l'énergie des plus magiques qui me parcourait, pour être ensuite, dans la même journée, dans les profondeurs du désespoir. »

—*Ron Thompson, Nouvelle Zélande*

« Je trouvais que c'était un étrange mélange de torture et de tranquillité. La position assise était si inconfortable qu'il me semblait que toutes mes articulations allaient se disloquer. Mon esprit ne voulait pas rester sur le simple sujet de l'observation des sensations. Il semblait trouver bien plus intéressant le souvenir de rencontres sexuelles. Je trouvais cela totalement exaspérant. Mais, au fur et à mesure que les journées se transformaient en une agréable routine, je ressentis une tranquillité que je cherchais depuis des années. Quand le cours s'est achevé (bien trop tôt), j'ai eu l'impression que je commençais juste à comprendre. »

—*Tony White, Royaume Uni*

« Le cinquième ou sixième jour du cours, mon attention aux sensations pénétra à l'intérieur de mon corps. L'enseignant eut la gentillesse de m'interroger chaque jour et de m'aider ainsi à résoudre mes difficultés. La sixième nuit, j'arrivai à peine à dormir et le lendemain, lorsque je le rencontrai, mon enseignant me dit : « Thanda, tu dis toujours : « J'aurais dû, j'aurais dû ». Tu crois que c'est toi qui fais tout toi-même ? »

Je répondis : « Monsieur, je pense encore que je possède mon esprit et que c'est mon esprit qui fait tout ce qui se passe. ».

Il répondit : « Pour pratiquer le Dhamma, l'effort doit être au minimum. Essaye de réduire l'effort que tu fais. »

À partir de ce moment-là, j'essayai d'observer ma façon de méditer – fournissant trop d'efforts dans le travail, trop de « je vais faire », « je suis en train de faire » (un gros JE), je vis que je m'identifiais aux sensations. Finalement, en m'asseyant « sans effort », je réalisai que les sensations viennent naturellement et s'en vont naturellement. Elles viennent et s'en vont non pas parce que je fais quelque chose mais en raison de leur nature. En même temps, je pus me voir, voir à quel point j'étais orgueilleux, égocentrique, égoïste. Ces expériences sont des choses que je n'oublierai pas de toute ma vie. »

—*Thanda Win, Birmanie*

❧

« Ce fut un véritable combat, plein de hauts et de bas, mais je savais que cela devait être bon car cela est tellement simple, si pur et surtout une question de pratique, de pratique, de pratique. Comme les remèdes naturels les plus amers, tout ceci fut le plus bénéfique et m'apporta le plus de douces récompenses. Le cours fut remarquable grâce aux nombreux frères et sœurs du Dhamma qui travaillèrent dur, aux incroyables couchers de soleil à l'heure du thé, aux merveilleuses méditations nocturnes ponctuées par les gazouillis et les coassements d'une grenouille solitaire, aux cieux remplis d'étoiles étincelantes et de galaxies, aux hurlements des coyotes rappelant mélancoliquement leur existence, à une toile d'araignée pleine de rosée matinale suspendue à la perfection, halo d'une tête fantomatique sur les plantes alentour.

Parfois, le temps semblait vraiment différent – distinct, plus aigu, le bord de chaque chose rayonnant d'*anicca*, l'impermanence de toute chose. En passant de l'horloge à la vapeur du thé, au coucher de soleil cramoisi, à l'herbe frémissante, aux marques de craie des réacteurs d'avion dans le ciel bleu opaque, je réalisais qu'*anicca* était la vérité.

—*Max Kiely, canadien, 26 ans, enseignant en école primaire,*
artiste et guérisseur, découvrit Vipassana pour la première fois à
Dhamma Mahavana, en Californie en 1997.

❧

« Ma pratique de la méditation ne fut pas très profonde à cause des mouvements du bébé. Il ne voulait pas que je reste assise dans la salle pendant plus de dix minutes à la suite. Et les meilleures paroles pour lui étaient « Que tous les êtres soient heureux ! » alors il bougeait beaucoup pour finir par se détendre. »

—*Olga Mamykina, physicienne,*
participa à un cours dans un lieu loué,
vers la fin de sa première grossesse.
Elle vit avec son mari et son jeune fils à Moscou, en Russie.

❧

« C'est très instructif de regarder en arrière et de comparer la qualité des matinées successives, spécialement les premières sessions de 4h30 à 6h30 où j'avais le plus de difficultés. Le premier jour, tout en moi protestait. J'ai eu d'énormes difficultés avec mes collègues méditants bruyants, l'enregistrement audio de mon enseignant et ma nouvelle technique de méditation forcée qui me semblait superficielle. Le cinquième matin, ce que les autres faisaient n'avait simplement plus d'importance ; trop de choses se passaient en moi pour que j'accorde de l'énergie aux bruits et aux jugements. Et le huitième matin, j'étais plus que capable de rayonner d'une acceptation pleine d'amour envers tous mes frères et sœurs, les âmes braves et vaillantes qui avaient choisi de sonder les profondeurs de leurs propres eaux intérieures pendant tous ces jours tumultueux. Mon cœur était totalement ouvert à tous et aucun ressentiment n'était possible ou même concevable...

En venant au cours, ma tâche avait été de nettoyer le sous-sol encombré de mon esprit. J'avais débuté ce travail comme une lourde corvée attachée telle un boulet mais je me trouvais le huitième jour dans le même sous-sol et avec quasiment les mêmes saletés qui l'encombraient ; et je me sentais plutôt bien à ce sujet. L'unique différence était mon attitude. J'étais parvenu à réaliser à un niveau très profond que je pouvais aimer mes propres stupides ordures ! Je n'avais même pas à m'en débarrasser immédiatement et je découvrais qu'il était beaucoup plus simple d'en rire que de se torturer en ne sachant qu'en faire. »

—*Jason Farrell, Canada.*

~❧~

« Les premiers pas sont toujours les plus difficiles dans tout ce que l'on veut entreprendre, mais une fois qu'on a fait ces pas... C'est comme mon travail dans une mine d'or, c'est éprouvant, le dragage, le premier gramme est le plus difficile à obtenir, mais une fois qu'on l'a, c'est parti... »

—*Extrait d'un entretien d'après cours*
avec un étudiant faisant son premier cours, Australie 1990

~❧~

Le matin du dixième jour, un nouveau type de pratique est enseigné : la méditation de l'amour bienveillant (*mettā bhāvanā* en Pāli). Cette partie finale de Vipassana a un objectif différent et utilise une tout autre technique. Pour Vipassana, il est essentiel de maintenir son attention sur les sensations à l'intérieur du corps, pour mener à bien le travail d'auto-purification. Cependant, pour pratiquer *Mettā*, le partage avec tout le monde de ce que chacun a obtenu dans le cours, on remplit délibérément ces mêmes sensations avec des sentiments de bonne volonté et de compassion, qui rayonnent à travers le corps et dans l'atmosphère alentour. Après avoir travaillé à sa propre purification, envoyer des vibrations d'harmonie et d'amour désintéressé vers les autres fait partie intégrante de la pratique de la méditation et a de puissants effets positifs.

À partir de maintenant, alors que la fin du cours approche et que les méditants se préparent à reprendre contact avec le monde extérieur, ils pratiqueront quelques minutes de *Mettā* à la fin de chaque session de Vipassana.

࿇

Plus tard, je me suis à nouveau senti submergé par la sensation extatique. Au lieu de me traverser, cette sensation persistait dans mon corps ; en fait, il semblait que mon corps se résumait à cela. L'environnement immédiat ne semblait pas avoir changé. Dans cet environnement, je sentis l'arrivée de mes parents. Ils sont morts à peu près à six mois d'intervalle l'un de l'autre il y a environ dix ans. Ils étaient maintenant de nouveau avec moi d'une manière très forte, réaliste. Je les aimais d'une façon totale et apaisée. Je ressentais que chaque chose de notre passé commun avait été juste comme elle devait l'être et que tout avait été accompli. Toute insatisfaction disparut à jamais et j'éprouvais un nouveau flot d'amour envers eux.

À présent, le sentiment d'amour se joignait à la sensation d'extase, ils semblaient ne faire qu'un. Puis, un aspect nouveau de cette extase s'affirma. Auparavant, j'avais eu l'impression de n'être qu'un récepteur passif. Maintenant, j'en vins à sentir que je générais cela de quelque part en moi. Je déversais ce flot sur mes parents, puis je commençais à en produire de plus en plus jusqu'à ce que le flot commence à s'écouler hors de moi vers le haut. Il s'éleva à la verticale et rencontra une nappe substantielle de même nature qui recouvrait tout le globe. Ce que je produisais tourna plutôt abruptement en rencontrant la nappe et rejoignit son flot, pleinement intégré, tout en maintenant cependant son identité distincte. La nappe s'écoula latéralement vers une destination inconnue puis tourna abruptement vers le bas. Sa destination était mon ancienne femme et mon frère, qui vivent tous deux à Seattle. Deux personnes avec qui les rapports sont empreints d'amour et émaillés de problèmes. À présent, je déversais de l'amour sur eux. Comme pour mes parents, il n'y avait plus que de l'amour en abondance.

En fin de compte, la partie la plus forte de cette expérience ne concernait aucune des quatre personnes impliquées, mais plutôt la présence de cette épaisse couche d'amour que je sentais entourer le globe.

—*Charles Brown, USA*

Les gens ont parfois le sentiment que la méditation est une activité introvertie et plutôt égoïste. « Et les malheurs du monde alors, pendant que vous contemplez votre nombril ? » Vipassana *est* une technique égocentrique car c'est seulement en travaillant correctement sur soi-même, que nous pourrons être en position d'aider les autres. Mais l'effort au cœur de la méditation est la dissolution de l'ego illusoire que nous avons créé et qui maintenant nous contrôle. Petit à petit, en transcendant notre égotisme, nous en venons naturellement à diriger l'énergie et le discernement vers l'extérieur. De cette manière, nous complétons le cercle nous unissant aux autres.

L'apprentissage de la méditation Vipassana est le travail de toute une vie. Nous continuons à travailler selon la même technique simple tout en progressant sur le chemin, en développant et en approfondissant notre sensibilité et notre équilibre d'esprit. Nous acquérons et intériorisons toute une gamme d'outils pratiques qui serviront en temps et heure. Nous avons cette pile de linge sale, c'est un fait, mais pour quiconque est établi dans la pratique, il n'y a aucun doute sur l'efficacité de ce savon qui rendra tout propre et éclatant.

Le noble silence est levé après l'enseignement de *Mettā*. Alors qu'ils sortent de la salle de méditation, les étudiants se retrouvent avec chaleur tels des amis séparés de longue date. Ils peuvent enfin partager leurs expériences et voir où ils en sont.

⤵

Alors, comment c'était le silence ?

Difficile pendant quelques jours, on se sent un peu conditionné à communiquer, comme au petit déjeuner par exemple. Mais après ça allait, c'était merveilleux.

Ce fut même un petit problème de recommencer à utiliser la voix !

—Extraits d'entretiens d'après cours avec de nouveaux étudiants, Australie 1990.

La phase intensive du cours est terminée. Maintenant, il est temps de s'extravertir de nouveau tout en gardant le contact avec la vérité intérieure, il est temps de voir comment intégrer Vipassana dans la vie quotidienne. Méditations de groupe et discours continuent jusqu'au lendemain matin, mais le programme du dernier jour est délibérément plus léger et plus souple pour aider au processus d'ajustement.

Au cours du déjeuner, on est à l'aise, les histoires s'enchaînent et les rires fusent.

∽❧

Le cours fut certes difficile, mais il n'y eut pas que du sérieux - après tout, on a affaire à des êtres humains. Il y eut des moments très drôles. Par exemple, le méditant à ma gauche, un vieux monsieur qui avait été autorisé, en raison de son état de santé, à utiliser une chaise. Le charmant vieil homme arrivait en général un peu en retard pour les sessions de méditation, puis s'endormait rapidement en ronflant doucement. Malgré son infirmité, j'ai remarqué qu'il était en général le premier à table.

Le jour huit, il y eut un incident pendant l'une des méditations de groupe. J'ai ressenti une douleur piquante sur mon pied droit, puis une autre, et j'ai pensé : « Mon Dieu, des fourmis. Que vais-je faire ? » Alors une autre pensée m'a traversé l'esprit : « Ne serait-il pas possible que mes mauvais *sankhāras* se manifestent de cette façon ? » Dans ce cas, il était d'autant plus important que je sois équanime. J'essayais de rester calme bien que je ressentisse quelques sensations brûlantes sur ma cuisse. L'heure s'est enfin terminée et j'examinais immédiatement mon pied en feu. Vous avez deviné : c'étaient des fourmis !

—Le professeur P.N. Shankar est sous-directeur
du Laboratoire National d'Aérospatiale à Bangalore en Inde.
Sa femme, Priti, professeur à l'Institut indien des Sciences
pratique également Vipassana.

Dans l'une des salles à manger, on a disposé des affiches présentant les centres Vipassana à travers le monde, avec le détail des contacts et les calendriers des cours pour les mois à venir. Il y a également une présentation de livres et d'enregistrements sur Vipassana et des informations sur leurs points de vente. Dans l'après-midi, il y a une courte réunion pour expliquer comment chacun (tout le monde étant désormais un « ancien étudiant ») peut s'impliquer dans le service de différentes manières.

Cette nuit-là, les conversations continuent souvent bien après que les lumières soient éteintes. Puis brusquement, c'est le matin et après une puissante méditation finale, le cours s'achève.

Dans une heure ou deux, certains méditants seront de retour devant leur ordinateur, en réunion de travail ou en train de câliner leur bébé. D'autres attendront un peu, appréciant la paix, aidant ici et là dans le centre, échangeant des adresses avant de partir.

❧

Au fil des jours, je me demandais continuellement si Tim ressentait les mêmes bienfaits, avait la même appréciation et ressentait la même gratitude que moi envers la technique. Après l'enseignement de *Mettā* le jour dix, je me dépêchais de le chercher et je le trouvais à l'extérieur près des panneaux d'information. Il était en train d'examiner les programmes des cours à venir et notait un cours auquel nous participerions trois mois plus tard au Japon ! Nous avons été ravis de découvrir que notre enthousiasme était réciproque.

—*Karen Donovan, USA*

❧

Madhu Sapre, 26 ans, vit à Mumbai. Diplômée en art, c'est aussi une athlète accomplie. Par hasard, elle se retrouva mannequin à dix-neuf ans et en fit sa profession. Elle devint Miss India presque immédiatement, puis elle fut candidate à Miss Univers - et sa vie changea radicalement. Elle se rendit à Londres et à Paris pour son travail, et tout semblait formidable.

De 1991 à 1996, je n'avais pas le temps, ou plutôt je ne prenais pas même le temps de respirer. Je me laissais porter par le courant. J'avais beaucoup de chance d'avoir de si nombreuses opportunités. Mais pas une fois je n'ai pris du recul pour penser : « Qui suis-je ? Qu'est-ce que je veux ? »

Vu de l'extérieur, tout allait à merveille. J'étais célèbre, j'avais belle allure, je gagnais de l'argent, je voyageais etc... Mais je m'effondrais intérieurement. Je fis deux ou trois dépressions nerveuses. Je vis trois ou quatre psys. Mais cela ne fut d'aucune aide. Je devenais folle. Chaque jour, ma situation empirait. Je me mis à prendre des cachets pour dormir mais mon esprit travaillait tellement que même cela ne m'aidait pas.

Je commençais à avoir peur de faire face à chaque nouvelle journée. Si je ne travaillais pas, je m'enfermais dans ma chambre et je pleurais continuellement. Je n'arrivais pas à croire que ma relation avec mon petit ami, que j'aimais plus que ma vie, ne marchait pas. Je devins obsessionnelle. Je me mis à m'apitoyer sur mon sort. Je ne parvenais pas à oublier le passé, les moments magnifiques que nous avions vécu. Je n'arrivais tout simplement pas à voir la réalité telle qu'elle était - dans le présent. En plus des insomnies, j'avais également des troubles du comportement alimentaire et je me privais de nourriture pendant quinze ou vingt jours.

Il y avait aussi les tensions au travail. Je devais faire bonne figure pour les autres. Lentement, doucement, je perdais tout intérêt. Je me mis à envisager différentes manières de mettre fin à mes jours. J'étais devenue tellement centrée sur moi-même que je n'avais même pas réalisé que mes parents (avec qui je vivais) souffraient également énormément.

J'étais dans un état lamentable. Je pensais que bientôt je serai cliniquement folle. Et c'est alors que mon père m'a dit d'aller à Vipassana. En fait, j'avais entendu parler de la technique environ trois ans auparavant par la propriétaire de mon agence de publicité à Londres. Elle avait elle-même participé à quelques cours. Mais à ce moment-là, je n'y avais pas prêté grande attention. Puis, lorsque mon père m'en a parlé, je me suis souvenue de Josie et j'ai décidé de participer à un cours.

En fait, quand je suis arrivée, je savais seulement que l'on ne doit pas parler, c'est tout

Je ne savais rien du programme de méditation et ne soupçonnais pas que cela allait changer ma vie.

Quand on a commencé Vipassana le quatrième jour, je pensais que je devenais folle. Je ne savais pas ce qui se passait dans mon corps. Je suis allée dans ma chambre et me suis mise à hurler, sous l'effet de toute cette douleur et de ces sensations. J'étais prête à rentrer à la maison. Je me disais que je ne pouvais pas faire face à cela.

Mais j'étais également très perturbée par les discours chaque soir. L'Enseignant parlait de moralité et de beaucoup de belles choses. J'avais connu les autres extrêmes : les drogues, l'alcool, et autres excès qui font partie de cette profession si prestigieuse.

Le quatrième et le cinquième jour, j'ai beaucoup pleuré. Heureusement, j'ai pu parler à l'assistante d'enseignement de ce que je ressentais et elle m'a donné énormément de soutien et de bons conseils. Au fil des jours, je posais moins de questions. C'était incroyable. À chaque fois que j'avais des questions, elles recevaient leur réponse à l'écoute des discours.

Je faisais aussi des progrès dans la méditation. Chaque jour, j'étais impatiente d'aller dans la salle pour méditer et pour écouter les discours. Tout cela était tellement nouveau pour moi. La vie commençait à me paraître très claire et lumineuse. Je ne sais même pas quand je suis sortie de ma dépression. Toutes les solutions venaient à moi peu à peu. Mon anxiété s'en est allée. Il n'y avait plus de confusion. J'ai également cessé de blâmer les autres et de les détester pour tout ce qu'ils m'avaient fait.

Souvent, je n'arrivais pas à me concentrer ou à chasser certaines pensées de mon esprit. Au début, ça me mettait terriblement en colère et me rendait très agitée car j'avais peur de ne pas réussir en 10 jours et de retomber dans le malheur à la sortie. Puis, j'ai réalisé que cela prendrait du temps. Je devais me détendre. Ainsi, à chaque fois qu'en dehors des méditations de groupe je me sentais distraite, je me levais, je sortais cinq minutes et je revenais. Je pensais que je devais me réjouir car au moins j'avais trouvé le remède. Désormais, c'était à moi de continuer la pratique.

Venir à Vipassana fut pour moi un miracle. Cela m'a sauvé la vie. Je suis très reconnaissante envers tous les enseignants et les servants du Dhamma qui m'ont aidé à traverser cette épreuve avec succès. Le jour où je suis venue ici est le jour le plus inoubliable de ma vie et avoir été capable de rester ici pendant dix jours est une plus grande réalisation que n'importe quel autre titre que j'ai pu remporter. Cela m'a redonné confiance et courage. Je suis presque contente d'avoir été si mal en point, car sinon je n'aurais jamais pensé à venir ici.

—*Madhu Sapre.*

❧

J'ai réalisé combien j'étais pris dans mon propre petit monde de choses égocentriques, essayant de me rendre plus heureux, uniquement pour moi-même... Je donnais aux autres, mais non sans attendre quelque chose en retour...

Nous avons reçu un soutien très calme et plein de compassion de la part de l'encadrement, c'était très rassurant...

Je me suis bien intégré aux autres. Tout le monde est si facile à vivre, si coopératif...

Je pense que c'est bien organisé... c'est merveilleux que ceux qui viennent méditer ici reviennent pour servir et s'impliquer, cela permet de garder la technique si vivante. Tout semble être parfaitement à sa place.

—*Extraits d'entretiens d'après cours avec de nouveaux étudiants, Australie 1990.*

❧

Mes amis avaient trouvé amusant que moi, un bavard invétéré, je doive observer le silence pendant dix jours. En fait, ce ne fut pas difficile. Le dixième jour du cours, nous avons été autorisés à parler. Lorsque je discutai du cours avec d'autres étudiants, je fus surpris de découvrir que les sensations corporelles subtiles étaient présentes tout le temps sans aucun effort de ma part.

Rapidement, j'ai été confronté en diverses occasions aux effets de certaines habitudes que j'avais développées et dont j'avais plus ou moins conscience auparavant. Quand j'interrompais quelqu'un, j'avais une sensation, quand j'avais des pensées critiques par rapport à ce que quelqu'un disait, j'avais une autre sensation, et lorsque je parlais trop sans être sensible aux autres, une troisième sensation corporelle apparaissait. Ces sensations devinrent rapidement des indicateurs fiables et en peu de temps, je fus capable de m'arrêter de moi-même chaque fois que je commençais à me comporter ainsi.

—*Ron Thompson, Nouvelle-Zélande.*

❧

L'expérience concrète de participer à un cours n'est pas comparable à ce qu'on peut en entendre ou ce qu'on peut en lire. L'expérience concrète de s'autoriser à prendre dix jours de congés dans nos vies très occupées pour vivre exactement comme un moine ou une nonne dans le noble silence est quelque chose que les mots seuls ne peuvent décrire. Le fait que de parfaits étrangers vivent, mangent et méditent côte à côte pour une période aussi longue, dans une telle paix et une telle harmonie, est très difficile à trouver ailleurs.

—*Eva Sophonpanich est suédoise.*
Elle vit et travaille en Thaïlande.
Elle a participé à sa première retraite Vipassana en 1990.

Pendant le cours, la porte de mon monde intérieur, le monde de mes sensations, s'est ouverte, dévoilant une image complète. Savoir des choses évidentes telles que « Je devrais être bonne avec les gens, je devrais être gentille, je devrais engendrer seulement de l'amour et de la paix » ne suffit souvent pas pour les appliquer dans la vie quotidienne. Désormais, il me semble que j'ai un outil pour y parvenir.

—Galina Ryltsova, traductrice, a écrit ces commentaires après avoir participé à un cours à Moscou, en Russie, pendant l'été 1998.

Quand le cours s'est achevé le matin du onzième jour, les servants nous ont demandé si nous pouvions les aider à remettre de l'ordre. Ce fut un précieux moment. Pendant dix jours, ils avaient été comme des parents aimants et maintenant le moment était arrivé – nous pouvions « voler de nos propres ailes ». Nous étions des « anciens étudiants » et si nous avions la bonne volonté de donner de notre temps, nous pouvions faire pour les autres ce qu'ils avaient fait pour nous.

—Heather Downie, épouse et mère de deux enfants, a découvert pour la première fois la technique au centre Vipassana de Tasmanie, à Hobart, en Australie. Elle est infirmière diplômée et travaille à mi-temps dans une clinique.

Faire le travail de nettoyage après le dernier petit-déjeuner avec mes frères et sœurs du Dhamma fut une grande joie, tout comme retraverser les Montagnes Rocheuses avec deux personnes du cours, un père et son fils qui s'appelaient Farrell comme moi ! C'était le deuxième de ses enfants que le père avait amenés à Vipassana. Son fils était à la dérive – il avait vingt-deux ans, pas de but clair dans la vie. Le cours lui avait donné une direction précise, nous dit-il. Tout lui semblait clair et précis maintenant.

Et le changement est garanti.

Il avait fait chaud durant ces dix jours de début de printemps dans les collines. Il y avait des alertes d'inondation, des sacs de sable étaient déposés dans les zones basses et ces pics « éternels » finiraient bien par tomber sous les flots une fois de plus ; c'était juste une question de temps, de neige et de vent.

Observe simplement, me disais-je, alors que nous traversions d'Est en Ouest et que je me dirigeais, moi aussi, vers une nouvelle vie.

Observe simplement.

—*Jason Farrell, Canada*

CHAPITRE 5

L'EXPÉRIENCE DU COURS – L'APRÈS

Vipassana est un art de vivre. Une fois que l'on a participé à un cours, on connaît les bases de la technique et on a assez d'expérience personnelle pour décider si la pratique nous convient. L'objet de Vipassana est toujours pratique, afin d'appliquer les bienfaits de la méditation dans la vie réelle. Nous allons à l'hôpital pour un traitement, pour retrouver de la force et améliorer notre condition physique. De la même manière, nous venons à un cours de Vipassana, non pas pour des vacances, pour faire des rencontres ou pour s'évader mais pour nous doter d'un moyen d'être plus efficaces dans les situations quotidiennes et pour améliorer notre qualité de vie. Non pas que nous devenions parfaits après avoir suivi un cours. Attention aux attentes irréalistes ! Les modes de fonctionnement que nous avons créés involontairement au cours des années peuvent être très résistants.

De retour à la vie quotidienne, face aux mêmes problèmes et contraintes qu'auparavant, nous ne pouvons nous échapper quelque part au calme pour nous rappeler ce que nous avons appris pendant la retraite. Cependant, heureusement, ce plongeon profond en nous-même va nous venir en aide. Nous réagissons peut-être toujours à diverses situations non désirées mais avec moins de violence qu'avant et moins longtemps. En soi, c'est déjà une réussite majeure. Si nous maintenons une pratique quotidienne, il devient bientôt possible de rester conscient du souffle et des sensations, si bien que lorsqu'une crise quelconque survient, une partie de l'esprit peut observer nos propres réactions sans être complètement dépassée par les circonstances extérieures. À notre grande surprise, nous découvrons qu'un absorbeur de chocs a été installé, un merveilleux « déconditionneur » de l'esprit.

À présent que nous sommes de retour dans le vaste monde, comment pouvons-nous tirer parti de ce qui a été acquis et continuer de croître ? Tout comme pendant le cours, notre engagement à maintenir la pratique et à travailler correctement est essentiel pour réussir. Attendez-vous à des difficultés—après tout, nous ne sommes plus dans l'atmosphère protégée du cours—et devenez expert pour les surmonter. La technique de Vipassana est claire, logique, non-sectaire, basée sur l'expérience et ne produit rien d'autre que du bien pour l'individu et pour la société. Cependant, des critiques infondées peuvent survenir. Tous les vieux soupçons, spécialement en Occident, envers la méditation et envers ceux qui s'y engagent peuvent faire surface. Les explications ne suffiront pas à convaincre les sceptiques que la pratique de Vipassana est un développement sain. La façon dont nous vivons nos vies et les changements positifs que nous pouvons apporter auront un impact beaucoup plus grand pour eux.

Nous essayons de pratiquer la moralité, la concentration et la purification de l'esprit (en Pāli : *sīla, samādhi, paññā*) non seulement dans notre méditation mais aussi à chaque moment si possible dans nos activités ordinaires. Cela exige une forte volonté de notre part pour créer de nouvelles routines et demande que les autres acceptent les changements en nous qu'ils ne vont peut-être pas apprécier immédiatement. Les gens vont peut-être dire : « Pourquoi n'oublierais-tu pas un peu cette méditation idiote et ne viendrais-tu pas t'amuser vraiment pour changer ? Ce dont tu as besoin pour être heureux c'est d'une bonne fête – quelques bières, quelques pilules, quelques joints et quelqu'un pour la nuit ».

Et alors nous y voici : des modèles contradictoires de nos vies futures, de notre moi-même, qui se font face. Comment cela va-t-il tourner ? À chaque fois, nous sommes les seuls à pouvoir décider. Il faut de la sagesse et du caractère pour résoudre ces conflits de forces contraires. Les méditations quotidiennes fournissent souvent des solutions dans de tels dilemmes, mais il n'y a pas de formule miracle.

Résoudre les aspects pratiques aide. Chez soi, il est essentiel de trouver un endroit calme, confortable pour méditer sans dérangement. Cela aide également de fixer des heures plus ou moins régulières dans notre emploi du temps quotidien pour méditer. Nous essayons de pratiquer correctement, en nous remémorant les principes de base de l'attention et de l'équanimité, et si on a tout oublié ou qu'on se trouve bloqué, il est toujours possible d'avoir l'aide d'un enseignant. Mais chaque individu est son propre maître ; il n'y a pas de gourou dans Vipassana. Nous devons faire face au défi de maintenir notre pratique et d'appliquer l'enseignement dans la vie quotidienne en même temps qu'aux responsabilités professionnelles et familiales normales.

Les méditants devraient évaluer leurs propres progrès sur le chemin en utilisant divers critères tels que :

- Au lieu de blesser les autres, ai-je commencé à les aider ?
- Comment est-ce que je me comporte face à des situations non désirées – est-ce que je réagis comme avant ou est-ce que je reste plus équilibré ?
- Est-ce que je suis moins égocentrique, donnant généreusement sans attendre rien en retour, montrant de la compassion et développant de la gratitude envers ceux qui m'aident ?
- Est-ce que j'établis ma méditation sur une fondation solide en observant les préceptes moraux jour après jour ?

Nous allons faire des erreurs, évidemment. Mais le test est de voir si nous pouvons apprendre de ces erreurs. Au lieu de créer de nouvelles tensions, peut-on reconnaître avec le sourire nos impairs et essayer de ne pas les répéter ?

Nous prenons part à la vie et l'apprécions pleinement, en comprenant grâce aux hauts et aux bas que les changements vont sûrement survenir. Nous ne pouvons pas arrêter le cours des événements mais nous pouvons changer leur direction.

Quand l'exultation ou la dépression frappent à la porte, Vipassana nous aide à rester équilibrés. Et ce détachement ne signifie pas la passivité ou l'indifférence à la souffrance ; observer et attendre, même une fraction de seconde, avant d'agir est une contribution plus féconde. Nous augmentons notre capacité à aborder les situations délicates avec calme et confiance, gentillesse et bon sens.

Ce chemin est en fin de compte un chemin solitaire mais nous ne marchons pas tout seul. L'amitié née de la compassion est au cœur de Vipassana. Il y a tellement de manières d'être soutenu dans notre pratique et d'aider les autres. Des méditations de groupe hebdomadaires avec d'autres méditants ou des retraites le week-end rechargent nos batteries. Le service volontaire, par exemple pour un cours ou dans un centre, est le don le plus important de notre temps et de notre compétence que nous puissions faire. Dans le monde entier, le réseau de contacts de Vipassana est considérable et ne cesse de s'accroître. Partout, d'Ulan Bator au Texas, de Taipei à Milan, Johannesburg et Mumbai, les principes, la pratique et le format de l'enseignement sont les mêmes. Par le biais de l'Internet, la communauté virtuelle de Vipassana est à portée de clavier. Parallèlement, des communautés réelles de familles et d'amis grandissent autour des centres, ces rares endroits dédiés à la méditation et au service.

~&

En bref, je dirais que j'ai passé dix jours de découverte. Ce cours fut comme une clef qui m'a ouvert la porte de la vraie vérité, du vrai bonheur, de la vraie compréhension. Pour moi, le principal avantage de Vipassana est que cela nous donne une chance de faire l'expérience de la loi de la nature en nous-mêmes et que c'est facile à pratiquer. La porte est ouverte et désormais, je dois faire mes premiers pas sur le chemin vers moi-même. J'espère ma volonté assez forte pour continuer à pratiquer... Je remercie mon destin de m'avoir donné Vipassana !

—*Marianna Igelnik, 19 ans, étudie la médecine à Moscou.*

Je pratique la méditation Vipassana quotidiennement depuis trois mois. Les bienfaits sont grands. Le changement dans ma vie est énorme. Je buvais de l'alcool chaque jour pour survivre au stress, maintenant je peux vivre sans. J'avais beaucoup de problèmes avec mon fils, mais depuis que j'ai appris à ne pas réagir, à ne pas être trop en colère, notre relation a pris un tournant positif. J'avais de nombreux maux de tête et prenais beaucoup de Panadol. J'en ai moins souvent, maintenant et je parviens, la plupart du temps à les contrôler grâce à une pratique régulière. Je peux en faire plus en une journée car en nettoyant mon esprit, j'ai une vue plus claire sur la vie.

En ce moment, je m'efforce de vivre ici et maintenant. La peur du lendemain occasionnait de la tension et gâchait un temps précieux. C'est comme si on redevenait un enfant, il y a ce sentiment d'intemporalité. Je pensais ne jamais réussir à m'accorder deux heures par jour pour m'asseoir et méditer. Je découvre maintenant que je peux me coucher une heure plus tard et me lever une heure plus tôt et le temps n'est pas le problème que j'imaginais.

—*Heather Downie, Australie.*

◦❧

Le Bouddha enseignait qu'il ne fallait pas avoir une foi aveugle dans ses paroles. Au lieu de cela, nous devons y découvrir leur vérité par nous-mêmes. Ainsi, je réalisai à mon premier cours de dix jours que je devrais déterminer si la méditation Vipassana fonctionnait réellement, si elle m'aidait véritablement à réduire ma souffrance et à développer mon équanimité. Je n'eus pas longtemps à attendre pour la tester.

Je m'inquiète beaucoup à propos du manque d'argent. S'il y a un domaine dans la vie où je pourrais avoir un peu plus d'équanimité, c'est vraiment sur le plan financier. À la fin de mon premier cours de Vipassana, j'eus l'occasion de voir les effets de cette méditation sur le vif.

J'avais hésité à donner mon portefeuille le jour de l'enregistrement. Bien que l'on m'ait donné un sac en plastique et du scotch pour le fermer, je regardai avec anxiété la caisse des objets de valeur dans laquelle se trouvait mon portefeuille, sans surveillance, pendant une partie de l'après-midi. Dix jours plus tard, alors que j'allais récupérer mon portefeuille, je ne fus pas tellement surpris de découvrir qu'il n'était plus dans la caisse.

En fait, je fus surpris de ma réaction par rapport à la perte du portefeuille. Aucune anxiété intense. Bien sûr j'étais soucieux et fus content qu'un jeune homme se proposât de reconstituer le trajet de la boîte. Même lorsqu'il revint cinq minutes plus tard les mains vides, je m'aperçus que je demeurais assez calme. Alors que je commençais à m'en vouloir d'avoir confié mon portefeuille à cette boîte et m'inquiétais de la façon de remplacer les diverses cartes de crédit et permis, je lavai quelques assiettes tout en observant les pensées qui passaient. Mon esprit restait suffisamment clair. Je me souvins que la boîte des objets de valeur semblait différente de celle que j'avais vue dix jours auparavant. Bien évidemment, après dix minutes de recherche supplémentaire, le jeune homme revint avec mon portefeuille. Les objets de valeur avaient été transférés dans une autre boîte et mon portefeuille avait été laissé en route.

Ce n'est pas toujours rapide ni facile d'évaluer les résultats de la pratique de Vipassana. Mais je pense que de petits événements surviennent dans la vie et nous donnent des aperçus de nos progrès. Le chemin de la libération est long selon Goenka. Mais chaque pas sur le chemin vaut le coup. Est-ce que ma peur du manque d'argent a disparu ? Loin de là, mais chaque constat de mes progrès dans mon équanimité m'encourage dans la pratique.

—Barry Nobel, médiateur et enseignant, fit son premier cours au centre Vipassana du Nord-Ouest dans l'état de Washington, USA, en 1998.
En post-scriptum, il ajoute : « Je reste stupéfait que Vipassana produise assez de résultats valables pour que je consacre deux heures par jour à méditer. »

_&_

Pendant les fêtes de fin d'année en 1994, j'effectuais mon premier cours de dix jours de Vipassana à Dhamma Mahi en France. Je trouvais le cours très difficile et éprouvant, mais il m'inspira profondément, surtout par la suite. Je savais que j'étais entré en contact avec quelque chose que j'avais cherché, mais sans le savoir. J'eus aussi cette forte conviction que cette technique de méditation m'accompagnerait toute ma vie, et je voulais m'y consacrer sérieusement.

À la fin de chaque cours, M. Goenka conseille à ses étudiants, s'ils trouvent la technique logique, efficace et bénéfique, de pratiquer une heure le matin et une heure le soir. De retour chez moi, j'ai donc médité de cette façon. Pendant six mois, quelques fois avec difficulté, je suis parvenu à méditer deux heures, toujours avec de bons résultats. J'étais moins irrité, ma concentration s'améliorait, ce qui m'aida pour étudier et je supportais plus facilement les cinquante-six autres étudiants de la résidence.

Pendant l'été 1995, je m'envolais pour Bangkok pour un voyage de deux mois à travers le sud de la Thaïlande, la Malaisie et Sumatra, puis un retour en Thaïlande pour suivre mon deuxième cours de Vipassana, à Dhamma Kamala, juste avant de rentrer en Hollande. Mais après six semaines et demie de voyage, alors que j'étais très ouvert aux personnes que je rencontrais, mon voyage toucha à sa fin d'une manière prématurée et pour le moins inattendue.

Un matin à Sumatra, je sortis marcher après avoir médité. Trois jeunes indonésiens se joignirent à moi, me demandant mon nom et mon pays d'origine. Ils marchèrent avec moi, jusqu'à ce que nous eussions laissé le village assez loin derrière nous. C'est alors que ma tête a explosé ; je ne voyais plus, je ressentais uniquement des sensations très intenses sur le crâne. Lorsque je pus de nouveau voir, je m'aperçus que les trois hommes s'étaient mis en ordre de bataille et que l'un d'eux m'avait frappé avec un gros bâton qu'il avait ramassé. Je réalisai alors qu'on était en train de me voler. Ils me frappèrent de nouveau et après des minutes terrifiantes, mes pieds et mes mains furent liés. Je saignais abondamment, et ils me jetèrent dans les buissons le long de la route, puis s'enfuirent.

Pendant un court instant, je me résignai à mourir. Mais alors, je ressentis une très forte poussée, un sursaut intérieur qui me fit continuer. Je réalisai que ma blessure à la tête devait être soignée rapidement et que mes agresseurs pouvaient revenir à tout instant. À ce moment précis, alors que j'aurais pu être complètement absorbé par la situation, quelque chose survint qui me donna un instant de répit au moment où j'en avais le plus besoin. Je déliai mes mains et mes pieds, et pendant un court instant, je suis resté assis simplement au bord de la route à pratiquer Vipassana. J'étais conscient des sensations de mon corps, et je maintenais l'équanimité envers elles, en comprenant qu'elles ne faisaient qu'apparaître et disparaître. Je compris que, bien que bien qu'intenses, les sensations ne dureraient pas pour toujours et cela me permit de les observer au lieu d'être dominé par elles.

Après un certain temps, je commençais à bouger et à réfléchir aux moyens de sortir de la situation difficile où je me trouvais. D'autres voyageurs me trouvèrent et m'aidèrent merveilleusement et je fus rapatrié en Hollande où je me rétablis. Quand ces personnes me trouvèrent, l'un d'eux commença à maudire les voleurs, mais la pratique de Vipassana me permit de ne ressentir qu'une compassion sincère envers eux. *Leurs vies devaient être pleines de négativité, de violence et d'avidité ; et je me sentais réellement désolé pour eux.* Ce qu'ils avaient fait était vraiment mal, je pensais qu'ils devaient être punis pour leurs actions dans la mesure du possible. Cependant, j'étais conscient qu'en ressentant de la haine envers eux, je serais également plein de négativité, ce qui ne m'aiderait certainement pas au moment où j'avais besoin de toute mon énergie pour mettre fin d'une manière satisfaisante à cette situation.

Évidemment, de retour chez moi, de l'agressivité apparut, un désir de revanche, de la fureur, de la tristesse, je ne suis évidemment pas un être libéré ! Mais malgré cela, durant toute cette période, j'eus des moments d'équanimité où je fis face à la situation avec un esprit équilibré. Et ces moments ont été d'une grande aide et d'une valeur inestimable ! En fait, j'ai dû suivre un traitement psychiatrique et travailler pendant plus d'un an pour être libéré des tensions et des problèmes que j'avais générés en réaction à cette agression. Si je n'avais pas eu le soutien de Vipassana, je ne peux qu'imaginer combien de temps et d'efforts supplémentaires cela m'aurait coûté. Par moment, pendant l'année qui suivit l'agression, il était trop difficile de méditer, même avec *ānāpāna*. Mais le fait que la méditation m'ait été d'un si grand secours, les résultats énormes après seulement un cours et six mois de pratique régulière, tout cela me donna la certitude que je reviendrai suivre un cours.

Quand le moment fut venu, j'ai participé à un deuxième cours. La retraite terminée, un autre étudiant m'a demandé quelle sorte de résultats j'avais obtenu jusque-là. Je lui ai répondu dans des termes vagues et généraux que cela m'avait aidé de diverses façons. Il est revenu cependant sans cesse sur cette question, et j'ai continué à éviter de lui donner une réponse précise. Juste avant la fin du dernier jour, et alors que nous allions tous nous coucher, il m'a demandé :

« Donne-moi juste un exemple d'une situation où Vipassana t'a été bénéfique ». Je lui ai alors raconté cette histoire et il a compris la source de mon inspiration.

> —*Âgé de 24 ans, Teun Zuiderent, des Pays-Bas, a une maîtrise d'Art et de Sciences et une maîtrise de Science et Technologie. Il a mis en attente les offres d'emploi jusqu'à ce qu'il ait terminé une année de méditation, de service et d'étude de Pāli à l'Académie Internationale de Vipassana en Inde à Igatpuri.*

~&~

Qu'est-ce que j'ai gagné à pratiquer Vipassana ?

À force d'observer la zone des narines et du souffle, mes sinus se sont dégagés et je parviens à sentir beaucoup de choses que je n'avais pas senties depuis des dizaines d'années. Deux jours après le cours, marcher dans la rue fut un délice.

À présent, j'ai davantage conscience de mes mauvaises habitudes concernant la parole et l'écoute et je peux généralement rattraper cela assez rapidement. Certaines situations sont encore assez difficiles à cet égard, mais je me rappelle que tout peut changer.

Ma vitesse au volant a diminué d'environ 20km/h ce qui ravit ma femme. Je suis beaucoup plus patient avec les autres conducteurs et suis beaucoup plus tolérant envers ceux qui désirent changer de file ou surgissent des rues adjacentes. Des sensations corporelles apparaissent si je fais preuve d'impatience ou de sans-gêne dans ma conduite.

Je me suis attaqué d'une manière méthodique aux piles de papiers qui traînaient dans la maison, j'ai terminé ou commencé des tâches que je reportais au lendemain. Certaines de ces tâches paraissaient insurmontables, demandant beaucoup de courage et de persévérance mais je commence à faire ces choses le jour même plutôt que de les remettre au lendemain. Chaque jour, je fais quelque chose pour ranger le vieux fouillis et m'empêche souvent de l'alimenter à nouveau. Je suis devenu beaucoup plus attentif à ma femme dans les choses de la maison.

Avec mon tout nouveau zèle, il m'est arrivé de faire des erreurs, et parfois de grosses erreurs. Cela a entraîné quelques souffrances mais, parfois, je réalise que je suis dans le désir ou alors que j'évite quelque chose et je suis capable de me corriger. Mon impulsivité et mon impatience sont toujours là, d'une certaine façon, mais il semble qu'elles diminuent avec chaque leçon douloureuse.

Au lieu de les éviter, les discussions avec les amis et les membres de la famille portent plus souvent sur de vraies questions. J'ai essayé de restreindre mon enthousiasme et d'autoriser ma nouvelle disposition au calme, en écoutant davantage, sans juger ; comprenant souvent les choses avant que les gens ne les expriment tout en sachant me retenir. Dans certains cas, quand on commence à critiquer une tierce personne, cela me peine et c'est difficile de rester équanime. Cela va demander soit plus de concentration soit d'empêcher que de telles situations arrivent.

Il y a beaucoup de choses que j'ai résolues par l'intellect dans ma vie, car je n'ai généralement pas eu confiance dans l'enseignement des autres. Vipassana m'a permis de faire l'expérience directe de tant de choses que cela a créé une réalité entièrement nouvelle ou, devrais-je dire, cela a dissipé de nombreuses illusions. Cela n'a pas toujours été confortable et je sais que d'autres désagréments sont à venir mais je me sens maintenant fermement établi pour continuer à faire de nouveaux pas sur le chemin. Il y a eu des périodes de doute et de confusion, en particulier parce que ma femme pratique une technique différente. Il semble que je peux l'accepter maintenant mais je sais également que je peux encore être confronté à quelques épreuves.

L'apprentissage de Vipassana a été le cadeau le plus précieux que j'aie jamais reçu, ma vie en a été bouleversée, rien ne peut plus être comme avant.

Je sais que je vais aider d'autres personnes qui veulent également emprunter ce chemin, mais à part cette certitude, le futur semble être beaucoup plus incertain qu'auparavant. Qui sait de quoi demain sera fait ?

—*Ron Thompson, Nouvelle-Zélande.*

∾

Après avoir fait mon premier cours en avril 1997, j'ai senti qu'en découvrant Vipassana, j'avais été plus privilégiée, beaucoup plus privilégiée que si j'avais gagné à la loterie. Ayant suivi depuis quelques cours de plus, je n'ai pas changé d'avis.

—Sheila Kirwan de Londres enseigne les
mathématiques et les sciences dans le secondaire.

∾

Quand je suis retournée au travail, la plupart des personnes ont noté et apprécié mon changement. Ils ont dit que j'étais moins agressive (bien qu'ils pensent qu'une femme agressive travaille mieux). Ils ont découvert qu'en étant moins belliqueuse, je pouvais faire plus. Mon environnement professionnel s'est détendu et mes associés ont été plus coopératifs et joyeux. En tant que directrice, patiente et ferme, je ne perdais rien et gagnais plus de commodité dans mes relations de travail. Le Dhamma m'a donné des conseils tels que si je veux que quelque chose soit fait, mieux vaut le faire moi-même plutôt que d'attendre et de demander à une autre personne de le faire à ma place tout en maintenant mon esprit dans une grande agitation.

Lorsque j'accomplis des tâches qui ne font pas partie de mon travail, telles qu'aider les autres et leur montrer quoi faire, les gens « n'en profitent pas » comme je le craignais. Au lieu de cela, ils font exactement ce que je veux et les tâches sont effectuées plus rapidement et plus efficacement. Je me souviens de l'enseignement de Goenkaji « Donner l'exemple ». Il va sans dire que je dois sacrifier mon ego—« Pourquoi une personne si importante, telle que moi, devrait faire un travail si humble ! ». Mais avec le temps, j'ai développé le goût d'un style de vie discret. J'ai découvert le goût de la paix intérieure et j'ai commencé à développer plus d'harmonie autour de moi.

—Thanda Win, Birmanie

⁓

Par où commencer ? Les bénéfices de Vipassana sont si nombreux ! Vingt mois se sont écoulés depuis mon premier cours, dix mois depuis la décision de m'astreindre à une heure de méditation deux fois par jour et quatre mois depuis mon dernier cours de dix jours.

Depuis que j'ai commencé ma pratique quotidienne, j'ai arrêté de fumer cigarettes et cannabis, je ne bois pas d'alcool et ne prends plus de caféine. Cela peut sembler comme une vraie corvée (cela ne fait pas partie strictement de la technique) mais étant par nature une personne assez sujette à l'addiction, je me sens libéré d'un besoin constant d'états seconds, de nicotine, d'alcool, de nourriture, de sexe et du reste.

J'ai plus ou moins maintenu le célibat depuis mon premier cours, non par privation, mais par un calme intérieur né d'un affranchissement des luxures, du besoin intense de sexe, d'attention, de dépendance à l'autre, d'amour. Je n'ai pas nécessairement l'intention d'être célibataire à vie, (si cela devait être le cas ce ne serait pas un problème), mais je suis prêt à attendre de trouver la partenaire qui me convienne.

Voici ce dont j'ai pu me passer.

Depuis que je pratique Vipassana, je suis passé du statut de personnel infirmier dans un département psychiatrique intensif, au poste d'infirmier psychiatrique qualifié travaillant dans le public. Je trouve que je peux d'avantage me concentrer sur les problèmes des gens et penser plus clairement. Je peux organiser ma journée d'une manière efficace et j'ai assez d'énergie pour tenir le rythme. Si je trouve que je faiblis ou que je suis dépassé par la grande quantité de travail, alors je prends dix minutes pour méditer, et cela suffit généralement pour calmer mon esprit, me donner de l'énergie et bien souvent trouver une solution aux difficultés survenues.

Personnellement, je n'ai plus à endurer changements d'humeur ou déprimes qui auparavant occupaient une large part de ma vie. Si je me prends à avoir des pensées négatives (et j'en suis beaucoup plus conscient maintenant, dès leur stade initial, avant qu'elles ne me dépassent), je m'aperçois souvent que j'ai oublié de méditer. Si je médite, alors, elles disparaissent.

Je suis beaucoup plus calme maintenant. Je prends à la racine les soucis quotidiens et les anxiétés que j'ai, à propos de sujets plus importants, je ne les laisse pas devenir un fardeau.

En tant qu'infirmier psychiatrique, une grande part de mon travail consiste à rencontrer et à évaluer des gens qui subissent les mêmes déprimes, anxiétés, sentiments incontrôlables, les mêmes avidités pour le sexe, les drogues, la nourriture, etc. que j'ai connus. Je considère que j'ai eu beaucoup de chance de trouver une voie pour sortir de cet engrenage d'avidité et d'aversion sans fin.

Je me trouve empli d'une grande empathie envers ce que les gens traversent et de ce fait, je me sens plus qualifié pour les aider.

Peut-être un jour, pourrai-je rejoindre un centre de Vipassana qui aide les gens aux prises avec les problèmes que je vois jour après jour au travail.

Vipassana a eu un effet positif sur tous les aspects de ma vie. Je médite pendant une heure avant d'aller travailler et cela me procure du calme, de la clarté et de l'énergie. Je médite lorsque je reviens du travail et je me sens rafraîchi, la tension de la journée est partie. De nouveau je trouve la paix, ma paix.

—*Tony White, Royaume-Uni*

❧

À 19 ans, Michael, Irlandais, fut victime d'un grave accident de moto, le 4 juillet 1982. Fracture du crâne, des lésions à la colonne vertébrale, une mauvaise fracture à la jambe gauche, et d'autres blessures moins graves. Deux jours plus tard, il ne sentait plus son corps, il était paralysé du cou jusqu'au bas du corps. Michael passa les mois suivants dans un centre de réhabilitation à Dublin. Sa mobilité s'améliora d'une manière raisonnable, cependant, les années suivantes, à plusieurs reprises, on le jugea invalide en raison de son handicap. Pour soulager la douleur et essayer de surmonter ses difficultés à marcher, Michael participa à un cours d'autohypnose en 1985 mais avec peu ou pas de succès. Quelques temps plus tard, il commença à acheter des livres sur la méditation pour en savoir plus sur l'esprit. En 1996/1997 Michael se rendit aux États-Unis où il essaya un certain nombre de différentes techniques de méditation mais ne trouva rien qui lui convienne. Un ami guérisseur à New York lui recommanda d'essayer Vipassana, en lui disant qu'il pensait que cela pourrait lui être bénéfique.

J'ai participé à mon premier cours au centre de méditation du Massachussetts : j'ai très vite aimé cette technique très précise. Mais je dus faire face à de nombreuses difficultés. J'avais eu des spasmes depuis mon accident et en essayant de m'asseoir sans bouger pendant la méditation, des douleurs surgissaient dans mes jambes qui déclenchaient des spasmes, provoquant le saut des jambes.

À chaque fois que la tension surgissait dans mes jambes, je les bougeais comme je l'avais toujours fait depuis l'accident pour essayer d'éviter cette réaction. Lorsque mes jambes étaient immobiles ma méditation était raisonnablement correcte, mais quand elles commençaient à sursauter ou si j'avais besoin de les bouger, la concentration disparaissait.

À la fin du cours, je voulais tout bonnement recommencer tout de suite cette méditation intensive et la développer le plus possible le plus rapidement possible. Cependant, comme il manquait de servants volontaires au centre, je servis les deux cours suivants. Je trouve que le service équivaut à un cours allégé. On a l'occasion s'asseoir en méditation au moins trois heures par jour et de regarder les vidéos des discours. On apprend beaucoup sur Vipassana.

Pendant mon deuxième cours, j'en eu assez de mes spasmes dans les jambes, ils empêchaient toute concentration pendant la méditation. Le jour six, j'en ai eu assez de ce problème et décidais d'essayer d'ignorer complètement la tension, la douleur, les spasmes et de laisser les jambes sursauter ou faire ce qu'elles voulaient. Advienne que pourra ! Jusqu'à la fin de la journée, mes jambes continuèrent à sursauter. Malgré cela, d'une manière déterminée, j'essayais de me concentrer totalement sur la partie de mon corps où j'étais en train d'observer des sensations. Quand j'arrivais à mes jambes, j'observais simplement la gêne comme une autre sensation, en souriant même de cette gêne comme si cela n'avait aucune importance. Une fois que j'avais fini d'observer les sensations de mes jambes, j'ignorais cette partie et continuais d'observer le reste du corps et les sensations qui y étaient associées.

Le jour sept, je continuais de méditer de la même manière déterminée. À ce moment, je commençais à remarquer que la tension survenant dans mes jambes était moins importante. Les heures passant, la tension continua de diminuer. À la fin de la journée, j'étais très content d'avoir pris cette décision d'ignorer les spasmes de mes jambes. Car il n'y avait plus de tension, plus de spasmes et mes jambes étaient immobiles. Ce ne fut qu'alors que je réalisai l'importance d'être uniquement dans l'observation et de ne pas réagir.

Cette nuit-là, couché, je parvins à me relaxer tout de suite. Auparavant, depuis l'accident de moto, cela n'était possible qu'en cas de fatigue physique. Sinon je me tournais et me retournais toujours dans le lit.

—*Michael Egan, Irlande*

Depuis ce premier cours, Tim et moi avons marché ensemble pas à pas sur le chemin. Toutes nos relations se sont améliorées et nos mauvaises habitudes ont disparu. Après ce premier cours, je n'ai jamais fumé à nouveau de marijuana car je n'en ai jamais eu le désir. Je ne pouvais pas concevoir d'embrumer mon esprit avec une drogue après avoir travaillé tellement dur pour l'éclaircir ! Grâce à une pratique cohérente pendant des années, nous avons surmonté la plupart des tensions dans notre relation, et avons indubitablement un outil pour les résoudre quand elles surviennent. Nous disons souvent à nos familles et amis que c'est le Dhamma qui a sauvé notre mariage et que c'est le Dhamma qui le maintient solidement. Aujourd'hui nous enseignons ensemble dans la même classe primaire et passons la plupart de notre temps ensemble, heureux. Le Dhamma, ça marche !

—*Karen Donovan, USA*

∿❧

...J'aimerais juste ajouter que, pour des gens comme moi, 95% de l'attrait initial pour Vipassana, provient de l'intégrité évidente avec laquelle les cours s'effectuent, et la transparence du financement. Merci de rendre la méditation (et un Enseignant respecté), acceptables et accessibles en occident, et en particulier, aux gens de « tradition socialiste » comme moi.

—*Robert Byrne du Sud de l'Angleterre est en formation pour devenir homéopathe et travaille à temps partiel en tant qu'aide-soignant pour personnes âgées. À propos des politiques radicales il ajoute : « À présent, Il semble que je sois moins impliqué dans les actions directes non violentes ; cependant l'influence que j'exerce maintenant sur « le plan général » en méditant, bien qu'elle puisse paraître moindre, est sans aucun doute plus positive !*

❧

VIPASSANA –
CHANGER LE QUOTIDIEN

❧

CHAPITRE 6

SUR LA VOIE

Vipassana est censé être appliqué dans la vie. Jusqu'à présent nous nous sommes concentrés sur la technique de méditation et sur la manière dont on l'apprend dans les cours. Maintenant nous sommes prêts à reporter notre intérêt sur les situations du monde réel –comment cela fonctionne dans l'ensemble du spectre : avec les enfants et les familles, avec des prisonniers en prison, avec des drogués, avec des hommes d'affaires, des professionnels et bien d'autres. Comme toujours l'individu est le point de départ. Ainsi nous commençons cette nouvelle section avec des méditants qui nous racontent leur propre histoire de transformation, depuis le premier cours, en passant par des années de pratique et de service, jusqu'aux responsabilités de l'enseignement.

Parfois un seul cours de Vipassana peut donner à quelqu'un une expérience directe de la vérité intérieure suffisante pour que le chemin soit clair pour lui : « C'est là où je veux aller. C'est ce que je veux être. » Pour d'autres cela prend plus de temps. Dans tous les cas quand nous méditons quotidiennement, et que nous nous traitons nous mêmes et les autres correctement, alors le changement intérieur commence à se remarquer comme les bourgeons qui se transforment en fleurs. Voici quelques photos de ce voyage mémorable.

∽❧

Dhamma

Assis à l'ombre d'une lumière jaune pâle,
Illuminé par la lueur d'un bonheur calme :
J'entrevois la voie.

—Kathy Henry est une infirmière familiale. Avec son mari Ben Turner, elle a coordonné des cours de Vipassana à la prison de Seattle depuis 1997.

∽❧

Premier cours

La vie avant Vipassana était difficile pour moi. J'étais colérique, anxieuse, je m'apitoyais sur mon propre sort et j'étais impitoyable avec les autres. J'ai passé de nombreuses années avec un alcoolique que j'avais rendu responsable de tous mes problèmes. Et même si à l'extérieur j'avais l'air de bien assumer, mon esprit était rempli de désespoir. Je voulais ce que je ne pouvais avoir et j'étais en colère contre la manière dont ma vie avait tourné. Je souffrais.

Je suis arrivée à Vipassana par mon fils. À 59 ans je ne pensais pas que mes enfants pouvaient m'apprendre grand-chose. Je ne pouvais pas imaginer que mon fils allait me faire un si grand cadeau. Je pensais que je lui avais donné le cadeau de la vie et voilà que c'est lui qui me le rendait. Il avait voyagé en Inde pour faire du volontariat pendant les vacances puis il avait fait un cours de Vipassana de 10 jours avant de rentrer. Il parlait fréquemment et avec ferveur de sa période de méditation à Dehradun et il m'avait donné à lire le livre de William Hart *L'art de vivre*. J'ai décidé qu'il me fallait mon exemplaire à moi et j'ai écrit pour en commander un. Au livre était jointe une liste de lectures ; et comme j'étais de plus en plus intriguée j'ai écrit à Dhamma Dipa (le centre anglais) pour avoir des informations complémentaires : finalement j'ai franchi un grand pas en m'inscrivant à un cours de 10 jours. C'est le moment je pense où mon fils a commencé à s'inquiéter un peu car il n'a cessé de me rappeler l'heure du réveil à 4h du matin, puis les 10 heures de méditation et par-dessus tout la nécessité de garder le silence pendant 9 jours. Je dois admettre que ce dernier point m'a causé un peu de soucis car je suis quelqu'un qui « adore bavarder ».

J'étais très hésitante quand le grand jour est arrivé. J'avais la vision d'un campement plein de hippies, de voyageurs « New Age » et de jeunes. La fille souriante qui m'accueillit à l'arrivée dissipa toutes mes stupides notions préconçues et en regardant autour de moi dans le hall d'enregistrement je vis des gens de tout âge et de toutes conditions. Je me sentis à l'aise dès le premier jour.

Ma « compagne de cellule », comme j'aime appeler la femme qui partageait ma chambre avait autant que moi l'intention de tirer le maximum de profit de ces 10 jours ; il n'y eut donc pas de problème de « bavardage brisant la règle du silence ». En fait, c'était l'un des aspects les plus agréables - pas besoin de converser sans nécessité.

Ce ne fut pas facile. Je n'avais jamais pensé être capable de m'asseoir confortablement, quelle que soit la position que j'adoptais ou le nombre de coussins que j'utilisais. J'éprouvais beaucoup de douleur dans les jambes et me lever après une heure était une vraie agonie. La période où nous devions nous asseoir pour 2 heures m'a presque achevée. Mais ensuite, après plusieurs jours difficiles à essayer de méditer quelque chose s'est passé. Un matin je me réveillai impatiente d'aller dans le hall de méditation. J'étais la première arrivée. Je m'assis là, absorbant toute l'énergie, toute la *Mettā*, toute la paix. C'était le début de certains des jours les plus heureux de ma vie. Certains matins, durant les périodes de repos, j'observais le lever du soleil par-dessus les collines et les soirs, m'émerveillais aux couchers de soleil. Chaque moment devint spécial et même pendant que ces moments passaient, alors que j'apprenais à vivre dans le présent en acceptant que « tout change », ma paix grandissait. Je n'ai jamais fait l'expérience d'une joie aussi intense que celle du dixième jour de cours. C'était le début et bien que le fait de retourner dans le monde moderne ait tempéré quelque peu ma joie, je fais toujours l'expérience de cette paix chaque fois que je m'assieds pour méditer.

Quand mes enfants étaient petits et me demandaient ce que je voulais comme cadeau d'anniversaire, je disais toujours, « Juste un peu de paix et de tranquillité ». Durant ces 10 jours à Dhamma Dipa, c'est ce que j'ai reçu.

Je suis seulement une débutante, et j'ai beaucoup à apprendre. Dans ma vie quotidienne la pratique de « vivre dans le présent », d'être détachée, de méditer, n'est pas toujours facile. Je suis juste en train de préparer mon inscription pour un autre cours de 10 jours. J'espère y aller une fois par an. Je recherche un groupe de méditation dans ma région afin d'y participer chaque semaine.

Chaque jour alors que je m'assois pour méditer je sens que ma vie change, que je change. J'apprends et Vipassana est mon enseignant.

Un jour j'ai lu une citation qui commence ainsi « Placez-vous au milieu du courant d'énergie et de sagesse qui se déverse dans votre vie ». La méditation Vipassana est ce courant pour moi. Ce que m'a apporté la pratique de Vipassana ? La vérité sur moi-même et le début de la libération de la souffrance (et je ne bavarde plus autant) ;

—*Jean Bayne est retraitée et habite dans le sud-ouest de l'Angleterre.*

◆

Une piste et un cadeau

Durant une période de profonde crise métaphysique j'essayais de garder la partie extérieure de ma vie en mode de fonctionnement normal. D'où ma participation à un comité où j'étais très impliquée en principe, bien que le contact que cela impliquait avec l'une des principales personnalités décisionnaires du groupe était toujours une vraie gageure pour moi. Nous étions deux personnes avec une façon diamétralement opposée de voir, de verbaliser et de vivre notre vie. J'avais également entrepris une formation de potentielle conseillère téléphonique bénévole afin de donner un peu de sens à ma vie qui me paraissait sans but.

Si j'avais eu une foi religieuse très forte, une longue retraite, disons d'à peu près six mois, m'aurait semblé un chemin possible pour me remettre en route. Mais l'éducation chrétienne très stricte qui m'avait été imposée dans ma jeunesse n'avait eu aucune signification réelle pour moi pendant vingt ans. Faire une telle retraite aurait été complètement hypocrite et partant inutile.

Croyant fortement au rôle de la bibliothèque municipale dans le plan général de l'existence humaine, je m'y rendis un jour à la recherche d'une piste. Dans la section Religion et Philosophie j'ai trouvé deux livres parlant de l'expérience de deux personnes différentes en Thaïlande et en Birmanie qui pratiquaient une technique de méditation qui semblait à la fois très difficile mais aussi inspirée. Au fond de moi je savais que j'avais trouvé quelque chose de productif et cette découverte à elle seule donna un peu plus d'élan à ma vie.

Le jour suivant je devais me rendre dans les bureaux du comité afin d'y terminer un travail administratif important. La personne en question était là, en s'épanchant d'une manière lyrique comme souvent au sujet d'un traumatisme qui lui avait laissé une empreinte profonde sous forme de douleur à l'estomac. Contre mon besoin intuitif de me tenir à l'écart de cette négativité accablante, je découvris une partie de moi qui se montra en mesure de prodiguer une goutte de compassion. Utilisant mes toutes nouvelles compétences de conseillère je lui demandais « Que voudriez-vous faire avec ce mal au ventre ? » En s'approchant de la fenêtre et en effectuant les gestes appropriés ma collègue répondit « J'aimerais l'écraser en boule et le jeter par cette fenêtre ! Oh, il est parti, il est parti. Oh merci, merci ! »

Comme pour me récompenser de cet acte dont je ne me sentais d'ailleurs pas vraiment responsable, quelqu'un m'a montré une nouvelle paire de chaussures qui venait juste d'arriver – en cuir souple, superbe, faites avec un extraordinaire savoir-faire et décorées dans un style soigné et sobre. J'étais émerveillée par leur beauté. Comme je demandais d'où elles venaient on me répondit, « c'est quelqu'un qui médite avec mon frère qui les a faites. » Comme si je marchais pieds nus sur un sol jonché de verre cassé, je me renseignais sur le type de méditation dont il s'agissait. Bien que ma collègue ne fût pas le moins du monde intéressée par le loisir bizarre de son frère, une explication brève suffit à me convaincre que c'était la même technique que celle dont je venais de prendre connaissance dans ma lecture. Je notais avec soin le numéro de téléphone du frère.

Un coup de téléphone le jour même confirma qu'il s'agissait bien de la même technique Vipassana dont je venais d'entendre parler. On me donna le numéro de téléphone de Dhamma Bhumi dans les Blue Mountains, non loin de Sydney. En appelant je découvris qu'un cours de dix jours allait commencer bientôt et que je pouvais y participer.

Ce premier cours soigna les blessures profondes que j'avais depuis si longtemps, et dans une perspective lointaine, au bout du tunnel, il y avait la possibilité d'un mode de vie plus satisfaisant, au-delà de la seule religion. J'ai souvent réfléchi sur cette suite d'évènements, et pensé à la manière appropriée dont ce cadeau m'a été donné parce que j'ai été capable momentanément de surmonter ma profonde aversion du comportement de quelqu'un pour lui donner quelque chose.

—*Olivia Salmon habite dans le New South Wales, en Australie.*
Bien que ne pratiquant pas la méditation de façon assidue
depuis sa retraite en 1988, elle essaie de vivre d'après ses
principes. Elle est convaincue que maintenir la conscience de :
"Ceci aussi changera" l'a aidée à se rétablir d'un très grave
accident d'équitation en 1990.

Voyage vers l'est 1972

John Beary est originaire des USA mais a vécu et travaillé au Japon pendant dix-sept ans comme professeur d'université. Lui et sa femme ont fait partie de la première génération d'Occidentaux à apprendre la technique directement de S.N. Goenka en Inde.

« Je trouve très curieux que me trouvant maintenant dans ma cinquantième année j'aie pratiqué Vipassana pendant plus de la moitié de ma vie. Il y a vingt-cinq ans ma femme Gail et moi avons entrepris un voyage vers l'Est qui s'est avéré être un voyage de transformation dans tous les sens du mot.

Quelqu'un a dit un jour que votre éducation commence seulement lorsque vous commencez à partir en voyage. Le nôtre a commencé quelques semaines après notre mariage en 1972 par un vol vers l'Europe. Avec l'Est comme point de mire, nous errions lentement dans le sud de l'Espagne, et puis à Barcelone nous prîmes un bateau pour l'Égypte, visitâmes le Liban, la Syrie et l'Irak, pour deux mois plus tard nous retrouver au Koweït à espérer trouver une place sur un bateau en partance pour Bombay (maintenant Mumbai). Nous avions lu quelque part qu'il y avait un bateau reliant le Koweït à Bombay qui faisait escale dans les ports du golfe persique. C'était justement ce qu'il nous fallait, parce que nous étions en janvier et qu'il faisait trop froid pour que nous allions en Inde par la route via l'Iran et l'Afghanistan sans vêtements d'hiver.

Le SS Dwarka était un bateau de la ligne P&O construit en 1948 comme un bateau de passagers sans cabines. Ceci signifiait que le bateau était prévu pour transporter les passagers sur l'entrepont, même s'il disposait de quelques cabines. Il naviguait dans le golfe Persique entre Basra et Bombay et transportait essentiellement des Hajis qui faisaient le pèlerinage de La Mecque. (Dans la scène du film "Gandhi", où le Mahatma revient d'Afrique du Sud en Inde ce bateau blanc à la peinture fraîche n'est autre que le SS Dwarka, qui amena sain et sauf sur les rivages de l'Inde non seulement Ben Kingsley mais aussi Gail et moi-même.)

Comme le billet de cabine le moins cher sur le SS Dwarka coûtait environ dix fois le prix d'un billet de pont, Gail et moi avons payé $40 pour nous joindre aux passagers sans cabine. Nous ne dînerions pas à la table du capitaine pendant ce voyage ! Avec deux Italiens intrépides nous nous sommes retrouvés entassés sous les ponts avec environ 900 Arabes et Pakistanais à destination des ports du Golfe et/ou du Pakistan. Le régime de douches d'eau de mer froide et de curry les plus épicés qu'on puisse imaginer (à ce jour) était heureusement contrebalancé par un équipage aimable de marins Britanniques et Chinois. Ils eurent pitié de Gail qui ne pouvait pas avaler une bouchée de cette nourriture ardente en lui fournissant du pain et du fromage de leur propre cantine.

Le voyage qui était prévu pour durer neuf jours nous en prit finalement onze à cause des arrêts prolongés dans le Golfe Persique à Bahreïn, Doha, Dubaï, Muscat et ensuite dans les ports pakistanais de Gwadar et Karachi, avant notre arrivée à Bombay le 6 février 1973.

« Pourquoi l'Inde ? » me demandait régulièrement ma mère

C'est une question qu'on pose souvent. Dans un certain sens l'Inde est le maître ancien de l'humanité. C'est la demeure spirituelle de deux des grandes croyances du monde, l'Hindouisme et le Bouddhisme, qui ont chacune eu de grands effets de transformation sur des générations de visiteurs : des conquérants, des colons, des marchands, des voyageurs et aussi des touristes. Une terre imprégnée de hauteurs spirituelles et de visions fantastiques coexistant avec une grande ignorance et beaucoup de superstition. Un pays magique où existent des possibilités d'entrer dans des mondes inimaginables. L'Inde est certainement l'un des lieux les plus dépaysants de ce monde. Un lieu hors du temps, une destination à visiter obligatoirement par tous les chercheurs.

« Visitez l'Inde », dit l'affiche de Air India de Baghdad, « et vous ne serez plus jamais le même. » On n'a jamais rien dit de plus juste.

Y-a-t-il jamais eu, avant ou après, une période comme celle de l'Inde au début des années 1970 ? À cette époque l'Inde a connu une autre de ses nombreuses invasions car des hordes de jeunes Occidentaux y affluèrent. Une résurgence d'intérêt pour les choses orientales – philosophie, spiritualité, musique, sans mentionner un coût de la vie très bas et un degré incroyable de liberté débridée –faisait du sous-continent une destination attractive pour une grande variété de jeunes Occidentaux.

À cette époque les jeunes Britanniques n'hésitaient pas à partir en stop pour l'Inde avec 50 livres sterling en poche et pour aller vivre des expériences dans le sous-continent pendant des mois. Pour les Américains du Nord pressés Air India offrait à cette époque des aller-retour New York Delhi pour 450$. Beaucoup de gens allait directement des campus d'université et/ou des festivals de rock vers les hauteurs vertigineuses de l'Orient mystique. Toutefois, faute de temps pour une décompression culturelle, beaucoup trouvèrent les rues du village Inde carrément plus grandes que ce qu'ils imaginaient. Le billet d'Air India spécifiait 30 jours de séjour minimum avant que le retour puisse être utilisé, et il y eut beaucoup de négociations et de pleurs au bureau d'Air India de New Delhi pour ceux qui voulaient repartir plus tôt.

Les voyageurs qui s'étaient acclimatés à l'Asie de l'Ouest, en provenance d'Europe via la route par la Turquie, l'Iran, l'Afghanistan et le Pakistan étaient fatigués mais étaient devenus des voyageurs aguerris une fois arrivés en Inde. Ils s'en sortirent mieux et trouvèrent en Inde un changement appréciable par rapport aux pays qu'ils venaient de traverser. L'Inde offre une atmosphère de tolérance et de liberté qu'on trouve rarement ailleurs.

Sur les routes vers l'Inde ainsi qu'en Inde même les jeunes voyageurs occidentaux se rencontraient souvent aux carrefours, partageaient un trajet en bus ou une nuit d'hébergement et puis, sans l'avoir planifié, se rencontraient de nouveau à des milliers de km de là et quelques semaines plus tard quand leurs routes se recroisaient à nouveau. Ce réseau de jeunes nomades éclectiques qui échangeait des informations sur les lieux visités, ceux à éviter et sur les choses à faire, comportait beaucoup de personnes attirées par les premiers cours de méditation Vipassana enseignés

S.N. Goenka. Les informations sur Goenkaji et sur les cours Vipassana se répandant de la sorte presque uniquement de bouche à oreille il en résulta que littéralement des milliers de jeunes suivirent ces premiers cours à travers toute l'Inde au début des années 70. Certains suivirent Goenkaji de cours en cours, prenant plusieurs cours consécutifs avant de rentrer chez eux ou de partir sous d'autres cieux. D'autres restèrent en Inde pendant des années et s'engagèrent pour servir les cours. C'était ces personnes, la poignée des premiers servants du Dhamma, qui allaient jouer un rôle si important dans le démarrage de Dhamma Giri, le premier centre de méditation à Igatpuri.

Contact

Alors que le SS Dwarka entrait dans le port de Bombay, à l'est de la péninsule la porte de l'Inde semblait nous souhaiter la bienvenue comme ce fut le cas jadis pour le roi d'Angleterre George V lors de sa visite d'État en Inde en 1912.

Mettre le pied la première fois sur le sol indien était exaltant. Après onze jours de mer, nous étions enfin en Inde ! Nous descendîmes la passerelle, passâmes les douanes indiennes et prîmes une voiture à cheval – même le roi George n'aurait pu se sentir mieux. Nous étions pris de vertige, ivres de plaisir en nous voyant au seuil du vaste sous-continent, le pays de Bouddha, des yogis, de Gandhi et Kipling. Ce premier soir à Bombay nous rencontrâmes dans notre auberge de Colaba un voyageur britannique qui, après avoir appris que nous venions juste de mettre les pieds en Inde, nous dit « Surtout n'omettez pas de prendre un cours de méditation Goenka pendant que vous êtes ici ». Quand je lui demandais quel genre de méditation était la méditation "Goenka" il me répondit « Oh, c'est une méditation sur les processus métaboliques du corps. » Voilà en raccourci la description pratique d'anciens étudiants. Avec cette réponse nébuleuse cette idée ne m'avait pas marquée car je pensais qu'ici dans l'Est Mystique il y aurait d'innombrables techniques de méditation à essayer. Je ne me doutais pas à cet instant que je n'en essayerais qu'une et qu'elle me conviendrait pendant toutes ces années.

Nous quittâmes bientôt l'agitation urbaine de Bombay pour les plages calmes de Goa, afin de chercher à nous reposer et à nous relaxer après trois mois de voyage pénible. Un autre bateau et un autre jour de mer nous amenèrent à Panjim, Goa. Nous nous dirigeâmes vers la plage de Colva située à quelques kilomètres du centre de la ville de Margao. Moins fréquentée que la célèbre plage branchée Arjuna, Colva était calme en comparaison. Il y avait quelques chambres à louer dans le village du bord de mer, mais nous avons opté pour une cabane en feuilles sur la plage. Un garçon de douze ans qui allait devenir notre premier logeur l'avait construite récemment. Il était dur en affaires mais nous nous sommes finalement mis d'accord pour un prix de location de 100 roupies indiennes par mois (environ $8).

Nous n'étions pas depuis longtemps à Colva que nous rencontrions un ancien étudiant Vipassana qui fut capable d'éclairer un peu cette "méditation Goenka". Je me rappelle fort bien de la jeune femme à qui j'attribue le mérite de nous avoir vraiment « ouverts à Vipassana ». À ce jour, et bien que nous ayons perdu le contact avec Sandy Snyder, nous nous souvenons toujours d'elle. Elle avait, je crois, suivi deux cours avec Goenkaji et, bien que je ne me souvienne plus de grand-chose de ce qu'elle avait décrit, il y avait quelque chose dans ses souvenirs qui m'avait touché. Elle nous fit part de ses propres réticences à l'égard des sectes et du mysticisme. Sans aucune trace de prosélytisme elle raconta la discipline sérieuse demandée par le cours, le combat nécessaire pour essayer de contrôler son esprit, et les solides bienfaits qu'elle estimait en avoir retirés. C'était ce que je souhaitais entendre : que le développement de l'esprit était possible et que le seul coût en était un effort honnête, pas une foi aveugle. Quand j'appris que le prochain cours était sur le point de commencer dans quelques jours à Bombay, j'étais prêt à y retourner immédiatement pour le suivre. Mais, à la place, Gail me persuada de nous inscrire pour le cours suivant à Madras (maintenant Chennai) début avril, ce que nous avons fait le jour d'après en écrivant au chargé d'inscription, demandant deux places pour le prochain cours à Ram Kalayan Mandapam.

En attendant nous avions le temps de nous reposer et de profiter d'une quinzaine de jours de repos à Goa. Ensuite nous avons fait un voyage éclair à travers le sud de l'Inde jusqu'à Rameswaram, où nous avons pris un ferry pour Ceylan. Après deux semaines au pas de course sur l'île nous sommes retournés en Inde à Madras, une bonne dizaine de jours en avance sur le cours de méditation que nous étions déterminés à ne pas manquer.

Rencontre avec un homme remarquable

Une des premières choses que nous fîmes à Madras fut de chercher le chargé d'inscription du cours, un homme d'affaires local, Mr. K.C. Toshniwal. Il fut très surpris de trouver deux routards occidentaux dépenaillés à la porte de son bureau. Mais d'autres allaient suivre, puisque le cours avait attiré une centaine de gens de notre tribu. Nous apprîmes également que juste avant le cours Goenkaji allait faire une conférence publique sur Vipassana et nous décidâmes d'y participer.

La conférence à Madras avait lieu dans un quartier de la ville que les touristes et les voyageurs avaient peu de chances de fréquenter. Non sans difficulté nous avons trouvé le hall et, avec quelques autres jeunes voyageurs et environ cinquante Indiens, avons attendu l'arrivée de Goenkaji. Il arriva bientôt et après quelques minutes de silence commença à parler en Hindi. Il continua en Hindi pendant quelque temps je commençais à me demander s'il allait parler en anglais pour nous, les quelques étrangers. Finalement, après environ une heure, il commença à parler anglais et nous expliqua ce que nous allions entreprendre avec notre premier cours de Vipassana.

Bien que les années aient estompé les détails de ce premier discours, ce dont je me souviens avant tout c'est de sa présentation claire, réaliste et de son absence de mysticisme. U S.N. Goenka, comme on le nommait alors, donnait le sentiment de quelqu'un d'authentique. Son sens de l'humour et sa simplicité trouvèrent chez nous un public réceptif. Nous quittâmes le hall avec un sentiment positif. Tant mieux ; nous étions sur la bonne piste et attendions avec impatience le début du cours dans quelques jours.

Premier cours, Madras 1973

Le cours avait lieu au Ram Kalayan Mandapam, une petite salle de mariage dans une banlieue de Madras. C'était assez calme à l'avant, mais l'arrière du bâtiment de deux étages donnait sur une rue marchande où les bruits du bazar journalier fournirent l'arrière-plan du cours. Le jour où devait débuter le cours nous arrivâmes en avance et quand d'autres commencèrent à arriver nous reconnûmes parmi eux des visages familiers rencontrés sur la route. En tout 140 étudiants participèrent au cours, la plupart étant de jeunes voyageurs occidentaux. On nous indiqua un espace par terre pour nous coucher. Pas de matelas, ni de coussins, ni de moustiquaires. Cela n'avait rien à voir avec les cours confortables d'aujourd'hui, c'était très spartiate et vous n'aviez que ce que vous apportiez. Les toilettes et salles d'eau étaient prévues pour une assistance beaucoup moins nombreuse, ce qui engendrait une queue quasi continue pendant les pauses. Et nous étions en avril – la température approchait 40 degrés Celsius (plus de 90 Fahrenheit).

Le format du cours de 10 jours était identique à celui d'aujourd'hui : Anapana, maintenir la conscience de la respiration pendant les premiers trois jours et demi, puis la pratique de Vipassana le reste du temps. L'horaire journalier était le même, avec un ajout de lait chaud et de fruits à 21h.

En ce temps-là Goenkaji était un enseignant très énergique. Il faisait deux discours par jour, en Hindi et en anglais, conduisait chaque méditation de groupe, effectuait les contrôles, faisait les interviews de midi et tenait une longue session de questions-réponses chaque soir, qui durait bien au-delà de 22h. C'est seulement plusieurs années plus tard, en tant que nouvel assistant enseignant, que j'ai pu apprécier l'effort colossal qu'il faisait pour réaliser ces cours du début. Et pourtant il travaillait avec tant de joie. Voilà un homme qui pratiquait ce qu'il prêchait et montrait les bienfaits de sa pratique dans son action quotidienne. Ses instructions et explications étaient tellement simples, tellement scientifiques et concrètes. Il n'y avait pas de mysticisme, pas de grandes envolées de croyances ; l'expérience personnelle était le seul critère.

Le message de Goenkaji sur ce que le Bouddha avait enseigné était clair et pragmatique, sans dogme et sans inféodation à un gourou : chacun de nous ne doit compter que sur lui-même et sur les résultats de ses actions, il n'y a pas d'agence extérieure à qui s'adresser pour son bonheur ou sa libération. Cela eut une profonde résonance en moi car au fond ce n'était que du simple bon sens. L'enthousiasme de Goenkaji pour cela, à savoir le cœur de la pratique du Dhamma, était si plein de joie qu'il était tout simplement contagieux. Et cela servait souvent à aider un étudiant indécis à traverser les difficultés du cours.

Pourtant, on ne pouvait pas ignorer que le cours exigeait un travail assidu. Et j'avais du pain sur la planche. J'avais entendu dire que nous devrions nous asseoir par terre, avec les jambes plus ou moins croisées. Et qu'il y aurait des sessions pendant lesquelles on nous demanderait de ne pas bouger pendant une heure entière. Malgré des antécédents athlétiques, la souplesse des membres inférieurs n'a jamais été mon fort et la simple idée de rester assis les jambes croisées pendant dix jours me faisait peur. Il était hors de question de rester assis dans cette position pendant toute une heure ! Quelques jours avant le début du cours, dans notre hôtel, j'ai essayé de voir combien de temps je pouvais tenir cette position assise, et j'arrivais péniblement à quinze minutes, avant de m'évanouir de douleur. Pourtant pendant le cours, j'ai été capable de combattre la gêne physique et, à ma grande surprise, j'ai constaté que dès que la pratique de Vipassana a commencé, le quatrième jour, j'étais capable, avec une forte détermination, de terminer chacune des séances d'une heure sans bouger.

Les niveaux de souffrance encourue et transcendée étaient extraordinaires. La remontée à la surface de souvenirs refoulés et de souffrance émotionnelle allaient de pair. Tour à tour ils montaient et refluaient pendant que j'essayais de pratiquer Vipassana en observant seulement ce qui se passait en moi, sans la vieille habitude d'y réagir. Avec chaque expérience de ce flux et reflux d'expériences agréables et désagréables j'ai commencé à me rendre compte que j'étais largement responsable de ma souffrance aussi bien physique que mentale. Quand de la douleur apparaissait je la rendais plus forte en la combattant dans l'espoir de la faire disparaître. Quand j'appris à simplement l'accepter pour ce qu'elle était – un phénomène passager – son caractère entier changea. Ce n'est pas que je devins insensible à la douleur, mais elle n'avait plus la même emprise sur moi. Parfois (pour de très courts instants) j'étais réellement capable d'arrêter l'angoisse qui l'accompagnait en général. Ces moments grandissaient et j'avais le sentiment de vraiment gagner le contrôle de moi-même. Dans ce court laps de temps de 10 jours j'eus un aperçu de ce qui était possible et je commençais à me demander s'il y avait quelque chose qu'une personne déterminée ne pouvait atteindre.

Avant le cours Goenkaji disait que le cours était comme une équation : on y gagne exactement ce qu'on y apporte. J'ai pris ce conseil à cœur et j'ai fait de très sérieux efforts. Au bout de dix jours j'étais passé par l'expérience la plus violente, la plus purifiante de ma vie aussi bien physiquement qu'émotionnellement. C'était comme si une grande purge avait eu lieu en moi, dans le sillage de laquelle je demeurais étrangement calme et satisfait. J'avais le sentiment d'avoir rencontré une pratique vaguement familière.

Les bienfaits de ce tout premier cours ainsi que des deux autres dans les deux mois qui suivirent furent si profonds qu'il m'a fallu un certain temps avant de pouvoir les enregistrer et les voir en perspective. Un aspect m'a cependant tout de suite surpris. Les préceptes moraux qu'on nous demandait de suivre pendant la durée du cours m'avaient tout d'abord parus pittoresques et curieux. À la fin du cours j'avais compris directement leur importance et depuis ce tout premier cours il avait été facile de les respecter dans les grandes lignes. Pour moi, à cette époque, ce n'était pas rien. Un des préceptes cependant nécessita une certaine élaboration.

Un jour vers la fin de ce premier cours à Madras j'allais voir Goenkaji à midi pour lui faire savoir comment ça allait et lui donner mon « point de vue » sur son enseignement, le Dhamma. Bien que satisfait en général de sa présentation, je pensais que dans mon cas il me fallait une exemption ou au moins une attitude plus flexible envers *sila* (les préceptes moraux), et spécialement le cinquième. Mais il ne voulut rien entendre, disant que même un faible usage de toute forme d'intoxicant était totalement incompatible avec la pratique de Vipassana. Alors que je continuais et décrivais ma pratique en disant que je pensais avoir besoin d'un peu plus de travail sur cette technique, il fut immédiatement d'accord en disant que parfois cela nécessitait deux cours pour s'en défaire. Avec cette invitation directe et sans ambiguïté résonnant dans mes oreilles, je me décidais à assister au prochain cours ayant lieu deux semaines plus tard à Baroda, une ville située au nord-est de Bombay.

Cela prit un peu de temps de persuader Gail que c'était une bonne idée de suivre un autre cours aussi rapidement. Et Baroda en mai n'était pas une partie de plaisir : manque d'eau, températures aux alentours de 40degrés Celsius (110 Fahrenheit) et nous deux comme seuls étrangers dans un cours en Hindi seulement. Mais en fin de compte tout cela valait le coup. Après ce second cours nous avions le sentiment que le plus difficile était passé et nous partîmes avec joie pour le Népal afin de nous rafraîchir pour le reste de la saison chaude de l'Inde. Après avoir randonné dans les montagnes de l'Himalaya au Népal nous sommes retournés en Inde pour un troisième cours à Dalhousie en Août, avant de commencer le long voyage de retour.

Recherche terminée

Je me souviens qu'on m'a souvent demandé pendant cette période itinérante ce que je recherchais réellement. La question semblait toujours m'embêter, comme si le fait de chercher quelque chose était en quelque sorte indigne de moi, comme si cela me rabaissait d'une manière ou d'une autre. Quoi ? Moi avoir besoin de quelque chose ? Je réagissais et protestais que je ne cherchais rien. Mais au plus profond de moi-même je savais que même si ma recherche n'était pas formalisée, je cherchais certainement quelque chose, quelque chose qui soit bon et qui durerait. Dans son mode primaire, cela équivalait souvent à être attiré vers des doses de plus en plus grandes de jouissance et de plaisir. Mais ces diversions temporaires ne donnaient pas satisfaction longtemps. À un niveau plus profond il y avait un vide qu'il fallait combler, une soif que je savais que la sensualité n'arriverait jamais à étancher complètement. Après la fin de mon premier cours et puis des deux suivants je me sentais satisfait au-delà de mes attentes les plus folles. Depuis ce temps j'ai eu cette certitude intérieure que le chemin correct consistait en la pratique du Dhamma, et que dans que la pratique de Vipassana résidait le travail de développement qu'il y avait lieu d'effectuer dans cette vie. Cette émotion du nouvel étudiant enthousiaste de 1973 n'a jamais quitté mon esprit pour longtemps pendant ces vingt-cinq dernières années. Bien au contraire elle n'a fait que se renforcer à chaque pas successif sur le chemin du Dhamma et m'a soutenu sans interruption. Je me considère comme la personne la plus fortunée du monde d'avoir trouvé mon chemin à un âge relativement si jeune. J'exprime toute ma gratitude pour les efforts que mon maître a faits pour moi. Sans lui je ne sais pas où j'en serais aujourd'hui.

Épilogue

En 1982 Gail et moi fîmes partie de ceux à qui Goenkaji demanda de le représenter afin de donner des cours comme ses assistants enseignants. Au début j'étais réticent jusqu'à ce que je commence à réaliser que je ne faisais rien d'autre que d'amener de nouveaux venus à mon enseignant et à sa présentation de Vipassana. En effet je leur dis maintenant ce que je disais à des tas d'autres à l'époque en Inde, « Hé, vous n'avez qu'à rencontrer cet homme et écouter ce qu'il a à dire. » Un jour que j'expliquais ceci à Goenkaji il dit que, oui, c'est ce qu'il faisait également, continuer à assister son enseignant Sayagyi U Ba Khin en initiant les étudiants à la pratique du Dhamma juste comme il le lui avait appris.

Puissiez-vous tous, qui lisez ceci, accepter cette invitation et venir vous rendre compte par vous-même des bienfaits de cette bonne voie. Puissiez-vous tous être heureux.

—John Beary, USA

❧

Embrasser la vie

Vipassana est un chemin, enseigné par le Bouddha, qui mène au *nibbana*. D'abord le mot chemin – qui est poétique et évocateur– que signifie-t-il ? Je pense que la meilleure traduction en langage courant du mot chemin est « un art de vivre ». Vipassana est conçu pour être un art de vivre et a été enseigné comme tel dès l'origine. Il ne doit pas être nécessairement utilisé dans ce sens. Il y a certainement des gens qui viennent assister à un cours Vipassana de dix jours, en retirent un certain bénéfice, et ne continuent jamais à pratiquer ou ne reviennent jamais. Bien sûr, nous n'avons rien contre cela et cela peut être valable pour certaines personnes. Mais l'intention derrière l'enseignement et l'essence de l'enseignement est d'aider les gens à établir une façon de vivre. C'est un chemin qui peut vous mener depuis son origine, quand vous débutez la pratique de Vipassana, jusqu'à la fin de votre vie.

Deux autres mots pourraient aider à décrire un chemin, ou un art de vivre. Le premier c'est qu'il est persistant. C'est quelque chose qui reste valable. Je trouve que dans la vie il y a deux types d'activités. Il y a celles qui, à force d'être pratiquées, perdent de leur intérêt. Beaucoup des plaisirs de l'enfance semblent devenir moins appropriés pour les adultes. Et il y a d'autres activités qui, plus vous les pratiquez, plus elles deviennent précieuses. Des activités persistantes classiques sont par exemples les lectures ou les amitiés, qui sont devenues de plus en plus précieuses avec le temps. Ainsi Vipassana est persistant.

Et il est vaste. Vaste dans le sens où il ne converge pas simplement vers un chemin étroit. Au contraire, il est dirigé vers l'extérieur. Il s'engouffre dans la vie et embrasse la plupart, voire tous les aspects de la vie.

—Paul Fleischman, psychiatre et écrivain,
extrait d'un discours fait à la conférence Vipassana tenue
en 1999 à Dhamma Dhara, Massachusetts, USA

꤮

La psychologie vue de l'intérieur

Aussi loin que je puisse remonter dans mes souvenir j'ai toujours cru que chaque personne avait le droit et la capacité à atteindre la paix et le bonheur. Quand cela ne s'est pas produit automatiquement pour moi, comme tous mes contes d'enfant (et d'adulte) l'avaient promis, j'ai été perdue. Personne ne m'avait donné un moyen pratique de vaincre la douleur et la souffrance que j'éprouvais. Ceci m'a incitée, à l'âge adulte, à me tourner vers l'étude de la psychologie, afin de trouver les réponses pour m'aider et aider les autres à trouver le bonheur.

Après des années d'étude la souffrance et la désillusion se sont multipliées plutôt que réduites. Je me souviens avoir observé autour de moi mes amis étudiants en réalisant que c'était eux les gens qui étaient maintenant armés pour aller dans le monde comme experts de l'esprit et du comportement humain, eux qui étaient supposés avoir les réponses pour aider les autres. À la suite de nombreux ateliers, de résultats d'examens ainsi que de contacts personnels j'ai bien vu qu'ils n'en savaient pas plus que moi. En fait certains, beaucoup plus jeunes, en savaient probablement moins par manque d'expérience de la vie.

Alors j'ai regardé de près nos conférenciers, ceux qui nous avaient guidé et avaient travaillé avec nous pendant toutes ces années et qui manifestement connaissaient leurs théories et avaient beaucoup d'expérience. J'en étais arrivée à connaître certains d'entre eux personnellement et je savais que leur mariage allait mal, que d'autres avaient des enfants avec de sérieux problèmes de comportement dont ils ne se sortaient pas, que d'autres encore étaient tout simplement malheureux et d'autres carrément ignorants dans leurs attitudes et comportement.

Pendant un certain temps je suis restée tétanisée par la déception et le désespoir. Finalement ma détermination et la foi en ma croyance qu'il y a moyen dans la vie de mettre fin à la souffrance fit surface à nouveau. Il devait bien y avoir un moyen ! Je retournais à mes livres et suivis une période intense d'auto-éducation et d'examen. Cette fois-ci j'étudiais les approches alternatives de guérison de l'esprit et du corps. Il me semblait que j'approchais, mais il y avait encore des chaînons manquants.

Une chose dont j'étais sûre à cette étape c'est que le vieil adage « Connais-toi toi-même » était le prérequis indispensable à tout développement personnel, et à toute possibilité d'aider les autres.

Est-ce que la méditation pourrait aider ? Jusque-là j'avais résolument évité la participation à tout groupe avec des gourous, à tout groupe qui avait comme but le développement du pouvoir personnel sur la matière ou l'esprit car j'avais déjà compris qu'on doit garder la pleine responsabilité de son propre esprit et que le pouvoir corrompt si l'ego est développé. Pourrais-je trouver une pratique valable dans le marais des possibilités ?

Quelques tentatives de demandes d'information m'ont amenée à la méditation Vipassana telle qu'enseignée par Mr S.N. Goenka d'Inde. Quand j'ai entendu parler la première fois de cette méditation j'ai su que c'était important pour moi. En fait j'avais l'impression que je la connaissais déjà. Mais je me souviens aussi avoir étudié très soigneusement et avec beaucoup de méfiance la documentation qui m'avait été adressée rapidement. Cependant ce fut avec empressement, certes tempéré par de la prudence, que je me suis inscrite à mon premier cours qui eut lieu dans les Blue Mountains, à l'Ouest de Sydney.

Connaissant les prix souvent exorbitant des stages, les coûts de séances de psychologie et l'avidité souvent à l'œuvre dans les tentatives de diminuer la souffrance des gens, j'étais très impressionnée par le fait que ces cours aient lieu sur la base de donations et avec des travailleurs bénévoles. Mais qu'en était-il de la qualité ?

Ah, quel soulagement de voir que ce n'était pas un campement "hippie", que c'était bien organisé, qu'il y avait des gens de tous les horizons et de tous les âges, que le management paraissait intelligent et attentif, que les locaux étaient propres et confortables. Jusqu'à la fin j'attendais le choc financier, les frais cachés. Ils ne vinrent pas. Tout était donné sans condition. On nous demandait seulement de suivre des règles et de nous soumettre aux conseils de l'enseignant. Une grande partie de ce cours s'est passée à m'émerveiller de cette générosité offerte avec tant d'altruisme.

Une fois les préliminaires et formalités terminés, je résolus de mettre mon intellect de côté et de me concentrer sur la pratique telle qu'elle se déroulait. Les meilleures théories et principes scientifiques ne sont d'aucune utilité s'il n'y a pas un gain positif à en tirer, surtout à long terme. Je travaillais comme on me le demandait, et je travaillais et travaillais encore presque jusqu'à l'épuisement. Les dix jours les plus longs et les plus difficiles de ma vie se déroulèrent lentement, et cela n'est pas rien, compte tenu de certains des problèmes que j'avais eus jusque-là.

À la fin du cours je n'avais aucune idée de ce que je pensais ou ressentais sur l'efficacité des dix jours que j'avais passés là. Mon être tout entier semblait être dans un état de choc suite à l'intensité de la pratique. Pour une fois mon esprit s'était soumis à une position d'observation plutôt qu'à des analyses théoriques.

C'est seulement plus tard, rétrospectivement, que je compris qu'un profond changement avait eu lieu dans mon esprit, ma psyché. Aucune autre technique psychologique, ou pratique que j'avais essayée n'était de près ou de loin arrivée à apporter un tel changement. Il s'agissait là d'un changement expérimental, un changement profond avec une sagesse propre accrue qui l'accompagnait. Ma sagesse, issue de de ma propre expérience, ma propre pratique.

Au cours suivant, ce fut une surprise d'y trouver non seulement moi-même mais aussi mon mari. Il avait vu les changements survenus en moi et s'était rendu compte qu'en fin de compte j'avais peut-être trouvé un trésor. Mon souvenir des difficultés des dix jours précédents s'était estompé devant l'excitation de la découverte de l'efficacité de la méditation. Cette fois-ci je résolus de travailler encore plus durement et également d'essayer de comprendre la théorie derrière la pratique. C'était comme un puzzle, tous les morceaux et toutes les pièces de la compréhension que j'avais se mirent à s'assembler petit à petit.

Dans la même année mon fils de dix-huit ans commença également à travailler avec Vipassana. Il vit les changements positifs sur nous deux et cela l'inspira pour plonger à son tour dans l'auto-observation et la sagesse. Peu après, ma fille de dix-sept ans, qui avait déjà fait l'expérience de certaines des difficultés et souffrances inhérentes au fait de grandir dans une société troublée, se décida à prendre son premier cours. Nous étions maintenant une famille du Dhamma, tous résolus à travailler sérieusement sur nous-même et également à aider les autres à obtenir les mêmes bienfaits merveilleux.

—Marie Villesen a effectué sa première retraite en 1984.
Avec son mari Carsten, elle a beaucoup de satisfaction à
travailler comme bénévole Vipassana et aime explorer la brousse
australienne.

꩜

Couleurs

Mon nom est Vanessa et je pratique Vipassana depuis trois ans. Je suis née dans une famille Afro-américaine il y a quarante-deux ans à Roanoke, Virginie, USA. Le fait d'être élevée dans une société ségrégationniste a influencé mes idées et perceptions à tous les niveaux. J'ai appris la haine, la méfiance et le ressentiment envers la communauté blanche. Je ne connaissais aucun membre de ma communauté qui en privé ne ressente ces mêmes émotions, quel que soit son statut social. Cette position de victime professionnelle était un fardeau quotidien. Il me fallait trouver un moyen d'en sortir. J'étais constamment en train de rechercher des techniques, religions ou philosophies susceptibles de m'offrir une tranquillité d'esprit. Comment pouvais-je aimer quelqu'un, y compris moi-même, alors que je savais que je haïssais et craignais ce groupe.

J'ai habité New York pendant les dix-sept dernières années. Là j'ai eu la chance qu'un ami me parle de Vipassana et j'ai su que je devais l'essayer.

Lors de mon premier cours je me rappelle que Mr Goenka parlait des sensations du corps et de comment nous y réagissons. Je me rendis compte que c'était ce que j'avais fait et que cette habitude allait continuer à me tenir prisonnière du racisme réel et ressenti. Mr Goenka déclarait que la vie était souffrance, mais qu'il y avait un chemin pour s'en libérer. Je ne compris pas la technique dans ces premiers cours, mais j'avais confiance dans le fait que Vipassana allait pouvoir chasser les complexes profondément enracinés que je traînais.

Les seuls cours que j'ai suivis aux USA ont eu lieu dans le centre du Massachusetts. Je suis profondément touchée par le dévouement et l'énergie au travail de cette communauté. Comme je continuais à y prendre des cours et à y servir comme bénévole, j'ai remarqué que très peu de Noirs américains y participaient. Beaucoup de ceux qui y venaient n'y retournaient pas et peu, quand il y en avait, ont progressé vers de longues retraites. J'étais fréquemment la seule personne de couleur au centre ; cette position me permettait d'observer avec une grande acuité mon aversion envers la communauté blanche. Des émotions et pensées enfouies depuis longtemps refaisaient surface. Cours après cours, en pratiquant Vipassana, j'ai remarqué un changement s'opérer en moi. J'ai commencé à sentir une profonde compassion pour le groupe blanc que j'avais jadis haï, et j'ai compris qu'ils étaient autant dans la misère et l'ignorance que moi.

Ma haine, peur et jalousie envers eux s'étaient envolées. Pour la première fois de ma vie je pouvais réellement observer plus objectivement des expériences relatives à des problèmes raciaux et y répondre d'une manière équilibrée. J'ai parlé de Vipassana aux membres de ma communauté. Beaucoup sont enthousiastes et prêts à assister à un cours. Je vais tout faire pour trouver des sites hors-centre près de la ville.

—Vanessa Rawlings de New York a écrit ce propos après avoir terminé un cours de méditation de 45 jours. Ses deux parents ont suivi un cours normal de méditation Vipassana.

⤳

Lutte contre une crise

La mort de mon plus jeune fils Alex m'a plongé dans une très grosse dépression, mais ni Lisa ni moi ne l'avons dépistée au début parce que mes soudains accès de colère nous cachaient ce qui se passait réellement. Je travaillais très dur pour le California Housing Trust, dans le but d'essayer de le sauver de la banqueroute à cause de ses projets pas clairs, sans compter le trajet de 150 miles pour aller au travail, J'étais maniaque et sous pression depuis le premier jour, et j'avais très peur de ne pas réussir. Je déversais ma colère sur Lisa et sur le personnel de la Société. Lisa prit sur elle pendant environ un an, puis elle me dit que nous devions aller voir un conseiller conjugal sinon il fallait que je m'en aille. Ainsi nous sommes allés voir un thérapeute qui m'a persuadé de prendre des antidépresseurs, puis commença à travailler avec nous sur mon véritable problème. Le thérapeute travailla dur afin d'établir un lien de confiance et sympathie avec moi, mais il était clair sur le fait que ce type de colère était inacceptable. Je commençais un traitement médical, qui aida mais pas complètement. Comme je continuais à exploser de temps à autre, le thérapeute me suggéra d'essayer la méditation. Quelques mois plus tard, après avoir été viré, j'avais du temps libre à profusion, et j'y suis donc allé.

J'avais entendu parler de Vipassana par un collègue de ma société, mais, à cause de ma charge de travail, je n'avais jamais trouvé le temps pour un cours de 10 jours. Par coïncidence, j'avais choisi un cours pendant la deuxième moitié d'août sans trop me rappeler que l'anniversaire d'Alex tombait le 25 Août. Ce fut très difficile. Après le premier jour je savais que j'allais avoir du mal à rester. Ce n'était pas à cause du silence, mais la douleur, provenant du fait d'être assis, dans mon corps, mon dos et surtout mes jambes était presque insupportable. Puis, à un certain moment pendant le cinquième jour, alors que j'étais sûr que j'allais partir, la douleur se dissipa presque complètement et très soudainement au milieu de la session de groupe de l'après-midi. Les larmes commencèrent à couler sur mon visage parce que je savais que j'avais passé une sorte de barrière et que je réussirais. Et en effet, je réussis. Ce ne fut pas une partie de plaisir ; j'avais encore des douleurs et beaucoup d'impatience, mais je n'avais plus aucun doute sur le fait que j'allais terminer le cours.

Je me doutais alors, et je le crois aujourd'hui, que j'étais sur le chemin d'une sorte de libération. Alors que le cours se déroulait, je devins de plus en plus heureux - et dans les deux derniers jours, positivement ragaillardi. Quand ce fut terminé je me sentis à la fois comme sur un nuage et abattu, mais de soulagement.

La montée en puissance de la douleur s'était produite le jour précédant l'anniversaire d'Alex, et quand j'en ai parlé à l'enseignante, ainsi que de ma culpabilité d'être un mauvais père et un père absent, elle me dit simplement que cette douleur exceptionnelle pouvait bien être celle ressentie à sa mort mais jamais complètement exprimée. Je pense que c'est vrai, que la méditation me permet de me concentrer sur ces sentiments et libère le chagrin.

Je ne poursuis pas trop le cycle de cause et d'effet parce que je n'en vois plus la nécessité. Je suis en paix avec l'idée de sa mort, je ne suis pas hanté par la culpabilité ou les remords ou la solitude. Il me manque terriblement, mais l'image du jeune homme qu'il était reste vivante dans mon esprit.

Je suis plus heureux que je ne l'ai jamais été dans ma vie. Il est rare que je mette en colère maintenant, et si c'est le cas je le regrette très rapidement, ce qui me permet de m'excuser immédiatement. Dans un sens je ne me reconnais pas, mais dans un autre si – je suis le gars que j'aurais été en 1970 si je n'avais pas commencé à boire quotidiennement de l'alcool fort en 1965. Lisa et moi avons la sorte de mariage que nous avons toujours voulu. Le compagnonnage, la lutte commune pour nos objectifs, suffisent pour rendre le mariage bon – voire excellent. Je dois ma vie à ma femme pour m'avoir emmené aux AA (Alcooliques Anonymes) ce qui fut le point de départ de ce chemin. Le thérapeute fut essentiel pour la perspicacité, pour l'extérieur comme surface de résonnance, pour l'engagement intellectuel et l'encouragement plein d'amour ; mais la méditation fut tout simplement l'expérience la plus profonde de ma vie, qui m'a complètement libéré de mes démons.

—*Wally Roberts, 58 ans, est un animateur local et journaliste aux USA.*

❧

Un espace tranquille

Après mon retour d'un cours de Vipassana de 10 jours comme servant, mon professeur de shakuhachi me dit « Que vous est-il arrivé ? Vous jouez à merveille, comme si vous n'étiez pas vous-même, mais quelqu'un d'autre. »

Le Shakuhachi est une flûte japonaise en bambou soufflé. On en joue en plaçant l'embouchure sur le haut du menton de façon à ce que l'arrête soit centrée sur le courant d'air produit par les lèvres. Structurellement parlant c'est un instrument très simple avec seulement cinq trous pour les doigts, mais il produit des myriades de tons et nuances. La distance de la bouche au sommet de l'arête de l'embouchure aide à déterminer l'accord. On peut monter l'accord en penchant sa tête vers le bas et en approchant sa bouche de l'arête de l'embouchure.

Contrôler le son est une tâche très difficile et nécessite de produire un flux d'air constant et d'être capable de le contrôler de différentes manières. Chaque changement dans notre souffle se reflète immédiatement dans le son produit, ce qui fait que le shakuhachi est un miroir parfait des mouvements de notre respiration. Un miroir très sensible des ondulations de nos émotions intérieures. Et les miennes étaient d'habitude très vacillantes, comme une âme qui a peur de son propre reflet.

En méditant durant trois cours de Vipassana, en en servant un autre et en m'asseyant deux heures tous les jours j'ai gagné beaucoup de choses. L'une d'entre elles est d'avoir développé une sorte de paix et de fermeté intérieure. Un espace intérieur, comme un lac calme, de façon à ce que, quelles que soient mes activités aujourd'hui, avec les gens, dans mon travail, mes pensées ou avec le jeu du shakuhachi, elles puissent avoir lieu dans cet espace tranquille en moi et effectuées en paix.

Et je pense que ce n'est qu'une étape, que la compréhension et la sagesse acquise augmentent continuellement et que mes espaces intérieurs s'agrandissent constamment.

—Iris Elgrichi est née en Israël en 1961 et prépare actuellement un doctorat de littérature au Japon.

๛

Apprendre l'Équilibre

Même si les expériences qui peuvent survenir pendant la méditation ne peuvent être ni comparées ni évaluées, le fait de les relater peut parfois aider à donner confiance à d'autres qui sont en train de lutter sur le même chemin. Mais si certaines de ces expériences sont prises comme quelque chose à atteindre, alors elles créent des obstacles. Quelques exemples illustreront ce point.

À mon dixième ou onzième cours j'ai constaté que je ne pouvais pas ressentir de sensations sous les narines et au-dessus de la lèvre supérieure, ni sur aucune autre partie du corps pendant sept ou huit jours. Pas de réclamation. Pas d'avis de recherche. Juste observer ce qu'il se passe.

Une autre fois, c'était après sept ou huit ans de méditation, un certain nombre de cours et après avoir assisté Goenkaji dans son travail d'enseignant, il est arrivé que pendant un cours je développe une aversion terrible envers la discipline, les règles et prescriptions. Cela commença le premier jour, à la première séance, et c'était tellement fort qu'il me fut impossible de pratiquer Anapana ne serait-ce qu'un instant. Et cela continua ainsi pendant deux jours entiers. J'avais dit aux étudiants de retourner à Anapana dès qu'une difficulté surgissait. Et c'était à mon tour d'être dans cette situation fâcheuse.

Normalement je trouve tout seul des solutions aux problèmes qui surgissent. Alors quoi faire ? Bien que je fusse incapable de pratiquer Anapana il n'y avait ni souci, ni tension. Assis tranquillement, sans rien faire, après quelques heures le troisième jour, la résistance s'effaça et je recommençais à travailler sans effort, avec enthousiasme, pour le restant du cours.

Ces expériences m'ont beaucoup aidé à apprendre à me comporter avec équanimité dans des situations diverses. Puissent-elles servir de même au lecteur sur ce chemin du Dhamma.

—N. H. Parikh, ingénieur retraité,
habitant avec sa femme à Mumbai.

～❧～

Un Rocher dans la Mer

Après avoir pratiqué Vipassana pendant vingt-quatre années, je ne me sens certainement pas supérieur à quelqu'un d'autre. Cependant je sens que ma pratique dirige doucement ma vie dans la bonne direction.

Faire pour la première fois l'expérience de l'esprit et du corps en tant que phénomène changeant fut un événement déterminant. En pratiquant l'équanimité par rapport à tout cela, les conditionnements profondément enracinés ont disparu et mon esprit s'est senti comme nettoyé à la vapeur et merveilleusement calme. Plus jamais depuis cela le contraste entre le négatif et le positif n'a été si évident, et par conséquent jamais les résultats n'ont été ressentis avec autant d'acuité.

Des cours successifs de 10 jours ou plus chaque année sont devenus des opportunités précieuses pour travailler sur moi-même, un temps pour établir un contact plus fort avec les niveaux plus profonds de l'être ainsi qu'une opportunité de lâcher prise et de se connecter à nouveau à cette rivière intemporelle de vérité coulant à l'intérieur.

Grace à ma propre méditation et à l'observation directe des lois de cause et effet, j'ai pu observer les bénéfices qu'il y a à éviter les actions malsaines. Ma vie s'est basée sur le roc de la moralité qui d'évidence m'apparaît comme une grande force. Me soumettre au Dhamma, ou à la vérité intérieure, n'est pas une perte. Cela m'a permis de faire face à d'importantes décisions de la vie avec le sentiment que si je m'occupe du Dhamma, le Dhamma s'occupera de moi. Comme je suis arrivé à comprendre que seules mes propres réactions à mes propres sensations pouvaient en fin de compte me faire du mal, je me suis senti de plus en plus en sécurité parce que mon bonheur était devenu moins dépendant des types de sensations éprouvées. Par conséquent je peux laisser les choses aller et venir sans un attachement aussi profond. La méditation n'a pas tout à fait apporté avec elle la « Fin de l'Histoire » mais elle a permis d'éclaircir beaucoup de choses, rendant la vie plus simple. Les relations personnelles avec mes proches sont devenues tout à fait harmonieuses et affectueuses. Les « hauts et les bas » ont été moins accentués parce que j'ai mené une vie plus en accord avec les lois naturelles, et lorsqu'il y en a eu, ils se sont terminés plus rapidement et ont eu moins d'intensité.

La pratique de Vipassana apporte avec elle une conscience intensément accrue de la nature fugace de la vie. Et du coup, on apprécie la beauté de toutes choses dans une plus large mesure tandis que se développe une empathie pour des choses aussi éphémères que moi. En même temps j'ai réussi à vivre plus de temps dans le moment présent, libre de l'avidité des rêves insatisfaits. Vipassana m'a montré comment trouver totalité et sens dans un océan tourbillonnant de changement.

—*David Bridges est maître d'école en Grande Bretagne.*

❧

Le bouton de rose s'ouvre
Pétale après pétale :
La compréhension s'éveille

—*Kathy Henry, USA.*

CHAPITRE 7

LA LIBERTÉ DERRIÈRE LES BARREAUX— VIPASSANA DANS LES PRISONS

Nous sommes tous prisonniers de notre propre esprit...
Existe-t-il quelqu'un qui n'a jamais désiré à un moment ou
un autre prendre quelque chose qui ne lui appartenait pas ?
Y a-t-il quelqu'un qui ne souhaite jamais blesser, ne serait-ce
qu'une fois, celle ou celui qui lui fait du mal ? Seule une ligne
très fine nous sépare de ces gens qui nous regardent fixement
de derrière les barreaux. Les pensées même qui n'ont pas
dépassé le seuil de notre intellect, ont, dans leur cas, franchi
le seuil de l'action. Mais nous sommes toutefois identiques.
Dans notre esprit, nous sommes tous des criminels potentiels.

—*Doing Time, Doing Vipassana, Karuna Films*

Les prisons sont des lieux où les criminels sont
enfermés. Ceci est leur punition et leur isolement protège la
société. Mais qu'advient-il lorsque leur peine est terminée ?
S'ils sont inchangés, si leurs habitudes mentales invétérées
n'ont pas changé, il est fort probable qu'ils commettront de
nouveaux crimes. À travers le monde, le taux de récidivisme
résultant de programmes thérapeutiques de toutes sortes
est de 75% - 80%—environ le même que s'il n'y avait eu
aucun programme de réadaptation. Le public, ainsi que de
nombreux professionnels, perdent, à un moment donné,
leur enthousiasme pour la réadaptation et les différents
traitements thérapeutiques. Les taux d'infractions restent

élevés, les criminels récidivent, et le débat sur la nécessité d'augmenter le nombre de prisons se poursuit. Existe-t-il une alternative crédible ?

Depuis 1975, des cours de Vipassana ont été donnés dans des prisons à travers l'Inde et à Taiwan, en Thaïlande, au Népal, aux USA, en Nouvelle Zélande et au Royaume-Uni. De nombreux pays témoignent de l'intérêt pour ce programme unique qui peut modifier le système pénal et les approches thérapeutiques à travers le monde.

Seattle, USA

Les États Unis sont le pays qui présente le taux le plus important de personnes incarcérées. Mais la peur du châtiment fera-t-elle des criminels de bons citoyens ?

L'administratrice de prison Lucia Meijer, a accepté d'introduire Vipassana dans un programme de réadaptation après avoir fait elle-même l'expérience d'un cours. Le « North Rehabilitation Facility (NRF) » (Centre Nord de Réhabilitation) de la prison de King County à Seattle, est une prison qui présente un système de sécurité minimale pour des détenus condamnés à de courtes peines. Ce lieu abrite environ 300 hommes et femmes incarcérés pour vol, agression, trafic de drogue et prostitution. Comme dans de nombreuses prisons, les problèmes sévères d'alcool et de drogue sont très courants, liés au niveau défavorisé des détenus sur les plans économique, social et éducatif. Il n'y a pas de cellules, d'enceintes, d'armes ni de verrouillage. Les « résidents » de NRF participent à des activités de formation professionnelle ou des activités thérapeutiques. Dans un programme unique et progressiste appelé « Les Étapes du Changement », les traitements proposés se focalisent sur l'abus de drogue et d'alcool. Des sessions avec des groupes de soutien tels que « Alcooliques Anonymes » ou « Narcotiques Anonymes » sont offerts, avec des cours abordant des sujets tels que comment s'arrêter de fumer, la pensée critique, l'éducation des enfants et l'acupuncture. La plupart des résidents prend part à ce large éventail de traitements - mais comment rompre le cycle du récidivisme ?

Pour Meijer, Vipassana offre aux résidents une réelle opportunité d'apprendre à se connaître, se contrôler et commencer à changer les habitudes profondément enracinées au niveau de la pensée et des réactions. Avec une expérience de toute une vie de travail dans la réhabilitation de la drogue et de l'alcool, elle voit en Vipassana un programme thérapeutique basé sur l'expérience plutôt que le spirituel :

« Spiritualité » est un de ces mots qui fonctionne comme un récipient permettant à chacun de le remplir de ses propres croyances et besoins. En ce qui me concerne, il me semble que nous ayons tous besoin d'un outil pour faire face à la souffrance. Celle-ci englobe la connaissance de notre propre mortalité et de l'ultime solitude ainsi que la souffrance qui apparaît à tout moment dans la vie de chacun. À NRF, cette souffrance est omniprésente. Ici, comme partout ailleurs, les détenus ont perdu leur liberté bien avant même d'être incarcérés. L'ignorance, l'abus, les maladies mentales, les addictions, l'absence de domicile fixe, la pauvreté, la rage, le désespoir, la culpabilité, la honte, le regret, la haine de soi... la liste est infinie.

Quand un détenu termine un cours de Vipassana, il ou elle a eu, peut-être pour la première fois, un aperçu de la liberté. Etre conscient que la cause et la fin de la souffrance résident en nous, fait naître l'espoir et la confiance. Les cours de Vipassana conçus par SN Goenka étant enseignés expérimentalement, il ne s'agit pas d'un exercice intellectuel, mais d'une vraie rencontre avec les niveaux les plus profonds de l'esprit. De plus, les détenus bénéficient d'une leçon expérimentale de la moralité. Il devient en effet évident pendant un cours que la base éthique de Vipassana (s'abstenir de tuer, voler, mentir, d'inconduite sexuelle et de prendre des intoxicants) n'est pas simplement un règlement que l'on doit suivre, mais un moyen de s'élever au-dessus de ses impulsions primaires.

Le détenu apprend qu'il est son propre maître et ceci modifie radicalement sa relation avec l'autorité. Les prisonniers terminent un cours de Vipassana avec une attitude plus calme envers les règles et contraintes institutionnelles. Ils en ressortent aussi avec une plus grande capacité à donner –habituellement, la première indication de cela est dans leurs expressions de gratitude et de désir de redonner à leurs familles et à leurs communautés.

—*Lucia Meijer, Administratrice de NRF*

Les détenus ont perdu leur liberté ; ils connaissent de première main la souffrance. Ils sont seuls à prendre la décision de changer, il n'y a pas de raccourci dans ce voyage intérieur, pas de combine rapide. Il a été clairement spécifié dès le début que les volontaires qui participeraient à une retraite Vipassana ne seraient pas récompensés, pas plus qu'ils ne perdraient quoique ce soit tel que leur travail ou leur résidence. Dean Maguire, le chef de sécurité, avait de sérieux doutes avant que le premier cours n'ait lieu :

J'étais convaincu que tous les détenus abandonneraient ou qu'ils ne participeraient pas au cours, ne pouvant renoncer à fumer, leurs repas habituels, leurs visites, leur correspondance, leur télévision, leur téléphone et s'abstenir de parler pendant dix jours. Lorsque j'ai été informé de tout cela, je me suis dit « Je ne pense pas que ce soit possible. Mais bon, pourquoi ne pas essayer ? »

Pour organiser un cours de Vipassana dans les prisons, il s'avère important de surmonter un certain nombre d'obstacles. Le personnel supérieur doit être clairement informé et s'engager pleinement dans le programme pour qu'il puisse fonctionner. Pratiquer est la meilleure façon de comprendre cette technique, aussi participer à un cours de

10 jours est la préparation idéale. À NRF, ce fut Ben Turner, infirmier et pratiquant de longue date de Vipassana, qui proposa la mise en place d'un cours. Lucia Meijer et un conseiller de l'établissement participèrent au préalable à une retraite non loin de là au centre de l'état de Washington, et revinrent convaincus. Pendant le cours, afin de maintenir le noble silence et minimiser les distractions, les prisonniers doivent être hébergés séparément des autres détenus qui ne participent pas au cours. Il est nécessaire qu'ils aient leur propre lieu de couchage, qu'ils suivent un régime végétarien et qu'ils aient accès à leur propre lieu de promenade. La solution trouvée à NRF fut de céder une aile du bâtiment carcéral, utilisée d'habitude pour les bureaux ou les entretiens de soutien psychologique, afin que cela devienne le lieu exclusivement réservé au cours de Vipassana incluant une salle de méditation, des dortoirs, une salle de restauration et un lieu pour les servants du cours. Une des préoccupations concernait la sécurité qui demandait un comptage obligatoire des prisonniers vingt fois par jour. Heureusement, Ben était un membre du personnel carcéral et accepta d'être le manager du cours. Il fut donc responsable du comptage des détenus et de la surveillance de leur comportement afin que la sécurité ne soit pas compromise. Il y avait tant de difficultés potentielles – le personnel devait déménager des bureaux, différents modes de travail, de sécurité et de communication devaient être établis - mais grâce à la bonne volonté et la coopération de tout le personnel de NFR, les installations pour le déroulement d'un cours et l'emploi du temps furent à peu près identiques aux cours conduits hors prison.

En novembre 1997, se tint le premier cours de Vipassana ayant lieu dans une prison d'Amérique du Nord. Au troisième jour, cinq des seize hommes avaient abandonné, mais les onze restants terminèrent le cours avec des résultats remarquables.

C'était comme un camp d'entraînement pour l'esprit - sauf que vous êtes votre propre sergent instructeur. J'ai ressenti de la douleur, de la souffrance mentale. Tout comme un soldat, j'ai erré dans les rues et mené ma propre guerre, pas seulement avec moi-même, mais avec des personnes comme vous, vos enfants, vos filles, tous ceux avec qui j'ai été en contact ; avec la loi aussi. J'avais tant de haine, tant de haine....

À travers chaque expérience faite dans ce cours, j'enlevais pratiquement toute la peine qui m'affligeait. Pour commencer, ma carapace d'ignorance a craqué. J'ai commencé à voir les choses telles qu'elles sont au moment présent et non pas au passé. Nous faisons et disons certaines choses mais sans réellement penser à ce que nous faisons ou disons. Et nous pensons aux conséquences seulement plus tard, quand nous avons des ennuis et la cause est perdue.

—*Ernest, résident NRF*

Robert Johnson, emprisonné quarante-cinq fois, participa à un deuxième cours après sa libération et aida l'association Vipassana avant de trouver du travail comme cuisinier. Son exemple et sa réussite ont eu un très fort impact sur ses camarades détenus et sur sa famille. Sa mère, une chrétienne très pieuse, fut si heureuse des changements chez son fils qu'elle décida de participer également à un cours.

Trois ans plus tard, continuant à profiter de sa vie en liberté, Robert fait ces réflexions :

Quand on est accro, on ne le sait pas, c'est ça le problème. Vous ne pouvez pas rompre le cycle ; donc généralement, quelqu'un doit vous arrêter et vous détestez probablement cette personne car vous pensez être dans le droit. J'étais dans une dépendance et incapable de m'en sortir. La seule manière de ralentir était de me faire arrêter par la police, impliqué dans une bagarre terrible ou un accident de voiture. Il fallait quelque chose comme ça pour me stopper. Vous penseriez qu'avec un peu de bon sens, j'aurais dû réaliser : « Si je n'avais pas pris de drogues et tout ça, je ne serais pas dans ce pétrin ». J'aurais pu si j'avais été capable de me regarder de façon honnête. Mais à cette époque-là, je ne connaissais pas grand-chose à l'honnêteté... sinon, je n'aurais jamais commencé à boire. Je pensais toujours « Encore une seule fois ». Je ne faisais que me mentir à moi-même.

La famille de Robert était composée aussi bien d'enseignants et de pasteurs d'église que de criminels. Étant un étudiant prometteur, il rêvait de devenir pilote. Mais le voisinage était rempli de drogués, de fumeurs de joints ou d'usagers de cocaïne. Il se retrouva mêlé à eux dans des soirées, éveillé toute la nuit, planant comme un cerf-volant, tout en essayant d'étudier. Toute sa vie, il avait voulu aller à l'université mais ça n'avait pas marché. D'une façon ou d'une autre, tout était mélangé avec l'alcool et la drogue. Effrayé par les avertissements des instructeurs et les bouffonneries dopées d'un autre stagiaire, il quitta le cours. L'année suivante, il s'inscrit à un collège au Texas, loin de chez lui. L'ouverture était là, avec nulle part où s'enfuir.

Tout commence quand quelque chose d'assez subtil se passe à l'intérieur. Je peux maintenant vous dire ce que c'était, mais à l'époque, je ne le savais pas. J'étais en fait très agité. Aussi, afin de passer le temps, je traînais dans les rues et quand je buvais de l'alcool, ça devenait bien pire car je faisais tout ce qui me passait par la tête. Chaque fois que je me mettais en colère ou que mon état mental n'était pas très pur, quelle que soit l'idée qui apparaissait dans mon esprit, je la mettais à exécution. Pendant des années, chaque fois que je passais devant un certain magasin, je me demandais pourquoi il n'avait pas encore été braqué. Et de nouveau, le lendemain de la mort de mon père, cette idée fit surface. Cela semblait juste alors : tout allait mal, j'avais bu, je n'avais rien à faire, j'étais en colère et mon père était mort subitement. J'étais terriblement bouleversé. Au petit matin, complètement ivre, je dévalisais l'endroit et chargeais mon camion sans m'apercevoir que la police était présente et m'observait. Ils m'ont laissé tout prendre dans le magasin, puis bloquèrent la rue et me coincèrent. « Où allez-vous Monsieur Johnson ? » me dirent-ils en souriant. Je me réveillais en cellule...

Robert n'a cessé de retourner en prison. Il passait un mois à l'extérieur, puis y retournait. Il était tellement habitué au milieu carcéral que ça ne lui faisait rien. Pendant dix ans, la période la plus longue où il resta en liberté fut huit mois.

Les charges allaient de bagarre à attitude perturbatrice, infractions routières, violations de détention à domicile ; chaque charge s'additionnant à mon casier judiciaire. Chaque fois que je violais la loi, je détruisais ma vie. Une fois que vous êtes pris dans le cycle de récidivisme, vous retombez si souvent qu'il arrive un moment où vous ne désirez plus vous relever car vous savez que tôt ou tard vous retournerez en prison. Même si vous avez accompli certaines choses, vous perdez tout ou presque car vous êtes isolé de vos amis, votre famille, votre travail, de tout soutien...

Robert suivit en vain tous les programmes thérapeutiques. Il alla même à l'église pendant un certain temps, deux fois par jour, jusqu'à ce que quelque chose à l'intérieur émerge et déchire tout de nouveau. Puis il vit, sur le panneau d'information, une notice concernant Vipassana, et la manière de rompre le cycle de la prison.

Puis-je essayer ? J'étais complètement désespéré en allant à ce cours et ne connaissais rien à la méditation. J'étais furieux envers le personnel carcéral car ils nous donnaient tous ces cours mais personne ne nous disait jamais comment les choses pouvaient changer. Aussi oubliai-je ces plans pour la date inscrite sur mon miroir. Quand ces émotions remontaient à la surface, j'étais incapable de connaître le calme et je finissais à nouveau en prison.

Robert participa donc à cette première retraite de Vipassana et fut grandement surpris.

Ce que j'ai retiré de ce cours, personne n'a jamais pu me le donner. En fait, parce que ce n'est pas quelque chose que quelqu'un m'a donné, personne ne peut me le reprendre. C'est étrange. Quelque chose de très profond s'est transformé, à la racine même et depuis, quoique je fasse, je ne le fais plus comme dans le passé. Si je me mets en colère, il s'agit d'un type de colère différente, moindre et sans grande réaction. Depuis le premier cours, je suis capable de prendre mon temps pour réfléchir avant d'agir. Ce qui n'était pas le cas auparavant. Par conséquent, en agissant de cette sorte et en essayant de suivre les cinq préceptes, je ne suis jamais retourné en prison ou n'ai jamais revu un policier. Et ça, c'est un grand changement. Je n'ai plus réagi de la même manière, après ce cours – quelque chose s'est passée.

—Robert Johnson, résident de NRF

Sous l'impulsion des premiers résultats, d'autres cours furent organisés à NRF, pour les femmes comme pour les hommes. Les infrastructures adéquates existaient, et avec cette expérience, il s'avéra donc plus facile pour les résidents, le personnel et les volontaires ayant pratiqué Vipassana de mettre en place un centre temporaire de méditation dans l'aile de soutien psychologique de la prison et d'y donner des cours.

Juste avant de venir ici, j'étais vraiment dans un sale état...une accro à l'héroïne, vachement proche de la mort. C'était dur. J'étais fatiguée de tout ça et décrochais mais ce fut l'enfer. Je savais que si je replongeais, je n'en aurais pas pour longtemps et qu'il fallait que je fasse quelque chose. Quand j'ai été invitée à la cérémonie de clôture du cours de Vipassana organisé pour les hommes, j'ai été stupéfaite des changements que je voyais... J'ai immédiatement su que je voulais le faire aussi.

—Susan, résidente de NRF

❧

Les femmes trouvent le cours de Vipassana tout aussi difficile que les hommes. Chacune doit livrer sa propre bataille. Parfois, le défi de rester détachée et équilibrée malgré l'intensité de l'expérience semble accablant. Shelia a demandé de l'aide, ne se sentant pas très bien et sur le point d'abandonner :

J'ai décidé d'essayer encore une heure. Plus tard, Lucia s'est approchée ; je lui ai saisi la main et dit : « Je ne peux pas continuer ; ça m'est impossible ». « Je sais comment tu te sens, me répondit-elle, car durant mon cours, j'ai aussi fait mes bagages et étais prête à partir. Et puis quelque chose m'a arrêtée. » Lucia m'a convaincue de rester et je suis si heureuse d'avoir terminé le cours.

—Shelia, résidente de NRF

❧

De son point-de-vue, le personnel carcéral témoigna d'effets immédiats sur les détenus méditants :

J'ai vu de l'honnêteté. Les résidents faisaient preuve d'honnêteté envers eux-mêmes et ne se mentaient plus. Ils devenaient très ouverts et pas préoccupés par le règlement. Ils comprenaient que le personnel de sécurité n'était pas là sans raison, le règlement n'était pas là sans raison. C'est ce qui me fait dire qu'il y a eu un réel changement. Pour preuve, certains des détenus avaient des attitudes perturbatrices avant de participer au cours, qui disparurent totalement à leur sortie.

—Dean Maguire, Chef de Sécurité

❧

La plupart d'entre eux présentait quelque chose derrière leur regard, comme un rideau, que vous ne pouviez percer. Quand le cours s'est terminé, il était possible de voir à l'intérieur.

Je ne peux pas dire ce que le cours leur a apporté pour le restant de leur vie, mais après ces dix jours vous pouviez voir en eux. Ils étaient là, ils étaient présents. Ce qui n'était pas le cas auparavant, et je trouve ça vraiment passionnant.

—*Stephanie Maxwell, Directrice de Programme*

Je suis venue à Vipassana par accident et non pas parce que j'étais en quête. Aujourd'hui, j'ai vu personnellement les bénéfices de la méditation à la maison mais aussi dans ma vie professionnelle. J'essaye de continuer de m'améliorer en m'asseyant quotidiennement, en faisant des retraites quand je peux. Malgré cela, je récidive fréquemment, me mettant en colère, trichant ici ou là... Concernant la prison, peut-on s'attendre sérieusement à ce que des personnes avec une vie de pathologie sévère se relèvent et deviennent immédiatement des citoyens productifs ? À NRF, nous ne cherchons pas de solution magique. Nous aspirons à travailler peu à peu avec chaque personne à un niveau subtil et authentique pour produire un changement réel et durable dans leur comportement. Concernant les effets de Vipassana sur les individus, nous essayons d'avoir un point de vue réaliste sur ce que signifie « le succès ». Parmi les personnes qui se sont portées volontaires pour travailler sur elles-mêmes de cette manière, ce qui demande un certain courage et un engagement de terminer le cours, y a-t-il des résultats – dans la façon de se comporter en prison - et finalement, quand ils sortent, les revoit-on à nouveau ?

—*Lucia Meijer, Administratrice de la NRF*

Les résidents se sentent différents quand ils sortent d'un cours :

Aujourd'hui je m'aime... c'est un sentiment merveilleux. Toutes ces larmes sont des larmes de joie, vraiment. J'étais réellement effrayée... par tout ce que j'ai toujours essayé de fuir dans ma vie. Et puis soudain, j'y faisais face et je devais simplement regarder, observer et laisser faire. J'en ai été capable et je connais tant de paix maintenant, je ne peux vous dire combien je me sens légère.

—Susan, résidente de NRF

❧

J'ai appris à travailler avec les sensations. Si une situation tendue se présente, comme une dispute dans le dortoir, je peux être réellement consciente de ce que je ressens et de ce qui se passe à l'intérieur. Par conséquent, quand de telles situations se présentent, je sais qu'elles passeront.

—Carol, résidente de NRF

❧

Vipassana est un chemin de transformation progressif et parfois chaotique. Bien que des changements spectaculaires se produisent, il peut également y avoir régression. Tout dépend des individus. Cependant à NRF, le personnel a suffisamment vu de changements pour être optimiste et accroître le programme. Les « résidents » Vipassana sont encouragés à continuer à méditer, des méditations de groupe sont mises en place régulièrement dans la prison, et comme plus de cours sont organisés, ils apportent du soutien en tant qu'anciens étudiants qui peuvent à nouveau s'asseoir ou servir en cuisine.

❧

Si ce n'était qu'une question d'effort et de désir, ils iraient tous mieux. En fait, ils n'avaient aucun moyen de s'en sortir et Vipassana leur en a donné un et met à leur disposition un outil. Ils ont le choix. Je ne suis cependant pas en train de dire qu'ils feront toujours le bon choix à partir de maintenant. Mais ils ont ce choix, chose qu'ils n'avaient pas auparavant.

—Lucia Meijer, Administratrice de la NRF

꩜

Vipassana a changé mes relations avec les autres, ma manière de parler, de réagir, ma façon d'être avec les gens. Voilà ce que la méditation m'a apporté. Je ne suis plus l'esclave de mon esprit et peux choisir de ne pas penser de façon négative mais positive à propos d'un individu. Vipassana est ce genre d'outil qui permet de se sentir et d'agir mieux. Certaines personnes n'ont pas ce choix. Elles obéissent à leur impulsion. Je ne suis plus dans ce schéma.

—Robert Johnson, ex-résident de NRF

Lancaster, UK

« Je savais que cela allait arriver. Il y a un tel besoin. Il existe un potentiel incroyable dans les prisons ». En 1998, vingt ans après avoir été libéré, Darren Bowman retourna en prison volontairement afin d'aider la mise en place d'un cours de Vipassana à la Prison de Lancaster Castle. Il avait grandi en rebelle, s'endurcissant avec tout ce qu'il rencontrait - ses patrons, la loi - jusqu'au jour où l'inévitable se passa et il fut envoyé en prison. Mais, à l'intérieur de cette personne violente et coléreuse, se trouvait aussi une personne qui cherchait quelque chose de plus : la sincérité et la décence. Darren devint ami avec une femme qui était tout son opposé, mais qui ne lui mettait aucune pression. Elle eut la leucémie et il la soigna jusqu'à ce qu'elle retrouve la santé. Malheureusement, elle rechuta alors qu'il était en prison et mourut. Le choc fut tel qu'une amorce de changement s'opéra. Sorti de prison, il participa par hasard à un cours de Vipassana. Il se rebiffa contre le règlement, fut prêt à s'enfuir, mais quelque chose l'en empêcha. L'année suivante fut une année de tourmente et il continua à dénier les bienfaits de la méditation. Cependant, ses amis ne cessaient de dire à quel point il avait changé. Lors de son second cours, il arrêta de se battre avec lui-même, et comprit pleinement la pratique. Il réalisa qu'elle répondait à cent pour cent à sa recherche. Quand se présenta l'occasion de servir en prison, il se porta immédiatement volontaire.

Après cinq minutes passées avec ces détenus, j'ai su que nous étions sur la même longueur d'onde. Mon expérience dans la rue et mon temps d'emprisonnement allaient être utiles. « Il a fallu que tu passes par tout ça, Darren, pour faire ceci ». Je ne me suis jamais senti aussi centré que durant ces dix jours.

—*Darren Bowman, UK*

Lancaster est une prison de sécurité moyenne, entourée de l'enceinte du château d'origine et située au centre de cette ville du Nord. Elle contient environ 215 prisonniers condamnés à des peines allant de quelques mois à des peines à perpétuité. Paul Thompson, le gouverneur, avait eu connaissance de l'impact positif de Vipassana dans les prisons aux États-Unis et en Inde et tenait à accueillir un projet pilote d'un cours. La prison avait déjà mis en place des classes de réadaptation pour usage de drogues, et donné des cours sur la gestion de la colère mais cette expérience intensive de dix jours serait la première en Europe.

Deux officiers, Chris Berry et Paul Bevan, ayant participé à des cours de Vipassana, prirent la responsabilité de l'organisation du cours dans la prison. Ils affichèrent des posters indiquant le futur événement et parlèrent de la technique aux détenus. Les prisonniers connaissaient bien ces officiers par le biais d'autres programmes et leur faisaient confiance. Au cours des semaines suivantes, des méditants volontaires visitèrent la prison pour rencontrer les détenus intéressés, leur présenter un film sur les précédents cours dans les prisons et répondre à leurs questions. Un endroit isolé où les prisonniers et les servants du cours puissent être logés sans trop de dérangement fut préparé.

Huit hommes, la plupart des récidivistes, s'engagèrent à suivre le cours. Très rapidement, les problèmes habituels firent surface : parfois des étudiants discutaient entre eux, d'autres s'éclipsaient pour fumer. Se plier de façon volontaire à une discipline encore plus dure que celle de la prison est très difficile. Cependant, après quelques jours, un leader du groupe se présenta, disant qu'ils feraient de leur mieux pour suivre strictement le règlement du cours. Ils suivirent l'emploi du temps et méditèrent sérieusement. Le cours progressant, l'état d'esprit commença à changer. Une nuit, un gardien vétéran qui venait de finir d'enfermer d'autres prisonniers turbulents, fut étonné de voir le groupe de méditants se diriger silencieusement vers les cellules. « Que leur avez-vous fait ? » s'exclama-t-il, puis il commença à poser des questions. Le lendemain matin, il expliqua à un volontaire qu'il avait essayé d'observer sa respiration durant sa période de travail. Les officiers qui avaient été cyniques auparavant, commencèrent à montrer un intérêt véritable. Dans le pari qu'ils avaient organisé, personne n'avait misé que les huit termineraient ; mais c'est ce qui arriva !

❧

Un photographe de presse est venu pour prendre des photos des hommes méditants. Un détenu lui demanda s'il voulait savoir ce qu'était Vipassana.

« Oui » répondit le photographe.
« Bien » dit Jamie. « Donnez-moi votre appareil photo ».
Le photographe le lui remit.
« Maintenant tournez-vous »
Le photographe se tourna.
« Maintenant retournez-vous » dit Jamie.
Le photographe se retourna.
« Voilà votre appareil photo » dit Jamie. Avant Vipassana, je me serai enfui avec, mais maintenant, le voici ! »

❧

Le dernier matin, les participants, leur famille et le personnel se sont réunis pour noter ce qui avait été accompli.

Au fur et à mesure du cours, je me sentais changer. Je devenais plus heureux en moi-même et plus fermement résolu à ne plus me droguer. Je commençais à avoir confiance en moi et, alors que je lâchais les peurs et les rancœurs que j'avais enfermées à l'intérieur, je sentais l'amour couler à leur place... Ce cours m'a permis de chasser ces nuages noirs de ma tête et de me pardonner, au moins d'une partie, de la souffrance causée à autrui. Je ne m'attends pas à ce que les victimes de mes actes me pardonnent aussi facilement, mais peut être en voyant les changements en moi, ils accepteront que je ne suis plus la même personne.

—*Hugh, détenu de Lancaster*

⁓⃕

Darren, condamné une fois, devenu technicien de construction navale et volontaire Vipassana, résuma l'expérience :

Ils apprennent qu'ils doivent faire ce travail pour eux-mêmes. Ils sont pleinement déterminés, il fallait qu'ils aient ça pour survivre. C'est la raison pour laquelle ils arrivent à finir le cours. Avant, ils n'avaient rien. Grâce à Vipassana, ils ont gagné l'espoir.

New Delhi, Inde

La prison de Tihar est la prison de haute sécurité la plus connue d'Inde. Dépassant une capacité de 10 000 détenus, c'est l'une des plus grandes prisons du monde. Pendant des dizaines d'années, Tihar était renommée pour ses conditions de détention inhumaines. Un réel enfer, violent et surpeuplé, où la corruption sévissait et où le régime punitif était très dur.

Mais un changement radical apparut à Tihar, grâce à la nomination en 1993 de Kiran Bedi, première femme officier de police indienne, à la tête de la prison. Bedi était une visionnaire qui voyait le milieu carcéral comme un lieu de développement personnel ; elle se mit systématiquement à élargir les perceptions que le personnel avait de leur rôle, – afin de transformer les geôliers en gardiens, éducateurs et réformistes. Des actions rapides s'en suivirent.

« Nous ne cessions d'utiliser beaucoup d'amour et de soins attentifs, donnant vraiment aux prisonniers de l'amour et des soins attentifs. Je leur ai permis la lecture, des services de cantine, de meilleurs soins médicaux, de meilleurs vêtements, la radio et des visites de l'extérieur... »

—*Kiran Bedi, Inspectrice Générale, Prison de Tihar*

Mustafa, un détenu étranger d'Afrique, commente :

Avant qu'elle n'arrive, des choses très dures, diaboliques, se passaient dans cette prison. C'était un endroit vraiment horrible. Depuis qu'elle a pris son poste, elle a transformé beaucoup de choses. Avant, nous étions considérés ici comme... je ne sais comment dire, c'est au-delà de toute description. Avec sincérité et un cœur plein de compassion, elle nous a montré que nous étions des êtres humains et que nous avions donc le droit d'être traités comme tels.

L'atmosphère à la prison de Tihar s'améliorait, mais Bedi recherchait un changement plus profond. De nombreux détenus désiraient changer mais par manque de savoir-faire, ne pouvaient faire face à leurs problèmes. Comment leur donner accès à ces compétences, aux qualités positives dont l'esprit humain a besoin ? La réponse vint, contre toute attente, d'un jeune officier de la prison, Rajinder Kumar, qui raconta à Bedi sa propre expérience de la méditation Vipassana :

J'étais un homme très coléreux. Il m'arrivait de me comporter comme une personne horrible mais, après avoir participé à un cours Vipassana, je suis complètement différent. Madame, si vous ne me croyez pas, demandez à ma famille, à mes collègues. Si vous permettez la mise en place d'un cours en prison, cela aidera tous les détenus.

꙳

En fait, cette technique avait été essayée auparavant dans d'autres prisons indiennes. En 1975, à Jaipur, les prisonniers avaient appris Vipassana pour la première fois. Les autorités avaient assoupli le règlement pour permettre à l'enseignant de rester dans la prison pendant le cours et avaient même autorisé l'enlèvement des chaînes des prisonniers dangereux, malgré les risques de sécurité. L'expérience de Jaipur s'était conclue pacifiquement et son succès avait entraîné d'autres cours dans d'autres prisons. À Baroda, le directeur de prison fut si impressionné par les effets de Vipassana sur les détenus, qu'il décida de participer lui aussi à un cours.

La coordination entre les prisonniers et le personnel s'est améliorée, ainsi que la relation entre les prisonniers et leurs familles. Les pensées de revanche telles que : « Une fois sorti d'ici, je tuerai cette personne, je ferai ci ou ça... » ont été complètement balayées.

—*R.L. Vora, Administrateur de Prison, Baroda, Inde*

꙳

Babu Bhaya a été condamné pour avoir tué trois personnes en cinq minutes durant un combat entre gangs. Après avoir suivi un cours de Vipassana à la prison de Baroda, il fut tellement rempli de remords qu'il implora les familles des victimes de lui pardonner.

Elles acceptèrent de mettre le passé derrière nous, et le jour de la fête « Rakhi », ces deux femmes sont venues et ont noué un cordon sacré à mon poignet, me prenant comme leur frère adoptif. Aujourd'hui, je veille sur leur famille comme si c'était la mienne.

꙳

Afin de préparer le terrain pour un cours de Vipassana à Tihar, Bedi envoya certains membres du personnel faire une retraite hors de la prison et invita les prisonniers à prendre part à un cours. Plus de 100 détenus et membres du personnel de la prison participèrent à ce premier cours en Novembre 1993. Kiran Bedi et son équipe étaient ravis. Ils avaient trouvé un remède et ne pouvaient faire marche-arrière. L'année suivante, un cours ambitieux pour plus de 1000 détenus fut donné dans la prison et un centre de méditation permanent établi dans l'un des pavillons de cellules.

> Cela a vraiment changé les gens. Ça a fait pleurer mes prisonniers, ils étaient en larmes. Ils avaient compris ce que la vie pouvait être. Ils avaient regardé à l'intérieur et avaient vu les sentiments de revanche, ils avaient vu la colère et leur manque de respect et le mal fait à la famille, à la société, et ils en ont pleuré. Ils voulaient devenir différents.
>
> —*Kiran Bedi, Inspectrice Générale, Prison de Tihar*

Kiran Bedi fut transférée de Tihar en 1995, mais grâce à ses efforts et ceux de ses successeurs et collègues, le programme des cours de Vipassana continue à s'y développer. Deux cours de dix jours par mois sont tenus au centre pénitencier, avec des volontaires servant leurs camarades prisonniers. Le processus de transformation des individus et de l'institution se poursuit.

⤳

> Le changement ne se fait pas facilement. Le changement, ça prend du temps. Je ne dis pas qu'après avoir fait un cours de Vipassana, bam ! Ma colère, mon tempérament vif, ont disparu d'un coup. Mais, tout ça tend à diminuer, diminuer, diminuer.
>
> —*Mustafa, détenu à Tihar*

Durant l'été 1999, une nouvelle référence dans la réforme des prisons fut établie avec le premier cours de vingt jours pour les anciens méditants à la prison de Tihar. De sérieux longs cours de méditation sont conduits dans des centres établis pour permettre aux étudiants, qui possèdent les compétences requises, de purifier leur esprit à des niveaux plus profonds et de progresser plus rapidement. Avec la coopération complète des autorités, ce fut la première longue retraite de Vipassana dans les murs d'une prison. Quinze détenus y participèrent, chacun ayant son propre espace de vie et de méditation. Le cours se déroula dans le respect parfait de la discipline, de l'emploi du temps et du noble silence ; à tel point que même le personnel fut impressionné par l'ambiance qui se dégageait durant ces trois semaines. Présent à une session organisée après le cours où les prisonniers parlaient de leur expérience, un ancien officier dit s'être senti comme dans un temple à écouter pendant une heure des discussions spirituelles, plutôt que dans une réunion de prisonniers ; il s'est promis de s'asseoir lui aussi à un cours dès que l'opportunité se présenterait.

Entretemps, Kiran Bedi était devenue commissaire de Police à Delhi et s'était assise pour son premier cours. En mars 1999, elle organisa, au Collège de Formation Policière à Delhi, une retraite de dix jours pour mille deux cents personnel de police.

> Une technique qui est efficace ici le sera sûrement partout dans le monde. Les prisons de l'Occident ou de l'Orient – homme d'Occident, homme d'Orient - il n'y a pas de différence ! Des différences de degré seulement, mais au fond, nous sommes tous les mêmes.
>
> —*Ram Singh, Enseignant de Vipassana*

Ouvrir les portes

> Une discipline compatissante dans le système correctionnel est notre plus grand espoir. Vipassana ne va pas remédier au problème du crime, mais nous orientera dans la bonne direction. Vipassana représente tout ce dont nous avons besoin : la discipline, le contrôle de soi, la moralité, la compassion et une compréhension enthousiaste de la loi de cause et effet.
>
> —*Lucia Meijer, Administratrice d'une prison américaine*

⤳

Je recommande que la méditation Vipassana soit disponible pour tout prisonnier, hommes et femmes. Personne ne peut entreprendre cette expérience sans en tirer un quelconque bénéfice. La personne doit le vouloir car ce n'est pas facile ! Mais la récompense est si grande. Je sais qu'il existe dans le système des gens qui comme moi veulent et ont besoin d'aide. Ils en ont assez de ces cercles vicieux de l'alcool, la drogue, la violence et du crime. Mais cela fait partie de leur vie depuis si longtemps, qu'ils ne savent pas comment s'en sortir. Vipassana leur offre une autre possibilité. En gestion interne, si on peut dire. Et Vipassana ne coûte rien ! Imaginez combien le fisc pourra économiser dans les années à venir, si la technique peut aider les détenus comme moi à être plus calmes et à développer une attitude plus positive envers le futur, aussi bien en prison qu'après leur libération.

—*Brian Worthing, détenu à Lancaster*

Les résultats d'une étude sur la récidive, après huit cours à NRF, la prison de Seattle, ont démontré que deux ans après avoir complété au moins un cours de Vipassana, les détenus récidivent moitié moins que pendant les deux années précédant leur cours (en moyenne, 1,5 récidivistes contre 2,9). Le taux général des résidents de NRF qui retournent dans le système carcéral durant les deux années suivant leur remise en liberté est de 75%. Pour ceux qui ont fait Vipassana, ce taux passe après deux ans à 56%.

Des classes d'orientation dans les semaines précédant une retraite ont permis aux futurs méditants de comprendre les règles de base de Vipassana et de se préparer pour le cours. Le nombre d'étudiants qui ont participé entièrement aux cours a augmenté en conséquence et les détenus méditent plus efficacement. En reconnaissance des progrès faits, l'Institut National de la Santé des États Unis financé une étude sur deux ans, conduite par une équipe de l'Université de Washington pour évaluer l'impact de Vipassana sur l'usage d'alcool et de drogues et sur les autres changements de comportement parmi les détenus. Entre-temps, début 2001, après deux ans de travail préparatoire avec le Shérif de San Francisco et le personnel de prisons locales, un cours pour les détenus a été conduit, suivis de plusieurs autres, à San Bruno, l'une des prisons de cette ville-phare. En 2002, deux cours de Vipassana ont eu lieu à la prison de sécurité maximale Donaldson aux alentours de Birmingham, Alabama, avec des résultats spectaculaires qui, sans aucun doute, seront source de recherche et de documentation dans le futur.

La recherche conduite par l'Institut de Sciences Médicales de l'Inde et par d'autres a démontré que la participation complète à un cours de méditation Vipassana augmente la conscience des détenus envers leurs émotions, et amène en conséquence une réduction des sentiments de colère, tension, hostilité, revanche et désespoir. La toxicomanie, les symptômes de névroses et psychopathologies diminuent aussi. Suite aux gains mesurables enregistrés, le gouvernement indien a recommandé que des cours de Vipassana soient organisés dans les prisons du pays. Aujourd'hui, des retraites de dix jours sont conduites régulièrement dans plus de quinze prisons en Inde.

Vipassana a été également utilisée avec succès dans un programme spécial de prison en Nouvelle Zélande. Le Te Ihi Tu Trust est un centre de réhabilitation soutenu par le gouvernement et géré par les Maoris, indigènes de l'île, pour les détenus Maoris, avant leur remise en liberté. C'est le seul centre du pays spécifiquement conçu pour les Maoris et embrassant « kaupapa », les valeurs, la culture et la pensée maories d'une manière holistique. C'est par l'influence d'un employé, Marua Wharepouri, que Vipassana a été incluse dans ce programme difficile pour les libérés conditionnels. Après avoir terminé son premier cours de dix jours, il avait été convaincu que cette technique pouvait aider les résidents à faire les changements nécessaires à leur vie. Ensemble avec un autre membre du personnel qui avait participé à un cours quelques années auparavant, ils mirent en place les préparatifs nécessaires à la conduite d'un cours dans les locaux du Te Ihi Tu Trust. Le site avait été autrefois une aile de l'hôpital New Plymouth et avait une signification traditionnelle pour les Maoris locaux. Les membres du personnel de Te Ihi Tu se montrèrent très enthousiastes et confiants et le premier cours se déroula en douceur, sans sentiment de conflit entre la pratique de Vipassana et la façon de vivre des maoris. Un étudiant commenta qu'ils avaient reçu un *taonga* ou trésor. Plusieurs cours ont eu lieu depuis.

✦

Toutes sortes de portes se sont ouvertes pour nous, prisonniers comme employés. Il n'y a plus de « nous et eux », il n'y a plus de culture de prison ici. Il y a seulement nous, et nous sommes Maoris, forts dans nos croyances et notre culture... je suis fier de ces hommes !

—*Te Wai, membre du personnel*

✦

Vipassana m'a aidé à faire face à de nombreux problèmes qui m'empêchaient de progresser.

—*Te Ara Puanga, ex-résident,*
maintenant en liberté et au travail

✦

Je vis dans une société où les gens partagent les mêmes problèmes que beaucoup d'indigènes à travers le monde : la pauvreté, la perte de leur langue natale et de leur identité, la colonisation et les systèmes d'éducation insuffisants. Comme partout ailleurs les autochtones, les jeunes Maoris, peuplent, de façon disproportionnée, les prisons en Nouvelle Zélande. J'en fais, moi aussi, partie.

Donc vous pouvez vous imaginer le type de personne que je suis et je n'irai pas dans les détails concernant mes expériences de vie qui furent terribles. Mais cette existence perturbée m'a amené à vivre dans ma tête et en retrait de la société. J'étais incapable de fonctionner sans blesser les autres et me détériorais au point de me faire du mal par confusion, frustration et désespoir.

Cette condamnation à une peine importante, m'a amené à m'évaluer pour mon propre bénéfice mais aussi pour le bien-être de mes deux merveilleux jeunes enfants. C'est cela qui m'a ouvert les yeux et m'a permis de m'adresser à la Fondation Te Ihi Tu avec le challenge d'apprendre la méditation Vipassana, dans le programme de réhabilitation. Trois mois de pratique continue et de changement continu m'ont apporté soulagement, contrôle de moi et l'envie d'un style de vie plus sain. Je sais maintenant que, moi aussi, je peux changer, c'est la loi de la nature.

—Tau Hae Ngaru, résident à Te Ihi Tu

Chapitre 8

LA BOUSSOLE – VIPASSANA
ET LES ENFANTS

Les adultes pensent que nous autres enfants n'avons pas de problèmes, mais nous en avons... Quand ma maman me manque, quand je m'inquiète à cause de mes devoirs, quand je me sens seule, quand je me mets en colère contre ma petite sœur. Pourquoi est-ce que je me mets dans des états pareils ? Est-ce que je ne peux pas cesser d'être de mauvaise humeur ? Trop souvent, tant que je n'ai pas obtenu ce que je veux, je me sens très mal et je déteste tout le monde ! Je ne veux pas être comme cela !

—*The Path of Joy, Veronica Logan,*
Vipassana Research Publications

∽❧

L'enfance est le temps de la découverte. Chaque instant peut apporter avec lui une nouvelle expérience. Chaque journée peut être une exploration de l'inconnu, pleine de promesses et de danger. C'est le moment où l'on commence à apprendre ce qu'est la vie, et comment la vivre. Mais de nos jours, apprendre la vie est plus dur que jamais pour les enfants : le monde change si vite ! Ils se sentent si facilement troublés ou indécis, et ils perdent très souvent leurs repères. Il y a une boussole que les enfants peuvent apprendre à utiliser, et avec elle ils peuvent trouver leur chemin dans la vie. Cette boussole s'appelle la méditation Vipassana.

—*The Compass, Karuna Films*

Cours sur mesure

Des cours de courte durée conçus spécialement pour les enfants et les jeunes sont donnés dans beaucoup de centres Vipassana, en Asie comme en Occident. La durée des cours pour enfants varie de un à trois jours en fonction de leur âge, du sérieux du cours et du lieu. Les jeunes, pour l'enseignement, sont divisés en deux tranches d'âge : 8 à 12 ans, et 13 à 16 ans. En général, ils résident au centre durant les stages de deux ou trois jours.

Les enfants qui viennent apprendre la méditation ont en grande partie les mêmes objectifs et espoirs que les adultes. Certains souhaitent « devenir plus agréables à fréquenter ». D'autres voudraient être capables de gérer des situations stressantes, ou avoir davantage confiance en eux. Certains connaissent la méditation par le biais de leurs parents ou de leurs amis, et pour d'autres il s'agit d'une expérience entièrement nouvelle.

Durant ces cours de courte durée, on enseigne aux enfants la méditation Anapana, le stade préparatoire à l'apprentissage de Vipassana. Les périodes d'Anapana et de conseils sont alternées avec des activités physiques et créatives, autour de thèmes se rapportant à la méditation.

Le cours commence avec une brève rencontre où des adultes bénévoles se présentent, montrent un plan du centre, et donnent des explications sur l'emploi du temps et les règles élémentaires que les enfants doivent respecter.

Puis les enfants entrent dans la salle de méditation où ils rencontrent les enseignants et reçoivent les premières instructions. D'abord, ils promettent de suivre un code de conduite morale pendant le temps où ils sont au centre – à savoir éviter tout propos ou toute action qui pourrait nuire aux autres et rendre leur propre esprit agité. C'est une partie essentielle de la technique, et cela aide les enfants à devenir suffisamment calmes et tranquilles pour être capables de regarder en eux-mêmes.

Puis ils commencent à méditer en apprenant la technique d'Anapana – conscience de la respiration, pour concentrer et calmer l'esprit. Il est demandé aux enfants de fermer les yeux et d'essayer de rester conscients de la respiration naturelle, qui entre et sort par les narines. Aussi simple que soit cet exercice, il peut se révéler étonnamment difficile : l'esprit se réfugie continuellement dans les souvenirs, l'imagination, les peurs, les désirs, et quelquefois dans le sommeil.

⤫

Quand on me dit ce qu'était la méditation et pourquoi les gens en font, je crois que ça m'a beaucoup aidée, et la première fois que nous avons médité j'ai essayé de faire de mon mieux parce que je savais que cela allait être bon pour moi.

—*Carla, 13 ans*

⤫

Comme cadeau d'anniversaire, mes copains étaient partis faire de la descente en rappel, et moi j'étais ici, en train de rater ça !

—*Meredith, 13 ans*

⤫

Vendredi après-midi, j'ai remarqué qu'il pleuvait et j'ai trouvé qu'il était difficile de méditer à cause de l'école. Il me trottait dans la tête des choses que j'avais entendues, parce que d'habitude le vendredi tout le monde est surexcité, et ça a été la course pour aller au centre. Le samedi matin, les oiseaux chantaient et j'ai pu méditer très facilement.

—*Peter, 13 ans*

Le travail consiste à ramener continuellement l'esprit à l'objet de méditation choisi jusqu'à ce que, petit à petit, il commence à y rester, à se concentrer. Naturellement, cela n'arrive pas du premier coup : cela demande du temps et des efforts.

~&

La respiration entre, sort, entre, sort... Soudain, j'ai réalisé que tous les singes que j'ai dans mon esprit avaient cessé de vagabonder... Je crois que je commence à être maîtresse de mon esprit et je me sens très paisible.

—*The Path of Joy, Veronica Logan*

Les enfants méditent pour des périodes d'une demi-heure d'affilée maximum. Après quoi, ils sont divisés en petits groupes et parlent de leur expérience, en compagnie d'un moniteur prêt à répondre aux questions, à dissiper toute confusion et à donner des conseils.

Bon, tu fais la queue à la cantine. Il ne reste que deux pommes de terre au four et tu as très faim, mais quelqu'un d'autre est derrière toi. Qu'est-ce que tu vas faire ?

L'emploi du temps, bien rempli, inclut des récréations et des périodes de repos. Au programme, il y a des jeux, des exercices physiques, diverses activités créatives et des moments pour raconter des histoires. Dans un cours, le groupe a conçu et fabriqué ses propres coussins de méditation. Dans un autre cours, ils ont peint des autoportraits grandeur nature qui ont été exposés le lendemain, avec des affiches explicatives, à l'occasion de la journée porte ouverte du centre.

Après quelque temps, les enfants prennent le rythme du cours. Ils s'amusent pendant les activités, deviennent amis les uns avec les autres et commencent à apprécier les sessions de méditation.

❧

Je ne sais pas ce qu'il en est pour toi, mais moi je me sens beaucoup mieux après cela !

Maintenir ses engagements à l'extérieur est difficile : ne pas dire de gros mots, ne pas rendre le mal par le mal même quand tu as été blessé. Et qu'est-ce que tu ferais si deux amis se mettaient à se bagarrer ?

Discuter au fil des expériences aide vraiment, et cela facilite la méditation proprement dite...

—Témoignages d'enfants recueillis après un cours,
Royaume-Uni, 1998

Ils commencent également à comprendre le but de ce qu'ils font. On leur a dit que l'esprit est un patchwork de qualités positives et négatives, et ils peuvent s'en rendre compte par eux-mêmes : un tourbillon de pensées les assaille pendant qu'ils méditent. Quand ils réussissent à maintenir leur attention sur la respiration, sur la réalité du moment présent, les pensées négatives se dissipent et la positivité demeure. La conscience de la respiration devient leur meilleure amie, toujours là pour les aider à surmonter les difficultés.

❧

Quand je suis arrivée, j'étais très soucieuse à cause de l'école, car j'ai eu une montagne de devoirs à faire à la dernière minute. Mais même si maintenant ça m'embête encore, je suis beaucoup plus détendue et j'arrive à relativiser. Plutôt que de stresser, j'essaie de penser à la manière de les faire rapidement et de travailler plus efficacement. Ce week-end m'a également permis de me rendre compte que je juge parfois les gens de manière négative, alors qu'en réalité je ne les connais pas. Désormais, je ferai plus d'efforts pour donner sa chance à chacun avant de me faire une idée définitive de qui il est.

—Petra, 16 ans

~&

Ma méditation marche bien, ça devient plus facile et plus naturel au fur et à mesure de la pratique. Je voudrais devenir plus attentif à tout ce qu'il y a autour de moi, surtout aux gens, et être plus concentré et vigilant. J'aimerais aussi pouvoir pardonner plus facilement : j'ai du mal à me réconcilier avec quelqu'un avec qui j'ai été ennemi. À part la méditation, ce que j'aime beaucoup au centre c'est l'environnement, l'atmosphère et les gens. Quand je suis ici, je me sens très loin de mes problèmes : il n'y a jamais de malveillance et la confiance règne – tout le monde est gentil, il n'y a pas de vol, tu n'as pas à fermer ta chambre à clé...

—Kim, 16 ans

~&

Je suis toujours impressionnée par les efforts qu'ils fournissent ; ils persévèrent vraiment dans leur méditation. Normalement, si les enfants n'aiment pas ce qu'ils font, ils abandonnent cette activité et vont faire autre chose. Mais ici, malgré les difficultés rencontrées, ils reviennent constamment à la respiration. C'est un changement très rafraîchissant, et ce faisant ils y gagnent quelque chose qui est une valeur sûre. Les cours constituent une merveilleuse occasion de travailler avec de jeunes enfants qui voudraient entamer un voyage spirituel, et qui sont prêts à écouter et à adopter quelque chose de nouveau.

—Reinette Brown est enseignante de cours pour enfants.
Elle enseigne également à une classe de maternelle
dans une école primaire en Angleterre.

Scolarité consciente

La technique de méditation Anapana n'est pas enseignée uniquement dans les centres Vipassana. Des écoles aussi ont demandé que des cours soient organisés, et elles laissent du temps aux enfants pour qu'ils méditent pendant leur journée d'école. Pourquoi ?

Partout dans le monde, l'enseignement moderne tend à privilégier l'acquisition des connaissances et les résultats académiques par rapport aux autres aspects du développement de la personne. Très souvent, les dimensions émotionnelle et spirituelle, tellement importantes dans la construction du caractère de l'individu, sont éclipsées ou négligées. Les parents et les écoles se rendent compte qu'il manque quelque chose, mais la plupart d'entre eux ne savent pas comment aider les enfants à grandir intérieurement. La méditation Anapana est une solution pour cela. En développant la conscience de soi par l'observation de la respiration, les enfants, à partir de l'école primaire, peuvent apprendre à regarder en eux-mêmes et à être en contact avec leurs propres besoins. La capacité de vivre dans le présent avec un esprit équilibré favorise à la fois une attitude positive et une perspective nouvelle sur la vie. Par leur propre expérience, les enfants reçoivent un message simple, direct et logique : en ne faisant pas de mal aux autres par leurs actions mentales, verbales et physiques, en fait ils s'aident eux-mêmes et aident les autres autour d'eux.

L'Inde est un pays laïc, où les écoles publiques n'ont pas le droit d'enseigner une religion en particulier. Beaucoup d'écoles ont accueilli les cours d'Anapana comme un moyen pour introduire une méthode éducative qui se concentre sur le développement total de l'enfant, qui soit universellement acceptable et libre de toute controverse. Inculquer les valeurs humaines est au cœur de l'enseignement, mais enseigner la moralité à la jeune génération est difficile et peut même se révéler contre-productif, à moins qu'une technique efficace ne soit disponible pour exercer l'esprit. Les cours d'Anapana répondent à ces deux aspects du problème.

Dans certaines écoles, la méditation Anapana a été introduite comme partie intégrante du programme, avec une période de pratique quotidienne d'une demi-heure. Ailleurs, c'est toute l'école qui pratique cinq à dix minutes tous les jours, et chaque année des cours de révision ont lieu.

Il est demandé aux enseignants de l'école de participer aux cours avec les élèves, afin qu'ils puissent montrer l'exemple et devenir leurs partenaires dans cette activité constructive. Les enfants se méfient des leçons de morale et n'aiment pas les sermons, mais quand ils voient leur enseignant engagé dans l'activité même qu'il leur demande d'accomplir, ils s'y mettent volontiers et avec empressement.

✧

J'aime méditer parce que cela m'aide beaucoup, même après un petit cours de deux jours. Je vais pratiquer et je ne vais pas abandonner. J'étais très heureux d'apprendre que nous allions méditer à l'école tous les matins.

—*Mohammed, 13 ans*

✧

Se concentrer sur la respiration ne demande pas beaucoup d'effort, car nous nous concentrons sur quelque chose que nous avons déjà, et il est très facile de se concentrer sur cela. Bien sûr, au départ, vous vous sentez agité, mais par la suite, cela ne requiert plus vraiment d'efforts.

—*Rajesh, 16 ans*

✧

Une fois, je me disputais avec une de mes copines, et j'étais sur le point de lui crier après, et puis non, j'ai pensé : « Je ne peux pas faire ça ». Alors je me suis juste concentré sur ma respiration pendant environ une minute, et alors tout est simplement redevenu normal... Je n'ai pas crié.

—*Nassim, 16 ans*

✧

Le cours de méditation a certainement été une étape très positive sur le chemin de l'auto-amélioration. Nous autres

adultes avons également beaucoup appris, et je sens déjà
les changements en moi : j'aborde la vie de manière plus
pro-active, et cela ne peut que s'améliorer en méditant
régulièrement. Cela a également apporté de la sérénité,
et je crois sincèrement que cela devrait être intégré au
programme scolaire.

—*Manju Rajan est professeur à la Gitanjali Senior School,*
Hyderabad, Inde.

Les questionnaires envoyés aux parents et aux enseignants confirment l'impact des cours sur le comportement des jeunes. Les aspects négatifs comme la tendance à
se disputer, les injures, la perturbation des cours et divers
complexes psychologiques diminuent. Simultanément, les
aspects positifs tels que l'honnêteté, la serviabilité et la
confiance en soi s'améliorent. Les résultats scolaires des
élèves qui continuent à méditer à la maison ou à l'école pro-
gressent également, car la méditation contribue à améliorer
la concentration et la mémoire.

De cette manière, des milliers d'enfants et de jeunes,
en Inde, font l'expérience des avantages de la méditation
Anapana, et pas seulement dans les écoles traditionnelles,
mais également dans des institutions spécialisées telles
que des établissements correctionnels pour mineurs, des
orphelinats, des centres de réinsertion et des écoles pour
enfants aveugles ou handicapés.

Une première prise de contact a eu lieu avec des écoles
en Australie, en Amérique du Nord et en Europe, à la suite de
quoi des petits groupes d'enfants ont commencé à pratiquer
Anapana. En Allemagne, une école a envoyé toute une classe
au centre pour un cours résidentiel de trois jours. Aux Etats-
Unis, un programme d'Anapana a été organisé dans un camp
de vacances à Washington, et en Californie les enfants sont
invités à rejoindre un cours au centre Vipassana local.

◌

Karen Donovan, professeur des écoles et enseignante dans les cours pour enfants aux Etats-Unis, se souvient de la manière dont la technique a aidé un petit garçon lors d'une situation d'urgence imprévue :

Il y a quelques années de cela, Andrew, l'un de nos élèves qui avait participé à un cours pour enfants, est tombé malade pendant notre voyage de classe de fin d'année, une sortie en camping. La semaine qui a suivi notre retour, il a été hospitalisé et a frôlé la mort, suite à une très forte réaction allergique à certains médicaments qui lui avaient été administrés pour soigner sa maladie. Son corps tout entier, à l'intérieur et à l'extérieur, s'était mis à enfler et à se boursoufler. Les médecins pensaient qu'il perdrait la vue et qu'il présenterait des lésions cérébrales, si tant est qu'il survive – et ses chances de survie étaient minces. Son frère aîné Casey (notre ancien élève), qui était lui aussi venu au cours pour enfants, le veillait à ses côtés avec leur mère, Katherine, qui n'a suivi aucun cours. Katherine nous a raconté plus tard que Casey avait sans cesse rappelé à Andrew, chaque fois que ce dernier reprenait conscience, d'observer sa respiration et de pratiquer Anapana. Il savait qu'Andrew était confronté à une douleur atroce, et il pensait que cela l'aiderait peut-être à la supporter. Plus tard, Andrew a raconté qu'il avait fait usage d'Anapana pendant son séjour à l'hôpital, et que cela l'avait aidé à faire face à la douleur, ainsi qu'à l'ennui dont il a fait l'expérience pendant les longues semaines de convalescence.

Andrew a tout à fait récupéré et il a complètement regagné la vue. L'année suivante, lorsque le cours pour enfants a eu lieu de nouveau, les deux frères y ont tous les deux participé et ont pratiqué très sérieusement. Andrew, qui a tendance à se moquer des autres enfants, m'a dit qu'il espérait qu'Anapana l'aiderait à se débarrasser de cette habitude, parce qu'il sait qu'agir ainsi blesse les autres, et que c'est mal. Il m'a expliqué : « Il faut que je prenne le contrôle de mon esprit pour arriver à m'empêcher de faire ça. »

De nos jours, dans les pays occidentaux, même les pré-adolescents sont de plus en plus sophistiqués, conscients de leur image et enclins à la pression des pairs, ils se conçoivent eux-mêmes comme de jeunes adultes plutôt que comme des enfants. Bien que, pour la plupart d'entre eux, une identité religieuse forte ne leur ait pas été inculquée pendant leur éducation, ils peuvent avoir une disposition à la spiritualité. Ils posent des questions et sont curieux, mais ils se bloquent lorsqu'on leur dit que "les choses sont ainsi". Ils ont une conscience sociale et environnementale ; ils ont un sens de la justice et ont la capacité de mener une réflexion intellectuelle sur des questions d'ordre moral. Et ils sont partants si on les invite à regarder en eux-mêmes et à découvrir tout seuls pour eux-mêmes ce qu'est la réalité. Ils ont envie d'avoir accès aux secrets de l'esprit. Apprendre Anapana les aide à combler l'écart entre la compréhension intellectuelle et la capacité à agir en accord avec elle. Pour les parents également, c'est l'occasion d'une formation spirituelle authentique, libre de tout engagement religieux.

∿

Olwen : Les cours les aident à comprendre les fondations, le code moral, et après vous essayez de les mettre en pratique, non ? Par exemple, vous ne prendriez pas spontanément ce qui ne vous appartient pas, car vous ne verriez pas l'intérêt de faire cela...

Stephanie : Quand vous connaissez les cinq "promesses", vous essayez de ne pas trop les enfreindre. Par exemple vous évitez de contrarier les sentiments d'autrui, de mentir ou de marcher délibérément sur un insecte...

Steve : En soi, c'est une vraie réussite, car, bien qu'elle suive des cours d'éducation religieuse à l'école, au fond ça ne veut rien dire du tout. C'est une matière scolaire qui est enseignée à partir d'un certain point de vue, avec son propre dogme et ses objectifs particuliers. Les élèves veulent juste réussir leurs contrôles, et passer au niveau supérieur dans le cursus scolaire. Ça n'a pas vraiment de sens.

—Olwen est horticultrice, Steve est infirmier et Stephanie, 15 ans, étudie au collège local. Conversation entre les membres de la famille Smith, Liverpool, Royaume-Uni.

Lorraine Mitchell a aidé bénévolement à la tenue de cours en Inde, ainsi que dans son Australie natale :

« En tant qu'éducatrice et aide à domicile, je suis censée ne pas trop mettre de pression sur les enfants en les orientant dans une direction particulière, et je dois laisser à chacun d'eux tous les choix ouverts. Il est regrettable que cela ait conduit à une sorte de paralysie de la part des gardiens de l'éducation de nos enfants et à un sentiment de fardeau écrasant pour nos jeunes. Parce qu'ils ont de jeunes esprits malléables, ils nous demandent de leur montrer comment se fermer aux expériences qui peuvent leur faire du mal ou faire du tort aux autres. Servir de guide aux enfants pour qu'ils trouvent l'harmonie ne peut pas être dangereux. Au contraire, encourager les enfants à s'efforcer de vivre une vie harmonieuse et bénéfique constitue un de nos impératifs en tant qu'être humain. »

La différence que va faire un cours peut même surprendre leur professeur :

Le contraste a été vraiment frappant. La même classe de 23 adolescents chahuteurs, qui avait auparavant coutume de se montrer insupportables avec tout le monde dans le train, bavarde maintenant tranquillement en rentrant à la maison après l'école, ils offrent leurs sièges et reçoivent des compliments de la part des autres passagers.

—Peter Baumann est professeur dans le secondaire dans le sud de l'Allemagne. Sa femme Anita et lui sont également enseignants de cours pour enfants.

Des têtes sages sur de jeunes épaules

Après un cours, parents et enseignants espèrent que les enfants vont continuer à pratiquer régulièrement Anapana à la maison. Cela se passe ainsi dans certains cas, mais le plus souvent ils reviennent à la méditation de temps à autre, en réponse à des situations ou à des besoins spécifiques.

On ne peut pas mesurer facilement ce que l'expérience de la méditation a apporté à quelqu'un. C'est parfois juste comme d'avoir planté une bonne graine, ou nourri un arbuste. Cela peut encourager quelqu'un à prendre un cours de Vipassana en entier quand on se sent prêt pour cela, afin d'apprendre à purifier l'esprit à un niveau plus profond. Ce qui équivaut à compléter le travail, en ajoutant un toit au plancher et aux murs de sa cellule de méditation.

~&

J'ai appris l'existence de ce type de méditation lorsque j'avais neuf ans, par l'intermédiaire de ma tante. Depuis, j'ai participé à de nombreux cours pour enfants. La méditation a sans aucun doute influencé la manière dont j'aborde la vie. J'ai appris à faire face à des situations de colère ou de frustration et j'ai appris à me dire : « Sois calme, respire ! ». Ce type d'attitude contraste avec celle de beaucoup de mes amis, et j'espère qu'ils ont remarqué de quelle manière je réagis, et qu'ils en ont tiré quelque chose... Les cours ont été merveilleux : j'y ai fait beaucoup de rencontres, de tous les âges, et j'ai pu me réjouir d'être à la campagne (je ne vois pas ça tous les jours en ville). Mais je trouve que méditer est vraiment plus difficile à la maison, car aucun de mes parents ne pratique. J'essaie de méditer un jour sur deux, et dans des périodes stressantes, comme pendant les examens. En retournant au centre pour ces cours, j'apprends davantage et je peux donc progresser dans ma pratique. J'espère bientôt être capable de suivre un cours entier de 10 jours, et après l'université je compte visiter l'Inde et peut-être faire un cours là-bas.

—*Tracey Shipton, 17 ans, vit à Londres. Elle travaille dans une start-up pendant son année sabbatique, avant de commencer des études supérieures.*

∽❧

Avec l'accord de ses parents, un jeune peut prendre un cours de Vipassana à partir de l'âge de 16 ans. Sarah Brightwell, australienne, qui a participé à sa première retraite à l'âge exceptionnel de 10 ans, se souvient d'un moment décisif :

Ce jour-là a probablement été le meilleur jour du cours. J'étais pleine de colère, de méchanceté, de malveillance ; j'étais prête à ne rien faire que je n'aie décidé moi-même de faire, et je ne me privais pas de le montrer du mieux que je pouvais. Mais cette nuit-là, à une heure tardive, je me suis rendu compte que ça avait été la journée où toutes mes négativités ne m'ont plus aimée, et ont décidé de s'en aller vers quelqu'un d'autre, et je me suis soudain sentie heureuse.

∽❧

Kim Burgess, aujourd'hui à l'université, a également participé à un cours de 10 jours avant l'adolescence, et depuis elle a toujours pratiqué :

Il est difficile pour moi d'imaginer ce qu'aurait été ma vie sans l'outil Vipassana, car il est devenu purement et simplement partie intégrante de ma vie. Alors que j'étais encore très jeune, je me souviens avoir cherché un sens à ma vie, en me demandant pourquoi nous étions ici, au milieu de tant de malheurs, et pourquoi le sentiment de joie était aussi éphémère. Vipassana m'a apporté les réponses... Cela m'a apporté une profonde sécurité intérieure et une grande autonomie, avec la prise de conscience que je ne peux rien reprocher à qui que ce soit, mais plutôt que je suis la seule responsable de mon avenir.

~&

Dans le cas de Kamala Gedam, une jeune fille de 17 ans qui vit dans le sud de l'Inde, Vipassana aide à soulager des périodes difficiles :

J'avais coutume de passer par des phases de dépression (mais sans raison évidente), et par des périodes où je me montrais rebelle. Cela m'arrive encore parfois, comme à la plupart des adolescents. Mais maintenant, je vois bien que, par rapport à avant, je perds moins de temps à ressasser mes problèmes ou à me sentir amorphe. La façon dont j'envisage mes études a également changé. Réputée pour ma nature rebelle, je me suis sans aucun doute calmée et je suis devenue plus optimiste.

~&

La pratique de la méditation aidera toujours quelqu'un à grandir dans le Dhamma, mais il se peut que cela ne soit pas pour tout le monde. Un environnement familial aimant, respectueux et encourageant va aider les enfants à faire leurs propres choix de manière avisée.

Je n'ai jamais senti que le but de jeunesse de Stephanie était d'apprendre à méditer. J'ai toujours ressenti que la méditation faisait partie de son Dhamma, que c'était le cadeau de son Dhamma, à savoir un mode de vie sain. Et grâce à nous, chaque aspect de la vie de Stephanie est inondé de Dhamma. Les parents ont une immense influence sur un enfant et, si nous nous y prenons bien, elle va acquérir tellement de choses positives que, lorsqu'elle sera capable de choisir elle-même le style de vie qu'elle veut mener, elle sera pleinement en mesure de prendre une décision en connaissance de cause et de faire un bon choix. Je veux juste qu'elle voie que, dans Vipassana, il y a quelque chose que nous trouvons vraiment précieux, qui représente la chose la plus importante dans nos vies, et qu'on lui permette de grandir aussi normalement que possible.

Nous sommes honnêtes avec elle. Nous ne jouons aucun jeu. Elle sait que nous voulons qu'elle « s'appartienne à elle-même », et nous essayons de l'aider à y parvenir.

Il est vraiment nécessaire qu'elle y vienne de par son propre libre-arbitre, au moment qui sera le bon pour elle, et cela ne doit pas nécessairement se faire par la méditation.

—Conversation entre les membres de la famille Smith,
Liverpool, Royaume-Uni.

꩜

De leurs premiers pas à l'adolescence, les parents aussi trouvent que le fait d'avoir des enfants dans la famille a beaucoup à leur apprendre.

Être parent est probablement l'un des métiers les plus difficiles et les plus délicats dans notre société. Cela requiert une patience infinie. Pour être véritablement un bon parent, vous devez avoir un amour infini et un détachement total. Est-ce que ce ne sont pas là les qualités que le Dhamma nous enseigne ? L'arrivée de votre enfant constitue un test idéal pour évaluer si vous avez déjà cultivé ces qualités en vous grâce à votre méditation. Viennent d'abord ces nuits sans sommeil après la naissance de votre bébé. Quand ma fille est née, j'ai dormi trois heures par nuit et médité deux heures par jour pendant des semaines. Puis viennent les caprices et les crises de colère, sans parler des exigences constantes et de la privation totale de toute forme de liberté. Mais le pire de tout est l'attachement, le formidable attachement que vous développez pour votre enfant. Vous devez vous observer très attentivement. Voyez combien de parents gâtent ou même anéantissent leurs enfants avec leur fort ego et leur attachement excessif : « Mon enfant devrait être comme ci, il devrait être comme ça. »

—Sachiko Weeden est propriétaire d'une école au Japon.

꩜

Avec tous les changements qui accompagnent l'arrivée d'un petit enfant, j'ai perdu le rythme de vie que j'avais adopté pendant ma grossesse, et je n'ai plus été en mesure de méditer régulièrement. J'ai senti à quel point cela m'a affectée et m'a affaiblie. Par conséquent, j'ai été très heureuse de pouvoir participer à mon second cours de 10 jours, un an et demi après, pour recharger mes batteries !

—*Susan Weber en Suisse vit avec son mari et leur petite fille.*

⁓❧

Amala, une actrice indienne connue, a également participé à une retraite alors qu'elle était enceinte de son premier enfant :

Durant la grossesse et l'accouchement, j'ai pratiqué la méditation, et j'ai progressivement découvert ma force intérieure, nettoyé mes négativités et émis consciemment de la *mettā*. J'ai eu de longues communications de *mettā* avec le bébé dans mon utérus, l'accueillant dans le monde et lui offrant mon amour. Tout cela peut sembler idiot, mais toute mère qui attend un enfant fait certaines expériences profondes liées à la nouvelle vie qui grandit en elle. Lors de l'accouchement, Akhil est né avec les yeux grand ouverts, et il clignait des yeux. Tout le monde a commenté sur le fait qu'il était paisible. Alors je souriais et répondais : « C'est un bébé du Dhamma. »

Pendant le cours, j'ai éprouvé très fortement le lien entre Akhil et moi. Le Dhamma m'a aidé à comprendre qu'il ne m'appartient pas. Je suis seulement celle qui prend soin de lui – son guide. Il a maintenant quatre ans et demi. Il m'a toujours laissée méditer matin et soir sans faire d'histoires. Tout au plus, il me rejoint silencieusement dans la pièce où je médite, et pose sa tête sur mes genoux jusqu'à ce que j'aie fini, ou bien il me chuchote dans le creux de l'oreille ce qu'il veut me dire, et je lui réponds en chuchotant, tout en gardant les yeux fermés. Parfois, quand il est très irrité, comme cela arrive aux enfants de quatre ans, je lui dis qu'il peut rapidement se sentir bien s'il observe sa respiration. Alors il ferme les yeux pendant quelques secondes, puis il part en courant tout heureux. Il se peut qu'il ne fasse pas consciemment ce que je lui dis de faire, mais au moins comprend-il qu'être heureux ou malheureux constitue un choix ! Il comprend également l'importance du silence. Quant à mon besoin de participer à plus de cours – être absente pendant dix jours de suite – il l'accepte sans poser de questions. Les séparations l'ont rendu plus sage et plus indépendant que la plupart des enfants de son âge. Avec la réduction de la colère et de l'impatience grâce à Vipassana et au pouvoir de *mettā*, chaque journée est une merveille et une joie pour une mère et son bébé du Dhamma.

⁓❧

Steve Rann est bâtisseur et Gabrielle est acupunctrice. Ils se sont rencontrés en Australie, ont déménagé pour aller vivre dans la campagne galloise, puis se sont installés en Angleterre pour élever leur famille.

Avoir des enfants est vraiment une bénédiction sans prix. [...] Leur esprit est juste là, à la surface, mais pour ce qui est des habitudes, ils se rapprochent beaucoup des adultes. [...]

Il est fascinant de voir comment deux garçons de même origine peuvent être si différents, de voir comment leurs qualités individuelles sont développées ou étouffées par des environnements différents, et cela nous donne une responsabilité. [...]

Le Dhamma est quelque chose à partager, en famille, avec des amis ou dans notre vie professionnelle. C'est important pour les enfants de connaître des gens qui méditent, et qui sont aussi des personnes normales qui savent s'amuser. Quand ils grandiront et qu'il leur faudra gérer des choses telles que l'alcool ou la drogue, s'ils connaissent des gens qui ne touchent pas à ces produits, refuser ne leur semblera pas aussi bizarre. [...]

Les enfants m'ont aidé à devenir plus compatissant et plus patient non seulement avec eux, mais aussi avec les adultes. [...]

Ils ont été de très grands enseignants pour nous.

—*Conversation avec les membres de la famille Rann,*
Hereford, Royaume-Uni.

Une autre manière de grandir

C'est un défi au début, mais c'est aussi un plaisir. Il est bon de se regarder soi-même...

Beaucoup de gens perçoivent la méditation de différentes manières. Ils pensent que c'est une perte de temps. Mais si vous le faites sincèrement, vous aurez toujours un bon fond, serez honnête et digne de confiance, et vous deviendrez une des personnes préférées des gens autour de vous. [...]

—Témoignages de jeunes recueillis après un cours.

En Inde, jusqu'à une date récente, la méditation était associée à la vieillesse et au retrait de la vie active. Mais désormais, les étudiants d'université constituent le groupe majoritaire qui participe aux cours de Vipassana, et un centre a même été établi sur le campus d'une université. Bien que la méditation ne soit pas une activité aussi courante en Occident, le programme des cours pour jeunes se développe et donne des résultats très encourageants. Les écoles sont dépassées par le nombre croissant d'enfants ayant des problèmes de comportement ou des troubles du déficit de l'attention. La méditation Anapana a un potentiel énorme pour améliorer cette situation, et l'intérêt va sans doute s'accroître au fur et à mesure que les bénéfices qu'en retirent des enfants de tout âge deviennent connus par un public de plus en plus large.

Une grande partie de ce qui s'offre aujourd'hui aux enfants est basé sur le matérialisme et sur une satisfaction instantanée des désirs. À travers la méditation, les jeunes apprennent une approche différente – une manière de regarder en soi pour résoudre leurs problèmes. Avec la boussole de la méditation entre leurs mains, ils trouvent un chemin qui les mène à leur propre bonheur et au bonheur des autres.

CHAPITRE 9

L'ESPRIT GUÉRISSEUR —SANTÉ ET VIPASSANA

L'aventure : l'alpinisme, l'escalade, la randonnée, le rafting en eaux vives, le canoë, la spéléologie, la descente en rappel, les camions, les autobus, les voitures, les motos, les vélos, les avions, les hélicoptères, l'auto-stop et les voyages. J'ai tout essayé, tout expérimenté, soit pour essayer de vaincre la peur soit pour voir jusqu'où je pouvais m'approcher de l'extrême limite, comme je l'appelle, ou de la mort : cette grande terreur. En méditation, la mort arrive à chaque expiration, comment voulez-vous l'approcher d'encore plus près ?

—Nat Cohen a suivi son premier cours de Vipassana à Cyrenian House, un centre de réhabilitation pour drogués à Perth, Australie où il travaillait comme collecteur de fonds de bienfaisance.

~&

Siddhartha Gotama a grandi en prince, entouré de tout le luxe d'une maison royale. Bien que depuis son enfance il eût préféré la vie méditative, son père voulait qu'il devînt un grand monarque. Le roi fit de son mieux pour détourner son attention des choses du monde et pour le soustraire aux dures réalités du quotidien. Cependant, l'histoire raconte que lors de diverses promenades, Celui qui allait devenir le Bouddha rencontra un homme flétri par l'âge, un homme malade, un mort et un moine. Ces incidents l'amenèrent à réfléchir sur la souffrance et à désirer trouver le moyen de s'en libérer. Il décida d'abandonner palais, famille et carrière pour partir en quête de la vérité. Ce fut un voyage de six années, qui l'emmena au-delà des extrêmes de l'indulgence et de l'auto-torture à la pratique de Vipassana, jusqu'à l'accomplissement de son illumination totale de Bouddha.

Éprouver ses limites par les voyages et l'aventure était jadis réservé aux excentriques. Aujourd'hui, semble-t-il, tout le monde le fait. Parfois des explorateurs bouclent la boucle, comme le Bouddha, et se trouvent. Ils en viennent à comprendre que le monde extérieur se trouve en fait à l'intérieur et qu'en méditation, on rencontre la version non expurgée de soi-même et qu'on apprend à la gérer.

Corps-Esprit

Qu'est ce bien-être que nous recherchons ? La bonne santé nécessite un état d'équilibre total entre le corps, l'esprit et l'environnement, la maladie est ce qui nous arrive lorsque cet équilibre est rompu. Une personne est une combinaison de facteurs, aux plans physique, mental et social. Chacun d'eux contribue à l'évolution de notre état de santé. Mais parmi eux, c'est l'esprit le plus important parce qu'il est la force directrice centrale de notre vie entière et de nos actions. Vipassana est une technique scientifique d'observation de soi, au sein de la structure de son propre esprit et de son propre corps, un moyen de guérison par l'observation et la participation aux lois universelles de la nature (Dhamma). Cette technique opère sur nos pensées, nos sentiments, nos jugements et nos sensations. Elle vise à l'éradication totale des négativités et conditionnements mentaux pour atteindre la véritable paix de l'esprit et pour mener une vie heureuse et saine. L'enseignement de Vipassana est ouvert aux gens de tous horizons disposant d'une santé physique et mentale raisonnablement bonne. Cependant, même les personnes malades peuvent y participer, à condition que ces personnes soient capables de se conformer au code de discipline, de suivre les instructions de méditation et de pratiquer selon les règles, et à condition que les installations et les aides adéquates soient disponibles dans le centre pour répondre aux besoins individuels. Des cours spéciaux de Vipassana, ont été adaptés et dispensés avec succès auprès d'étudiants malvoyants, de personnes atteintes de la lèpre, de drogués et d'enfants des rues.

Il existe quantité de preuves des effets positifs de Vipassana dans nombre de troubles de la santé, physiques ou mentaux. De tels bienfaits sur la santé sont des effets secondaires de la pratique de la méditation profonde, mais ils ne constituent pas son objectif principal. La guérison— pas celle des maladies, mais essentiellement la guérison de la souffrance humaine—tel est le but de Vipassana.

~&~

Je suis né avec une scoliose, une malformation de la colonne vertébrale. J'ai passé la plus grande partie de mes années d'enfance dans une orthèse corporelle avec trois colonnes d'acier inoxydable sortant du col de ma chemise, supportant une mentonnière en plâtre et un cale-nuque. Je ne m'y suis jamais habitué et je n'ai jamais pu l'accepter non plus. J'ai développé mes propres mécanismes de survie pour grandir et j'ai réussi à atteindre la puberté avec peu de difficultés apparentes. Pourtant, le début de mon adolescence fut un cauchemar qu'il a été moins facile d'ignorer. Très tôt, je me suis mis à boire de l'alcool, à consommer des drogues et d'une manière générale à rejeter la vie de mon enfance. À 14 ans, je n'étais plus contraint de porter le corset mais j'étais entré dans une autre cage que j'avais moi-même construite, celle de la maltraitance physique systématique. J'ai commencé à voyager et suis entré en contact avec la technique de Vipassana.

Pendant environ neuf ans, ma vie s'est stabilisée. J'ai travaillé, j'ai eu une relation amoureuse, j'ai étudié pour obtenir mon diplôme et je me suis de plus en plus engagé dans la pratique de Vipassana. Les premiers bénéfices que j'avais ressentis pendant mes deux premières années de pratique, un sentiment croissant de calme, un espace détaché du monde habituel de réaction et d'agitation, avaient fait leur chemin. Dans ma pratique, sans en faire aucunement une obsession, je commençais à dénouer presque trente ans de nœuds et de tensions qui s'étaient formés autour de ma malformation. Une merveilleuse libération à la fois biologique et naturelle s'opérait. J'ai commencé à m'apercevoir que toute ma propre misère n'était que ça, n'appartenait qu'à moi. Tous les gens autour de moi avaient leurs propres difficultés, physiques, mentales, émotionnelles, sociales, quelles qu'elles soient, nul n'était exempt de difficulté. En fait, il me semblait que j'étais relativement libre en comparaison. Comme le dit Goenkaji, il est très facile de conserver son équanimité envers les réalités grossières, ce sont les moins évidentes qui causent des difficultés.

L'attitude que j'avais développée de longue date d'afficher un sourire à l'égard de ma propre malformation commençait maintenant à véritablement se fonder sur l'auto-compassion et l'équanimité. Mon attitude envers ma propre condition physique devint progressivement très claire. J'étais davantage préoccupé par ce à quoi je ressemblais plutôt que par ma façon d'être. Pendant la majeure partie de ma vie, j'ai accueilli avec bonheur et aisance toute assistance qu'elle soit requise ou offerte mais je n'avais jamais été capable d'accepter que mon corps soit déformé. Il s'agissait d'une acceptation fondamentale pour moi et qui était essentielle pour que je puisse effectivement progresser. Et de nouveau, une fois cette réalité affrontée, il me devint plus facile de voir comment ma pratique quotidienne et mon immersion grandissante dans le monde de Vipassana démantelait cette névrose très superficielle mais qui m'emprisonnait.

—*Dave Lambert a servi des cours de Vipassana dans de nombreux pays du monde.*

∽❧

Il n'y a pas si longtemps, les choses étaient très différentes pour la jeune femme en bonne santé et pleine de confiance travaillant pour une société d'exportation, qui aime la vie et les études et qui médite dès qu'elle a du temps libre.

Au cours de mon adolescence, j'ai développé des troubles alimentaires, la boulimie puis l'anorexie. J'ai fait une tentative de suicide et ai subi des traitements psychiatriques dans de nombreux hôpitaux. Au cours du traitement médicamenteux pour mes symptômes, j'ai commencé à abuser d'autres substances chimiques et de drogues aussi bien que d'alcool. À l'âge de 20 ans, je souffrais d'une inquiétante maigreur, de malnutrition et d'un déséquilibre hormonal et biochimique extrême. Mon cycle menstruel avait complètement cessé.

Désespérée par les traitements inefficaces, mentalement et physiquement épuisée, quelqu'un me suggéra alors d'essayer Vipassana. Des changements lents mais appréciables s'ensuivirent. Il devint évident pour moi qu'il fallait que je médite plus. Après deux ans de pratique et plusieurs cours, je pus me libérer de toutes sortes de drogues et ressentis un grand soulagement dans mes symptômes physiques. Petit à petit, le Dhamma est en train de guérir tous les aspects de ma vie.

—Laura Tolver, âgée de 25 ans, s'est assise à son
premier cours au Népal.

∽❧

J'étais encore très jeune lorsque mon père a développé une tumeur au cerveau, est devenu aveugle et a fini par mourir. À la suite de cela, depuis ma plus tendre enfance, je suis devenu bègue et naturellement, au cours de mon adolescence, j'ai souffert d'un manque de confiance en moi handicapant. Toutes ces choses me laissèrent un certain nombre de blessures mentales qui continuèrent à m'affecter par la suite.

Vers 20 ans, je suis entrée à l'université pour étudier la Philosophie et l'Anthropologie et c'est à cette époque que j'ai suivi pour la première fois un cours de méditation Vipassana. La technique enseignée offrait une manière de vivre dans l'instant avec une attitude qui développait un équilibre d'esprit rassérénant qui, je trouvais, m'aidait à développer respect de soi et confiance. Je réalisai que mon trouble de la parole était en grande partie le résultat combiné de l'angoisse et de la peur de me trouver dans des situations que j'étais incapable de gérer. Comme je continuais la pratique de la méditation, je sentis que cette angoisse et cette peur diminuaient lentement mais régulièrement et que mon bégaiement s'en trouvait atténué.

Bien que j'eusse essayé de nombreuses thérapies avec des orthophonistes, je trouvais que leur efficacité était faible et qu'elles étaient basées sur une simple modification du comportement sans s'attaquer aux causes originelles, tandis que Vipassana traitait ces causes originelles et laissait les modifications du comportement se produire naturellement.

—Tim Lewis, constructeur et architecte, vit à Auckland, Nouvelle Zélande avec son amie de longue date. Ils pratiquent toujours Vipassana ensemble.

❧

Soudainement, à l'âge de 43 ans, un médecin pratiquant la méditation eut un accident vasculaire cérébral qui le priva de la parole et de l'usage de ses jambes. Couché dans l'ambulance, conscient que sa vie était en danger, il commença à méditer. En l'espace de quelques jours, il put de nouveau bouger et recouvrit lentement l'usage de la parole. Cependant, il n'était pas question de travailler normalement. Dans cette situation fâcheuse, qui allait payer les factures, envoyer les enfants à l'université, et soutenir les parents âgés ? Il fréquenta un centre de rééducation pour les victimes d'AVC mais, au fond de lui, il doutait de pouvoir surmonter son handicap. Malgré tout, il prit sa retraite prématurément de son poste de cadre supérieur, et continua à méditer avec l'aide de sa famille et d'amis. En douze mois il récupéra admirablement, s'assit pendant une retraite de trente jours et fut nommé assistant-enseignant de Vipassana. D'une certaine façon, le trauma avait produit un changement favorable. Il retourna travailler en ophtalmologie, sa spécialité, et les soucis d'argent s'évaporèrent. En ce qui concerne sa manière d'être, les anciennes agitations et irritations avaient disparu. Il se sentait désormais calme et appréciait particulièrement chaque opportunité de méditer et de partager ses bénédictions de toutes les manières possibles.

—Le Dr Sonny Oo vit avec sa famille
dans le nord de l'Angleterre.

~♦~

Avant mon premier cours, je souffrais de fréquentes migraines, d'une tension artérielle très élevée et de quelques symptômes de la ménopause. Depuis que j'ai commencé à pratiquer la méditation Vipassana, cela a changé. Sans avoir consommé aucun analgésique, les migraines ont diminué et ma tension artérielle est normale. Les symptômes de la ménopause que j'avais vécus comme gênants auparavant (insomnies et changements d'humeur) se sont atténués ou sont devenus moins perturbants. Je trouve que la pratique quotidienne de la méditation m'aide beaucoup à gérer les changements que je traverse actuellement, me permettant de maintenir ou de retrouver un sens de l'équilibre plus facilement qu'auparavant et d'agir avec plus de détermination.

Ayant travaillé comme infirmière/sage-femme/conseillère dans des services de santé pendant les vingt dernières années, je suis consciente du besoin qui existe d'apprendre comment gérer le stress. Vipassana offre une manière simple et claire, sans effets indésirables.

—Christa Wynn-Williams est infirmière en soins palliatifs et
thérapeute en Ecosse. Pour elle, la méditation est maintenant
devenue "une nécessité, une façon d'être
sereine et pas seulement une assise formelle."

❧

Un soir, un dentiste militaire fut pris de vertige alors qu'il jouait au badminton et tomba. Il reprit conscience pour découvrir qu'il s'était gravement endommagé le dos et le cou. Ni les analgésiques habituels ni les thérapies complémentaires ne lui apportaient un soulagement durable. Avec le temps, la détérioration physique engendra une dépression chronique et il devint l'ombre de lui-même. Il quitta l'armée, se sentant jaloux de ceux qui avaient de brillantes carrières et s'apitoyant sur son sort. Son état physique empira, l'atmosphère chez lui devint de plus en plus tendue et il envisagea sérieusement de fermer sa clinique dentaire. En dernier recours, sur la recommandation d'un voisin, il participa à un cours de Vipassana de dix jours, ne pensant à aucun moment qu'il serait capable d'aller jusqu'au bout. À force de foi et de volonté, il apprit à méditer et remarqua une diminution sans équivoque de la douleur qui était devenue sa compagne permanente. C'était le début d'une surprenante guérison. Il rentra chez lui transformé, avec un nouvel esprit dans un nouveau corps. Plus de colliers cervicaux, plus de tractions, plus de clavettes, plus d'analgésiques ni de somnifères. Il se remit à la marche rapide et à jardiner. Après plus de douze ans d'angoisse, il redécouvrit sa profession de même qu'un engagement renouvelé à soigner ses patients.

—Dr Lt Col M. Mohan Kumar vit et travaille dans l'Andhra Pradesh, en Inde.

❧

Vipassana s'est révélé à maintes reprises une aide pour soulager toute une gamme de troubles psychosomatiques comme la douleur chronique, l'hypertension, l'asthme bronchique et les ulcères de l'estomac. L'esprit et le corps sont liés constamment et inextricablement. Le fait que nombre de ces états physiques soient soulagés ou éliminés est une sorte de sous-produit dérivé du processus de purification mentale. Mais il nous faut veiller à ne pas faire de la guérison des maladies le but de la méditation.

En ce qui concerne la santé mentale, Vipassana procure une structure psychologique générale d'états positifs de l'esprit plutôt qu'une réponse à un quelconque problème particulier. Du point de vue de Vipassana, les troubles mentaux résultent de l'accumulation de grandes quantités de souillures de l'esprit. Celles-ci se révèlent être les différentes sortes de désirs et d'aversions. Quiconque n'a pas un esprit totalement pur (et qui peut prétendre à cela ?) a un trouble mental ou l'autre. La différence entre un individu qui a un trouble mental et celui qui n'en a pas, n'est selon les termes psychiatriques qu'une question de degré. Dans le spectre de l'aversion, de telles négativités incluent : la colère, la haine, la mauvaise volonté, l'impatience, l'anxiété, la tristesse, la crainte, la culpabilité, le sentiment d'infériorité et la jalousie ; tandis que parmi les désirs classiques on trouve la passion, l'ego, l'avidité, l'arrogance, la possessivité et la vanité.

Assis dans le silence et la méditation, nous apprenons à accepter les vérités les plus profondes sur nous-mêmes. Travaillant toujours dans le cadre du corps, les images, les pensées et les émotions font naturellement irruption alors que nous observons la respiration et les sensations. Simultanément, nous sommes conscients de notre état mental et de ses conséquences physiques directes au niveau corporel. L'esprit est parfois en ébullition mais, en résistant aux détails et en demeurant calme et détaché, nous regardons chaque vague s'élever et redescendre. Avec la pratique, tout le stock d'impuretés mentales est progressivement réduit et notre potentiel d'accomplissement grandit alors que les vieux conditionnements s'estompent. Travailler avec Vipassana (en combinant soutien familial et professionnel selon les besoins), nous permet de nous guérir et de transformer la qualité de notre vie.

Si l'on considère l'histoire de ma famille, avec ses nombreux exemples de mélancolie et de personnages excentriques, parmi lesquels de nombreux somnambules, ce n'est pas surprenant qu'au cours de mon adolescence, j'ai moi aussi été affectée par ce que Winston Churchill décrivait comme "le chien noir". La dépression. Et pas le genre de "je ne me sens pas bien aujourd'hui", mais plutôt le sentiment que vous devez promener votre tête dans une brouette pour empêcher votre mâchoire de traîner par terre. On est laminé. Les gens vous disent de vous ressaisir parce que vous êtes physiquement en bonne forme. Vous ne voulez pas vous ressaisir, vous voulez replonger.

C'est une phase de dépression qui m'a conduite vers la voie. Je suis tombée très malade un an après avoir migré d'Australie en Allemagne. L'excitation de vivre dans un nouvel environnement avait disparu, j'avais le mal du pays et j'étais complètement désorientée. Heureusement, je m'étais fait quelques nouveaux amis très persévérants qui n'ont pas cessé de me contacter même si je ne me sentais pas assez bien pour sortir et avoir une vie sociale. L'un de ces nouveaux amis m'a laissé sans rien dire des informations concernant Vipassana sur le placard de l'entrée. Je les ai prises, je les ai lues et reposées. Quoi, 4 heures du matin ? Quoi, ne pas parler ? Et les nombreuses pilules que j'avalais tous les jours pour me faire entrer et sortir du lit ? Aller au supermarché pour faire mes courses relevait de l'exploit pour moi, alors comment pourrais-je supporter dix jours face à mon propre dialogue intérieur franchement confus ?

À ma surprise, j'y arrivai très bien. Mais naturellement achever le cours ne mit pas fin à mon scepticisme occidental. Je cherchais sans cesse un défaut—mais je finis par laisser tomber parce qu'il n'y en avait pas. C'est tellement simple, pur et logique. Observer, rester équanime. Tout passe, même la dépression. Alors, pourquoi s'agiter ? Et si vous vous inquiétez, observez ces inquiétudes.

« Vipassana à Emporter »—intégrer cette sagesse et cette pratique quotidiennement—n'est pas si simple. Je dois vraiment faire des efforts et faire appel aux autres pour m'aider et m'encourager. Mais je n'ai plus peur lorsque le chien noir aboie, puis s'éclipse au loin.

—Linda Muller a suivi son cours à Dhamma Geha,
le centre de méditation allemand près de Karlsruhe.

⁓ঌ

Une étude sur les étudiants de Vipassana de Nouvelle Zélande a été réalisée en 1994. On demanda aux étudiants ayant assisté à un ou plusieurs cours de dix jours de répondre à un questionnaire. Les questionnaires complétés furent analysés afin d'examiner l'impact de la pratique de la méditation concernant de nombreux aspects de la vie des gens dans la durée. Toutes les catégories du bien-être personnel, comprenant la santé physique, la diminution du stress, le sens de l'intégrité, la motivation, les relations et le bonheur en général, révélaient des améliorations significatives. La capacité des étudiants à gérer l'adversité avait notablement augmenté. De fortes diminutions dans l'utilisation d'alcool et de drogues furent enregistrées.

—Rapport indépendant par David Hodgson, conseiller en
statistiques, commandité par le Vipassana Foundation
Charitable Trust, Nouvelle Zélande

⁓ঌ

Je ne me rappelle pas quel âge j'avais lorsque j'ai souhaité pour la première fois être morte. La plupart des gens l'ont souhaité à un certain moment de leur vie, mais dans ma famille, le suicide est presque une tradition. Nombre de mes parents sont morts de cette façon et presque tout le monde, dans mon entourage immédiat, a fait une tentative de suicide. Le déséquilibre mental plane également sur ma famille, ce qui n'est pas surprenant avec une telle dose d'autodestruction. Alors, pour moi, il était naturel non seulement d'être tout le temps déprimée, mais aussi de considérer le suicide comme une issue recevable.

À environ 25 ans, j'ai fini par vraiment essayer de mettre fin à mes jours. Je me souviens à quel point cela semblait aller contre nature, combien cela n'allait pas avec la vie. J'étais censée faire tout mon possible pour survivre, et j'étais là, à essayer de taillader les poignets de mon propre corps pour l'assassiner. Ça a été une expérience très étrange et je suis très heureuse que cela m'ait fait tellement mal que je me suis évanouie et que j'ai raté mon coup.

Néanmoins, malgré la vision que j'ai eue cette nuit-là de combien c'était fondamentalement mal de mettre fin à mes jours, je n'avais pas de solution positive. En fait, j'étais déçue qu'il soit si difficile de mourir et j'ai malgré tout gardé le suicide comme option pour le jour où les choses iraient à nouveau vraiment mal.

C'est alors que j'ai découvert la méditation Vipassana. Une de mes tantes était pratiquante et me parlait de ses séances de méditation sans pour autant me pousser à y aller. Finalement, un été, j'ai ressenti l'envie d'essayer. Je me suis rendue seule en voiture à Mendocino (Californie) et je me suis lancée cette exploration de la vérité qui m'amènerait à ne plus jamais me tourner vers la mort comme solution aux problèmes de la vie.

En effet, Vipassana se révéla être ma planche de salut. Pendant ces dix jours, je travaillai très dur, et ce que j'acquis bouleversa complètement mon état d'esprit. Je découvris la vérité sur la vie, sur ma vie, et surtout, sur le vrai bonheur— pas un bonheur éphémère, pas le bonheur de circonstance, mais *le vrai bonheur*. J'appris cela, et j'en fis l'expérience par moi-même. J'avais souvent fait des lectures sur la méditation et les merveilleux effets qu'elle pouvait avoir et j'y croyais implicitement. Mais c'est seulement grâce au fait de méditer moi-même pendant dix jours complets que j'ai été en mesure de savoir ces choses directement ; et ce n'est qu'en les connaissant par moi-même que j'ai été en mesure de transformer ma vie.

Pourtant je souffre encore parfois de dépression. Je pense que c'est quelque chose de génétique et que je dois simplement vivre avec. Mais je ne cherche plus la mort comme échappatoire. Et je ne cherche plus de solutions médicamenteuses, contrairement à ce que m'inciteraient à faire la plupart des psychiatres. En fait, je ne consulte plus de psychiatres ni de thérapeutes. Au lieu de cela, je pratique la méditation Vipassana. Et—à dire vrai—je ne suis pas toujours la pratiquante la plus régulière ou la plus disciplinée. Mais je sais que c'est là, et je me souviens de son enseignement sur la joie qui réside dans chacun des atomes de mon être et dans les êtres de tout le monde et de tout le reste, et cela m'apporte un sentiment de tranquillité et d'unité qui n'est pas seulement un discours d'encouragement, une « affirmation positive » du Nouvel Âge, mais plutôt la vérité authentique. Maintenant, je *connais* la vérité, viscéralement, et jamais rien ne se mettra en travers de cette connaissance.

Je n'ai même plus jamais envisagé le suicide depuis ma première expérience de la méditation Vipassana, il y a seize ans—pas même une seule fois. Et avec mes antécédents, c'est un miracle en soi.

—*Susan Craig Winsberg est musicienne,*
et artiste compositeur aux USA.

～❧～

Jagdish Kela, un étudiant en master âgé de 20 ans, vivant à Mumbai, avait un problème depuis le lycée, quatre ans plus tôt. Son esprit était obsédé par toutes sortes de pensées et de fantasmes, principalement concernant la saleté, le sexe et la mort. Il avait développé une compulsion sur le lavage et le toucher et ne pouvait se rendre à ses cours qu'avec difficulté. À certains moments, il ressentait l'envie de blesser les gens ou de casser des choses, l'agitation le submergeait et il en pleurait. Les antidépresseurs et autres médicaments prescrits par les psychiatres n'étaient que très peu efficaces.

Après une préparation préalable, il fut en mesure de suivre une retraite Vipassana. Deux autres cours suivirent. Quatorze mois plus tard, il était admis dans une école d'ingénieurs, sans médicament, en se sentant beaucoup mieux. Voici ses propres mots :

« Avant, j'abordais mes pensées intérieures d'une façon erronée en y pensant ou en essayant de les résoudre. Les deux augmentaient mon angoisse. Supprimer mes impulsions ne faisait qu'engendrer davantage d'inquiétude. Je continuais à créer de nouveaux nœuds à chaque instant du processus. Le changement fondamental avec Vipassana est que maintenant, j'ai appris comment ignorer ces pensées, quel qu'en soit le contenu. Et, en travaillant avec mes sensations, j'ai réalisé que toutes ces pensées dérangeantes viennent depuis les profondeurs jusqu'à la surface de mon esprit pour en sortir, à condition que je les observe sans réagir. Maintenant, je réalise à quel point j'étais devenu l'esclave de mon propre esprit. »

࿐

Au cours des quinze dernières années, mes conditions de vie extérieures m'ont offert, plus d'une fois, de bonnes occasions de sombrer dans le désespoir—ou de connaître une profonde expansion mentale face à des problèmes existentiels. La mort de mon père, il y a treize ans, est devenue pour moi une profonde expérience du Dhamma. Contrairement à ce que j'ai toujours craint concernant des situations comme celle-ci, je n'étais pas paralysée par un chagrin ou une tristesse indescriptibles, au contraire je ne ressentais que de l'amour et de la reconnaissance. J'ai eu un aperçu de ce que nos sens sont incapables de saisir et j'ai appris à développer ma foi dans le cours des évènements, quelle que soit la direction que peut prendre ma vie. Après cela, j'ai fait plusieurs fausses couches ; elles m'ont enseigné à lâcher prise sur mes désirs profondément ancrés. Puis, il y a environ six ans, la faiblesse physique de ma mère et son rapide déclin mental ont rendu nécessaire d'organiser une surveillance régulière et des soins—un cauchemar pour la plupart des gens. Cependant, la tâche commune de soigner ma mère a donné lieu à une profonde compréhension et à de l'amour entre mes sœurs et moi, ce qui ne s'était jamais produit auparavant. Finalement, il y a cinq ans, les médecins ont diagnostiqué un cancer incurable chez moi. Depuis lors, je suis plus que jamais consciente que mon temps est très précieux, et je ressens souvent une profonde gratitude d'être capable d'aimer la vie dans le moment présent avec un corps et un esprit encore intacts—ce moment présent dans lequel je peux toujours retourner avec l'aide de Vipassana.

—Brunhilde Becker vit avec son
ami méditant en Allemagne.

❦

S'attaquer à La dépendance

De tous les problèmes auxquels l'humanité est actuellement confrontée, la dépendance à la drogue ou aux substances chimiques est l'un des plus répandus et des plus graves. Sans limite de pays ou de classe sociale, il mine la santé des personnes, pervertit les relations, torture les familles, grève l'économie, encourage le crime et détruit la paix de la communauté. L'abus de substances chimiques est un trouble complexe qui, dans le cas des drogués, signifie une sur-dépendance devenue une habitude obsessionnelle et compulsive, régissant tous les aspects de la vie de la personne—physique, émotionnel, social et mental. Joe, un ex-drogué australien, l'illustre à partir de sa propre expérience :

À la base, la dépendance signifie l'évasion, la fuite de la réalité… on utilise la folie, la folie humaine, l'évasion. Dans le cas d'un drogué, on utilise le véhicule de la drogue pour fuir. Et c'est un véhicule très, très puissant—bien plus puissant que le fantasme sans support, pour l'être humain moyen, comme l'affabulation, le travail à outrance ou la télévision. La motivation envers la drogue, l'utilisation de la drogue, est bien plus puissante que n'importe quoi d'autre. Lorsque j'y ai recours parce qu'elle est si puissante, elle porte la fuite à un degré qui peut être mortel. Tandis que d'autres stimulants (comme vivre pour l'argent, le pouvoir, le prestige) ne menacent pas votre vie.

Qu'est-ce qui cause cette dérive comportementale malgré ses conséquences néfastes ? On peut commencer à consommer de la drogue pour un certain nombre de raisons mais, finalement, l'usage de la drogue devient une réaction aux sensations corporelles inconfortables causées par la constante interconnexion entre l'esprit et le corps, comme par les pensées qui accompagnent ces interactions. On court après les sensations agréables pour évincer les désagréables. On ne devient pas dépendant de quoi que ce soit d'extérieur ou de quelque qualité inhérente à la drogue elle-même ; c'est seulement une impression. On devient dépendant de ses propres sensations corporelles. En consommant de la drogue, un certain type de processus biochimique est déclenché dans le corps et on ressent un type de sensation qu'on commence à aimer. On développe un désir pour cela, puis une habitude et finalement on devient dépendant de la sensation. La dépendance s'auto-alimente : on veut jouir de cette sensation encore et encore. C'est ce qui se produit dans tous les types de dépendance, pas seulement avec les drogues et l'alcool. La dépendance est en fait dépendance à ses propres sensations corporelles.

Vipassana peut supprimer les racines de la dépendance —le désir et l'aversion—que d'autres méthodes de traitement touchent rarement. La technique travaille directement avec les sensations qui sont en contact permanent avec le niveau le plus profond de l'esprit. Au travers de la pratique de la méditation, les drogués peuvent apprendre à affronter les sentiments réprimés ainsi que les sensations désagréables qui commencent à remonter de leur inconscient. Progressivement, l'esprit devient plus équilibré, gagne en force et en compréhension. Petit à petit, ils voient la réalité telle qu'elle est et leurs schémas habituels du passé sont brisés. Cependant, le progrès nécessite une forte volonté de la part de la personne, à la fois pour sortir de la dépendance et avancer vers son but en s'observant elle-même au niveau des sensations. Une aide professionnelle joue également un rôle important dans la guérison.

"Start Again", un Centre de Thérapie contre la Dépendance à Zurich, en Suisse, utilise la méditation comme élément clé dans la réhabilitation des drogués. La ville est célèbre pour son environnement propice à la drogue mais "Start Again" est une clinique soignant la dépendance d'un genre complètement nouveau. Les méthodes thérapeutiques modernes occidentales, y compris le conseil personnalisé, la thérapie systémique couple/famille et l'auto assistance avec les « Narcotics Anonymous », sont conjuguées avec des techniques orientales anciennes de développement mental. Il est l'un des quelques centres de réhabilitation pour drogués qui ne fait pas appel à la thérapie anti-drogue. La pratique quotidienne de la méditation Anapana pour calmer et concentrer l'esprit est essentielle. Une fois leur état stabilisé, les clients peuvent demander à bénéficier d'une retraite Vipassana de dix jours pour approfondir le processus de guérison. Dans chacun de ces cas, une attention particulière est accordée à préparer la personne au cours et à l'après soin. Environ 60% de ceux qui sont restés pendant la totalité du programme de douze mois ont réussi à se réintégrer socialement et professionnellement, et n'ont pas consommé de drogues dures pendant plus d'un an après avoir quitté "Start Again". Dans la guerre à la dépendance, c'est la ligne de front.

L'un des patients du programme décrit dans un poème comment la pleine attention à la respiration apporte un rare sens de plénitude et une vision de guérison :

Il fait vraiment bon
respirer simplement,
ressentir, être
et la nature, presque toute seule, nettoie mes espaces intérieurs.
Si je pouvais seulement persévérer, rebrousser chemin
et faire ce que je veux vraiment.

◆

Acquérir la motivation de se guérir est important pour progresser. Un autre patient a réussi à travailler comme gardien de nuit à la clinique, une responsabilité qui l'a aidé dans les moments difficiles :

« Mon premier apprentissage d'Anapana date de quatre ans et demi. Ce n'était pas du tout la technique de méditation et de spiritualité à laquelle je m'attendais. J'espérais que je me sentirais léger et libre. Mais mes espoirs, ainsi que mon envie pressante de chercher refuge dans un monde d'illusion, comme je le faisais lorsque je me droguais, furent détruits. La technique d'Anapana se révéla être un travail difficile. Dans le cadre du programme de réhabilitation "Start Again", je pratiquais Anapana deux fois par jour.

Au bout de trois mois, je fis une rechute de huit mois, après laquelle je décidai de participer une fois de plus à "Start Again". À ce moment-là, je commençai à voir plus clairement que mon existence n'était pas seulement constituée d'expériences agréables. Intellectuellement, je commençais à comprendre que je pouvais mettre une distance intérieure face à mes émotions grâce à la méditation et que je n'avais pas à réagir aveuglément aux désirs ni aux aversions. J'appris à comprendre que je suis responsable de ma propre vie ; je commençai également à voir à quel point j'agissais par intérêt personnel. Au bout de quatre mois d'Anapana, je fis mon premier cours de Vipassana de dix jours, puis un second six mois après.

Pour moi, la méditation, consiste donc à entrer en contact avec moi-même et mes sensations sans m'y perdre, vivre mes changements, être plus honnête avec moi-même et ainsi également avec les autres. J'essaie d'agir selon les normes de Vipassana dans ma vie quotidienne. Encore et encore, j'essaie de prendre du recul par rapport à mes sensations et aux réalités que j'ai construites dans ma tête. Parfois, j'y arrive assez bien et ainsi, je n'ai plus à réagir d'une façon aussi aveugle et autodestructrice, parce que je suis capable d'observer et de me sentir calme dans une situation donnée.

Ce qui me semble de plus en plus clair, c'est que j'ai besoin d'affronter le monde autour de moi et que je ne peux plus simplement être assis là et attendre. Vipassana n'est pas un monde d'illusions dans lequel je peux chercher refuge. Cela m'aide à avoir un regard positif sur ma vie. Grâce à la pratique régulière de la méditation, je trouve de plus en plus difficile d'échapper à la réalité et de fuir vers un monde d'illusions.»

❧

Non pas que la méditation puisse à elle seule réformer un toxicomane. Une aide professionnelle spécialisée avec de la rééducation, l'amour des amis et de la famille, un caractère résolu—chaque chose joue un rôle. Nik, diplômé "Start Again", explique :

« Sans aucun doute, la méditation Vipassana a contribué à ma totale abstinence vis à vis de la drogue, que j'ai pu maintenir pendant cinq ans.

Ma compréhension de Vipassana est de l'utiliser comme un outil pratique et une technique, je ne l'associe pas avec la croyance ou la religion. En observant mon corps et mes sensations, j'expérimente la relativité, le caractère unique, le caractère transitoire comme les différentes dimensions de moi-même, d'une façon à chaque fois plus vive et plus claire. Il semble que l'un des résultats spécifiques de la méditation soit de surmonter la sensation de désir et de permettre à l'esprit de prendre des décisions sans contrainte.»

Lâcher-prise

De tous les changements qui nous attendent, la mort est le plus grand. Depuis la naissance, cette dernière page de la vie infuse notre existence de façon significative mais la plupart du temps, nous évitons de regarder en face le moment où le "je" cesse d'être. Lorsque le corps succombe et que l'esprit s'en échappe. Lorsque toute possession est abandonnée et que tout désir est écarté. Demain peut-être ou dans trente ans, nous mourrons. Sommes-nous prêts ? À quelque moment que ce soit, pouvons-nous être à la hauteur, assumer notre mort consciemment et harmonieusement, avec toute la sagesse d'une vie pleine ? Rien n'est plus naturel que de mourir, nous le savons, cela fait juste partie d'un cycle éternel. Cependant, comme il est facile de perdre cette perspective lorsque quelqu'un de cher disparaît ou que quelque chose de précieux nous manque. Le chagrin nous rappelle notre propre mortalité : « moi non plus, je ne suis pas éternel. »

Par la pratique de Vipassana, nous nous engageons dans un processus continu d'apprentissage. Le corps et l'esprit s'élèvent et passent à chaque respiration et à chaque sensation. En explorant cette vérité maintes fois en nous-même, nous commençons à l'accepter. L'impermanence ressentie par l'expérience dissout la tendance à s'accrocher à ce qui est "à nous". La gentillesse et la générosité remplacent l'égocentrisme. Par une existence pleine et saine, nous nous préparons à accomplir une bonne mort.

∿

Un méditant expérimenté, Harsh Jyoti, découvrit en juillet 1992 qu'il avait un cancer du poumon et mourut en janvier 1993. Chaque fois qu'il faisait une rechute (ce qui arrivait assez souvent), depuis le premier diagnostic et tout au long de son traitement, Vipassana l'aidait à recouvrer son équilibre d'esprit. Son fils put l'observer de près au cours de la période finale de sa vie.

« Je crois que Dhamma le protégeait. Je pense que c'était un effet très profond que nous pouvions identifier, même dans les dernières phases. À chaque fois que nous disions, "Veux-tu méditer ?" Il acquiesçait simplement de la tête, alors, nous nous asseyions tout autour de lui et essayions d'envoyer de la *metta* pendant vingt ou trente minutes. À une époque, il combattait la maladie, espérant comme nous tous qu'il vivrait quelques années de plus, puis quelques mois de plus, puis quelques semaines de plus. Mais à un certain moment, lors de sa dernière visite à l'hôpital, il comprit certainement qu'alors, il n'avait plus beaucoup de temps à vivre, et il l'accepta simplement, tout comme l'attachement à sa vie. Et je pense que probablement grâce à cela, sa mort fut très douce et très paisible, parce qu'il n'y avait pas de combat, pas de lutte, rien.

Mon père souffrait d'hypertension sanguine. Sa tension commençait à environ 150/90, puis elle baissait à 120/80, et à 110/70, puis à 90/60 et pendant tout ce temps-là, on pouvait voir son visage —nous avons quelques photos—très paisible, le bonheur endormi. Mon frère était revenu pour les dernières heures de notre père et nous le regardions simplement respirer, respirer et tout à coup, il y eut comme un petit frémissement et ce fut la fin. Cela semblait si paisible. Et bien que c'eût été un moment de grand chagrin pour nous, de le voir partir si paisiblement nous a procuré beaucoup de force et de consolation. Même ma mère, qui était si proche de lui et qui est d'habitude une personne très émotive, garda le contrôle d'elle-même à ce moment-là. C'était comme verser de l'eau dans une soucoupe en la laissant s'évaporer ; il partit sans un murmure. »

Ceci, je crois, est la protection du Dhamma. Le Dhamma ne nous protège pas en nous empêchant de tomber malades. Nous devons tous tomber malades. Il ne nous protège pas en nous empêchant de mourir, parce que nous devons tous mourir. Mais, quel que soit le moment où cela arrive, lorsque vous tombez malade ou que vous mourez, vous le faites dans la paix et la sérénité.

~&

J'avais presque 70 ans lorsque je fis mon premier cours de Vipassana avec Poul, mon mari, qui avait la maladie de Parkinson. Lorsque nous rentrâmes à la maison, tout le monde put voir le changement. Mon mari semblait aller beaucoup mieux et son élocution s'était améliorée. Pour moi, le cours marquait un tournant. Après avoir cherché pendant si longtemps, je savais que j'avais enfin trouvé ma façon de vivre.

L'année suivante, nous partîmes tous les deux en vacances en Gambie où nous pûmes profiter du soleil et de la mer. Un jour, alors que nous jouions au bord d'une eau peu profonde, nous fûmes soudainement séparés par une énorme vague et un courant sous-marin exceptionnellement puissant qui prit Poul et l'emporta. Même avec le plus grand effort, il fallait trop de temps pour l'atteindre—cela me prit une éternité, me sembla-t-il, avant que je réussisse enfin à le ramener là où j'avais pied. Trop tard—il s'était noyé. Finalement, des gens nous virent et vinrent à la rescousse. Un jeune Allemand apporta des premiers soins à Poul, mais avec une telle force que cela lui cassa deux côtes et que sa vésicule biliaire fut percée. Une ambulance arriva qui nous emmena dans un hôpital où ils purent extraire le liquide de ses poumons. Ils me dirent qu'il n'avait aucune chance de survie. Nous fûmes alors transférés dans un hôpital privé où il fut immédiatement placé en soins intensifs. Quelle nuit—avec ces sombres perspectives ! Lorsque je demandai à Poul s'il savait ce qui lui était arrivé, il répondit : « Je me suis noyé. C'était merveilleux d'être mort, je volais, je flottais si joyeusement, mais comme je te voyais te débattre avec moi ici-bas, j'ai voulu revenir pour t'aider. »

Quoiqu'il pût arriver par la suite, c'était une façon pleine d'amour de prendre congé plutôt que de mourir par noyade. Nous avons médité ensemble, heureux, et l'hémorragie s'arrêta d'elle-même. Cependant, cela nous prit cinq longues semaines avant qu'on nous renvoie au Danemark par avion et il fut admis à l'hôpital pour examens et rééducation. Les médecins recommandèrent qu'il aille dans un centre médical spécialisé, mais ma fille et moi décidâmes de le garder et de le soigner à la maison.

Six mois après l'accident je me rendis aux USA, tout d'abord pour rendre visite à ma famille et ensuite pour suivre une autre et très nécessaire retraite Vipassana. Ma concentration pendant le cours fut si forte que je reçus la très étrange sensation d'être dissoute en des millions de petites bulles, qui fusaient autour et à l'intérieur de moi. Cette expérience m'aida immensément deux ans plus tard, lorsque je fus capable de dire à mon mari ainsi qu'à mes deux seuls frères, combien il était important de se sentir bien et paisible au moment de la mort. Tous les trois s'en allèrent la même semaine—juste avant Noël 1995. En dépit de cela, grâce à ma méditation, je sus rester calme et équilibrée. Je pus soutenir la famille et nous aider tous à repartir pour une active et nouvelle vie.

—Muguet Huffeldt vit au Danemark et elle fut l'un des organisateurs du premier cour de Vipassana dans ce pays.

∽❧

Anne rencontra Graham Gambie pour la première fois lors d'un voyage en Inde à la fin des années 1970. La méditation n'était alors pas du tout pour elle à l'ordre du jour, mais il l'encouragea à s'asseoir à un cours Vipassana. Percevant qu'elle était sur un bon chemin, Anne continua à méditer et à servir à *Dhamma Giri* avant de retourner au Japon pour travailler. Deux années plus tard elle retourna au centre d'Igatpuri et rencontra à nouveau Graham alors qu'ils servaient tous les deux le même cours. Deux mois plus tard, à son grand étonnement, ils étaient mariés.

Graham et elle retournèrent en Australie où il travaillait comme journaliste d'investigation et ils prirent un congé sans solde pour conduire les cours de Vipassana en qualité d'enseignants assistants nouvellement nommés. Méditant et travaillant ensemble, les tempêtes des premiers jours firent place à un sens profond de compassion et d'harmonie. Comme une nouvelle paire de chaussures continuellement portée, avec le temps, la relation devint très confortable.

Lors d'un cours de dix jours que nous conduisions ensemble, je remarquai que Graham, mon mari à cette époque, ne trouvait pas ses mots et avait des difficultés d'élocution. Sa santé m'inquiéta beaucoup et nous prîmes un rendez-vous pour voir un neurologue le jour de la fin du cours. Il passa un scanner du cerveau et en attendant les résultats, nous déjeunâmes agréablement. Je me souviens avoir dit : « Oh, ce n'est rien—pas de quoi se faire du souci », alors que je tendais le dossier au neurologue. Sans un mot, il prit les radios et les plaça sur le tableau lumineux. Les photos révélaient une tumeur du cerveau qui semblait prendre au moins 50% de l'hémisphère gauche et, au sommet de la tumeur, il y avait un très gros kyste.

J'étais hébétée et je ne comprenais rien. Oui, nous devions annuler nos billets d'avion pour la Nouvelle-Zélande. Oui, nous devions faire hospitaliser Graham l'après-midi même. Mon hébétude vira aux larmes lorsque je téléphonai pour organiser mon hébergement à Sydney chez des amis proches. Graham dût prendre le téléphone devant mon incohérence et il fit les arrangements lui-même. Il était calme et plein de sang-froid.

Alors que je conduisais Graham à l'hôpital et que je m'assurais qu'il était bien installé, je réussis tant bien que mal à afficher de la bonne humeur. Mais dès que je le quittai, à nouveau je fondis en larmes. Cette nuit-là, alors que je méditais, surgit une profonde sensation de paix qui devait ne plus me quitter pendant toute l'épreuve de Graham. Ce n'était pas la paix qui provient de la rationalisation ou l'intellectualisation. C'était juste quelque chose qui "s'était déclenché". Deux jours plus tard, Graham était sur la table d'opération. Ils ne purent enlever toute la tumeur. Le pronostic n'était pas bon. Le chirurgien neurologue dit à Graham qu'en raison de la nature de la tumeur, un astrocytome, il avait tout au plus cinq années à vivre et que, vers la fin, il serait mentalement un légume.

De telles nouvelles étaient accablantes, pourtant il les accepta sans sourciller. Une fois, je l'entendis dire à des visiteurs, « Comment puis-je être attaché à ce corps et à cet esprit alors qu'il change tellement constamment. Il n'y a rien à quoi s'accrocher. » Les collègues de travail, les amis, tous ceux qu'il avait connus pendant la méditation vinrent lui rendre visite. Comme un collègue le dit, « Je m'attendais en arrivant à trouver un corps sur le lit et à le consoler. Au lieu de cela, j'ai fini par lui parler de mes problèmes et oublier les siens. » Les jours passèrent et je suis heureuse d'avoir passé chacun d'eux avec lui. Il put sortir de l'hôpital mais au bout d'environ une semaine, il dut y retourner. Il avait un problème avec ses jambes. Elles étaient devenues si molles qu'il pouvait à peine marcher.

C'était le 27 juin, six semaines après le diagnostic de la tumeur, et je crois que tous les deux nous savions que c'était le jour où il allait mourir. Il n'y aurait pas de sortie de l'hôpital pour aller faire des courses. Nous avons passé une délicieuse journée ensemble et cette nuit-là, alors que je lui disais au revoir, je sentis que je ne parvenais pas à être assez proche de lui. J'allai sur le côté du lit et commençai à me mettre du rouge à lèvre. Il demanda pourquoi et je répondis que c'était parce que je voulais être belle pour lui. Il se mit alors à me dire les choses les plus gentilles sur la merveilleuse épouse que j'avais été et sur ce qu'il ressentait. J'étais heureuse et il était heureux. Nous nous fîmes nos adieux. Cette nuit-là, après le dîner, je dégustais la dernière gorgée de mon chocolat chaud. Je pris une respiration et à ce moment-là, je ressentis une impression très profonde de paix absolue et de tranquillité. Le téléphone sonna. C'était une jeune infirmière qui appelait. Pouvais-je venir rapidement, Graham faisait une attaque cardiaque. Il était clair que je n'avais pas besoin de me presser. Graham était parti.

Je me rendis à l'hôpital. La soirée de ce vendredi était bien avancée. Les lumières au néon brillaient et les gens flânaient, faisaient du lèche-vitrines, mangeaient. Un fort sentiment de peur et de vulnérabilité s'est emparé de moi. Il ne fallait pas croire en une image tellement ordinaire de la vie. Ce qui semblait tellement réel, tellement permanent, n'était rien de plus qu'une illusion. Nous marchions tous sur de la glace très fine, refusant de savoir que nous passerions tous à travers à un moment donné. La route se poursuivait. Nous arrivâmes à l'hôpital.

Nous nous dirigeâmes là-haut, là où nous avions tous deux échangé des paroles seulement quelques heures plus tôt. Lorsque j'entrai seule dans la pièce, je fus immédiatement frappée par la vibration de l'atmosphère. Le corps de Graham gisait sur le lit. Il était très clair qu'il n'y avait plus personne là. Il ressemblait à une coquille vide qui ne pouvait plus être utile à son propriétaire. C'était tout ce qui restait de la personne avec laquelle je venais de passer quatre années très spéciales de ma vie.

Quelle vie merveilleuse il avait eue. Je reçus des lettres de gens qui l'avaient connu dans le passé. Chacune d'elles relatait quelque chose que Graham avait accompli pour les aider dans leur vie. D'autres me racontèrent l'époque où il voyageait en Inde, comment il donnait sa dernière roupie à celui qui en avait besoin, comment il nourrissait les enfants des rues avec l'argent qu'il percevait d'un petit investissement qu'il avait fait. Et lorsque je regardai combien il avait aimé et aidé les autres à l'époque où nous étions ensemble, il devint très clair que toutes les merveilleuses et charitables actions qu'il avait accomplies dans sa vie avaient toutes disparu avec lui.

Il n'y eut pas de larmes. Comment des larmes pouvaient-elles être versées ? La relation avait accompli un cycle entier. Il n'y avait rien qui n'ait été résolu ou non-dit. Oui, ce fut la chose la plus dure que je fis dans ma vie, mais les fruits étaient si gros et si nombreux. J'avais vraiment beaucoup de chance d'avoir partagé ma vie brièvement avec un tel être humain.

Les obsèques eurent lieu. Les bancs de l'église étaient pleins et les gens s'alignaient contre les murs. Ils venaient de toutes les religions, de tous les horizons, chacun avec sa raison personnelle d'être là. Ce fut étrange de rentrer à la maison, de voir ses vêtements juste comme il les avait laissés et de savoir qu'il n'y avait plus personne ici pour en revendiquer la propriété.

Cela fait maintenant vingt ans que je me suis assise pour la première fois à un cours de Vipassana. Tant de choses ont changé et tant d'expériences—certaines très agréables, certaines très douloureuses—sont venues et parties. Cependant, la pratique de Vipassana est demeurée. Non seulement elle s'est perpétuée mais elle a procuré un grand soutien et un refuge et surtout un sentiment de contentement et de clarté non menacé par les vicissitudes de la vie.

—*Anne Doneman, remariée en 1991, travaille tout en élevant ses deux enfants.*

Tout change
Dans un mouvement permanent
De vagues, de vents passant.
Maintenant, est venu le temps d'être libre de mon "moi"
Ne pas entasser mes biens, mais les goûtant et les laissant aller
Ne pas les repousser, mais les laisser prendre le doux vent.

—La nature est régulièrement illustrée dans les poèmes de
Sachiko Aoi. Elle s'assit à sa première retraite à Dhamma Bhānu,
Japon en 1998.

CHAPITRE 10

LA GESTION DE SOI — VIPASSANA, LE TRAVAIL ET L'ACTION SOCIALE

La plupart d'entre nous veulent changer quelque chose en mieux – dans les relations, au travail, pour le bien de la planète. Nous avons l'énergie, les compétences et l'expérience pour y contribuer, et voir nos efforts aboutir apporte une satisfaction peu commune. Souvent, nous aimerions faire plus, mais pour une raison ou pour une autre, nos actions ne correspondent pas vraiment aux bonnes intentions que nous avons. Les problèmes politiques, sociaux et économiques ont toujours existé, mais avec les moyens de communication quasi instantanés dont nous disposons aujourd'hui, nous pouvons voir à quel point ils sont répandus : des réfugiés terrifiés crient vengeance, une nouvelle alerte à l'intoxication alimentaire, le dernier scandale lié à la corruption. On peut se demander pourquoi, aujourd'hui encore, les mêmes schémas ne cessent de se répéter. Pourquoi les organisations mondiales telles que l'ONU, et les gouvernements nationaux n'ont-ils pas été capables de traiter efficacement des problèmes comme les tensions intra-communautaires, la pauvreté, le chômage et les abus de pouvoir ? N'apprenons-nous donc jamais ?

Une réponse est que nous travaillons sur les symptômes, sur les manifestations extérieures de ces problèmes, et pas sur les causes sous-jacentes – l'avidité, la haine et les autres sentiments négatifs qui sont légion dans le monde. Les problèmes semblent disparaître, mais parce que les maux sous-jacents persistent, les symptômes continuent d'apparaître encore et encore.

Et puis il est possible que les gens dont la tâche consiste à mettre en œuvre des solutions via les structures sociales ou la législation n'aient pas l'amour et la compassion nécessaires pour atteindre leurs objectifs. Les organisations gouvernementales, par exemple, traitent souvent les problèmes d'une manière distante et superficielle, et les résultats escomptés ne sont pas atteints.

Vipassana offre une approche alternative pour résoudre ces problèmes et la souffrance indicible qu'ils causent. Le savoir-faire et les ressources sont certainement nécessaires, mais, par-dessus tout, c'est de sagesse dont nous avons besoin. En appliquant les bénéfices de la méditation de manière pratique, on peut s'attaquer aux problèmes à deux niveaux. En fin de compte, la solution doit être trouvée au niveau individuel, chacun de nous travaillant sur soi dans le cadre d'une campagne soutenue pour ôter les négativités de son propre esprit, afin que notre apport personnel dans différentes situations soit aussi constructif que possible. Simultanément, nous pouvons aussi opérer au niveau institutionnel, en encourageant le développement des principes et des pratiques du Dhamma dans les organisations privées, professionnelles, bureaucratiques et politiques. Par leur propre exemple, les méditants donnent parfois de l'inspiration à autrui pour qu'ils se changent eux-mêmes. Il arrive aussi qu'ils initient ou donnent de l'élan à des changements positifs, petits ou grands, à travers le spectre de la société.

୶

Mes amis disent que j'ai changé en mieux. Ai-je changé ? Bien que la réponse soit tout simplement « oui », le processus de changement a été très difficile. Bien que ma compréhension de mon moi intérieur et ma conscience du monde extérieur fussent assez limités, j'ai toujours rêvé de faire quelque chose de bien pour la société. Pourquoi et comment, je ne l'ai jamais su. Je me rappelle très clairement, lorsque j'étais en classe de sixième avoir lu que la Révolution Verte était en train d'apporter des changements radicaux aux rendements agricoles dans le nord de l'Inde : j'ai alors commencé à rêver de reproduire ce succès dans mon état d'origine, le Bihar. À l'âge de 13 ans, j'étais fasciné par l'idéologie du Parti Communiste, et lors des élections générales de 1989, j'ai travaillé à mobiliser les gens pour ce parti.

Je voulais faire quelque chose de grand. Bien sûr, je voulais faire tellement de choses, mais qu'est-ce que j'ai fait ? Je ne pouvais rien faire, et le pire est que mes résultats scolaires se sont effondrés. Malgré mon potentiel et mon désir de bien faire, le résultat final était vraiment lamentable. À cause de différentes négativités, je ne pouvais rien faire de valable.

J'ai encore du mal à croire qu'une simple technique de méditation comme Vipassana puisse faire de telles merveilles pour moi. Elle m'a donné une solution pour chacun de mes problèmes. Je ne dirais pas que je suis désormais libéré de toutes mes négativités, mais aujourd'hui, pour sûr, je sais comment leur faire face. Ma concentration a augmenté, et du coup ma compréhension des événements s'est approfondie. Grâce à une compréhension correcte, j'ai désormais une meilleure réponse à chaque situation. Vipassana m'a appris à rester calme et à faire mon travail efficacement. Chaque jour, j'essaie d'améliorer le jour précédent. Je suis sûr que si je continue à pratiquer Vipassana, je vais certainement réaliser mon rêve de faire quelque chose de bien.

—Durgesh Kedia est un étudiant en M.B.A.
à Pune, en Inde.

❧

Je n'ai jamais voulu me contenter de juste « faire mon boulot ». Aussi loin que je me souvienne, j'ai eu besoin de sentir que ce que je faisais allait faire une différence, et que ce quelque chose (même si c'est juste un tout petit quelque chose) allait rendre le monde meilleur après moi. Et puis j'adore mon travail de chercheur en sciences de l'environnement (l'érosion des sols pour être précis). Il me procure deux grandes joies : savoir que mon travail quotidien contribue un peu à la longue et lente tâche de rendre la santé à la planète, et aussi découvrir les merveilles cachées dans les processus naturels que l'on considère le plus comme allant de soi. Combien de fois ai-je été émerveillé par la façon qu'ont les cours d'eau boueux de se transformer en flaques d'eau !

Du moins, c'est ce que je ressens dans les bons jours. Dans les mauvais jours, j'ai beau me souvenir de la situation dans son ensemble, le poids écrasant de la bureaucratie universitaire et les jeux de pouvoirs de l'institution m'accablent. Alors, le sentiment de futilité domine : à quoi bon tout ça ? C'est là que mon Vipassana m'aide le plus. Il m'aide à être « là », à me concentrer sur ce que je suis *vraiment* en train de faire (plutôt que me concentrer sur les choses auxquelles je m'imagine être en train de contribuer, ou sur les choses contre lesquelles je m'imagine être en train de me battre). Quelle est cette expression ? « L'espérance inébranlable ». Cela remplit ma méditation et se répand dans le reste de ma vie, comme l'eau se répand hors de la flaque d'eau. Je me laisse porter, et je suis moins désespéré.

—Le docteur David Favis-Mortlock est chercheur
à l'Institut du Changement Environnemental,
à l'Université d'Oxford, Royaume-Uni.

Travail à faire

La force de caractère est un prérequis important à l'action sociale responsable. Les qualités morales d'une personne et leur progrès, constituent le fondement de son caractère dans la vie de tous les jours comme sur un plan spirituel. Observer les cinq préceptes – s'efforcer de ne pas tuer, ne pas voler, ne pas mentir, ne pas avoir de mauvaise conduite sexuelle ou ne pas prendre de drogue– fait partie intégrante de la technique de méditation. Mais cette ligne de conduite morale s'étend au-delà même du cours de Vipassana. Maintenir et développer sa propre sensibilité morale est particulièrement important pour nous aider à surmonter avec succès les pressions et les difficultés de la vie quotidienne. Nous tentons d'éviter de faire du mal à autrui, que ce soit par des actions physiques ou par des paroles. Nous essayons plutôt d'être gentils et compréhensifs lorsque l'on a affaire aux autres, de respecter toute vie, d'être généreux, ouverts et sincères. Des moyens d'existence justes, c'est-à-dire gagner sa vie en respectant les préceptes moraux, fait aussi partie du chemin. Tout le monde a besoin d'argent, mais comment en gagner sans se faire du tort à soi-même et aux autres au passage ? En pratiquant Vipassana tous les jours, et en l'appliquant sur son lieu de travail, on commence à voir ce qu'on peut faire.

Aujourd'hui, la construction n'est plus en fait que du « business ». Je suis plus ou moins un homme d'affaire, je suppose. Je peux encore tenir un marteau et taper sur un clou, mais je pense que faire attention aux transactions d'argent et aux relations avec les gens est vraiment important, car si dans la vie construire sa maison ou autre chose est un gros engagement, il en va de ma responsabilité de faire en sorte que les choses se déroulent bien.

Il est très difficile de faire ce qui est juste dans un monde où tout le monde cherche à obtenir le plus possible. Donc ce que vous ressentez c'est : « Je dois avoir ma part du gâteau, pour faire comme tout le monde. Je n'arnaque personne, je prends juste ma part du gâteau, parce que ce que j'ai sous les yeux se passe tellement vite que bientôt, il ne me restera que les miettes. Toutes les responsabilités, et plus que des miettes. » Mais ce n'est pas vraiment comme cela. C'est juste. Cela doit être juste. Et pour mener une affaire de façon juste, vous devez prendre le contrôle. Vous êtes le constructeur ou le promoteur. Vous êtes la personne qui fixe les termes du contrat, vous devez le faire convenablement, pour vous-même, et vous devez vous y tenir. De cette manière, vous vous assurez que tout va bien pour tout le monde. Cela m'a pris longtemps pour y arriver. C'est très difficile. Mais en pratiquant Vipassana, se baser sur des principes moraux fait qu'ils deviennent bien ancrés en soi, et ainsi vous commencez à vivre de manière correcte. Au lieu de *penser* que vous vivez de manière correcte, ou de *parler* de vivre de manière correcte, vous *vivez* de manière correcte. Vos relations avec autrui y gagnent, et vous êtes plus en paix avec vous-même.

—*Conversation avec Jim Talbot, du sud de l'Australie*

Sportif de niveau mondial, Bishen Singh Bedi a représenté l'Inde dans l'équipe nationale de cricket pendant de nombreuses années.

« Le cricket est en soi une façon de vivre, et je vois beaucoup de similarités avec Vipassana. L'un comme l'autre demandent l'application sur la durée d'une bonne dose de concentration et d'efforts. Quand nous disons que quelqu'un n'est pas un joueur de cricket, cela veut dire qu'il ne se comporte pas équitablement dans la vie, qu'il n'est pas droit, qu'il n'est pas honnête. Comme l'a dit un jour l'ancien premier ministre de l'Australie, Sir Robert Menzies : « Si seulement l'Amérique et la Russie jouaient au cricket, il y aurait beaucoup plus de bonheur en ce monde. »

Pour moi, ce que l'on nous enseigne dans un cours de Vipassana est un processus psychique, c'est-à-dire comment s'élever au bon moment. Mes capacités à pratiquer le cricket étaient très limitées, et je peux vous dire comment de grands joueurs tels que Sunil Gavaskar et Kapil Dev –se mobilisaient psychiquement, pour être ensuite très fiers de leur performance. Quand je dis « fier », cela ne doit pas être pris au sens de vanité ou d'arrogance. Cette « fierté » signifie la satisfaction de ses performances personnelles. Si vous n'êtes pas fier de vous, personne d'autre ne va être fier de vous. Et cette fierté personnelle doit être suivie par quelque chose qui s'appelle la fierté nationale.

Personnellement, j'ai appris que la vie est un processus

d'apprentissage sans fin, et Vipassana m'a appris que je pouvais proposer cette technique aux jeunes enfants de 10 à 15 ans que j'entraîne pour améliorer leur concentration, pour leur inculquer une forme de confiance en leurs capacités, et leur apprendre la discipline que le cricket demande pour bonifier leur propre personnalité comme la société dans laquelle ils vont grandir. Et aussi, pourrais-je ajouter, pour éliminer les possibilités de tricherie, de paris d'argent et de corruption, je suis sûr que cette technique aiderait considérablement.

∽

Mon travail quotidien nécessite un engagement très important et de bonnes compétences en organisation. Je suis la directrice d'une organisation, créée il y a cinq ans, qui a connu une croissance très rapide, et qui comporte cinq principaux projets, dont quatre sont des activités commerciales de nature très différentes, établies dans des villes différentes. Ils incluent une pépinière ; une entreprise paysagiste ; un café/service de restauration avec livraison à domicile, un centre de relations familiales, et un centre d'aide psychosociale et de conseil. Les deux entreprises qui n'ont pas de caractère « psychosocial » visent en fait à former des jeunes « inemployables », en leur permettant d'acquérir des habitudes de vie et des compétences professionnelles qui les rendent « employables », tout en leur permettant de savoir clairement ce qu'ils veulent et de se fixer des objectifs.

Je trouve que la pratique régulière de Vipassana me permet de faire face efficacement aux tensions qui apparaissent dans mon travail de tous les jours, qu'elle me permet de me débarrasser du stress rapidement, m'aide à rester plus équilibrée et m'aide pour traiter les problèmes avec une plus grande perspicacité. La méditation Vipassana est un excellent outil d'auto-thérapie.

J'ai une meilleure compréhension de la loi de cause à effet, et la plupart du temps je suis capable d'examiner mes propres motivations et réactions sans que ces réactions ne « débordent » sur les autres de manière incontrôlée. Je pense que je suis plus compatissante – envers moi-même comme envers les autres–, que je suis aussi capable d'agir avec fermeté et de parler ouvertement et sincèrement. Je pense que je conduis les affaires de cette organisation de manière éthique, sur la base de vrais principes.

—*Brenda Nancarrow vit dans le Queensland, en Australie.*

Roop Jyoti, qui a fait son doctorat à Harvard, est vice-président de l'empire commercial de sa famille, et il occupe un poste de conseiller du gouvernement du Népal pour les réformes administratives et économiques.

« Vipassana est adapté à toutes les couches de notre société et à tous les types d'activités humaines. Il est certain que c'est quelque chose qui fait sens pour le monde des affaires, pour le monde des échanges et du commerce, pour le monde de la production industrielle, et pour celui des activités économiques.

Vipassana enseigne comment faire face calmement aux hauts et aux bas de la vie. On s'investit dans le commerce, et parfois les prix montent, d'autres fois les prix descendent. Un autre s'engage dans l'industrie, et partout il est confronté à des problèmes et à des incertitudes – problèmes de production, problèmes liés aux travailleurs, problèmes de matières premières, problèmes de marketing, problèmes financiers et j'en passe. Quel que soit le secteur d'activité dans lequel on s'investit, il y a toujours des problèmes, il y a toujours des incertitudes, il y a toujours des hauts et des bas. On espérait que les ventes augmenteraient mais elles baissent. On espérait que les profits grimperaient mais ils diminuent. On espérait que les taux d'intérêt descendraient mais ils montent. On espérait que les prix baisseraient mais ils augmentent. Est-on capable de rester calme face à de telles situations ? Oui assurément si l'on pratique Vipassana et si on l'applique dans sa vie quotidienne.

Vipassana enseigne comment ne pas se laisser déstabiliser dans la vie. Un rôle de dirigeant dans le monde des affaires suppose d'avoir des relations avec beaucoup de gens : des gens biens, des gens moins biens, toutes sortes de gens. Certains se comportent convenablement, d'autres non. Certains sont des clients satisfaits, d'autres non. Certains sont des travailleurs fiables, d'autres non. Parmi ce dédale d'incertitudes, il y a une certitude : on ne peut pas choisir les gens avec qui l'on va traiter. Ni décider d'aimer ses supérieurs ou non. Ni d'aimer ses subordonnés ou non. Ni d'aimer ses conditions de travail ou non. Ni d'aimer les tâches auxquelles on est assignés ou non. Il est fort possible que l'on n'ait pas, dans l'immédiat, d'autres options. Cela aide-t-il de s'énerver ? Non, cela ne fait qu'empirer les choses, non seulement pour soi-même mais aussi pour ceux qui nous entourent. Mais c'est pourtant ce que nous faisons, à moins d'avoir appris la méditation Vipassana et de la pratiquer régulièrement.

Vipassana enseigne comment ne pas réagir à une provocation. Des réunions amicales se transforment en foire d'empoigne. Des clients sympathiques se mettent soudainement en colère. Des employés ne font pas ce qu'on leur demande. Des travailleurs formulent des demandes impraticables et irréalistes. Des patrons donnent des tâches déraisonnables, impossibles à réaliser. Va-t-on alors se sentir provoqué, et réagir par un accès de colère ? C'est ce que l'on a tendance à faire et cela empire la situation pour soi-même et pour les autres, à moins de s'exercer à la méditation Vipassana et d'avoir appris à observer nos sensations, les vibrations naturelles à l'intérieur de soi.

Vipassana nous donne un outil pour répondre à toutes sortes de situations dans la vie avec sérénité, tranquillité et équanimité. Il n'y a pas d'autre sphère de la vie où un tel outil soit plus utile, plus pertinent, plus important, que dans le monde de l'entreprise.

En tant qu'homme d'affaire, la motivation du profit, le désir de faire de l'argent, est toujours là. La question-clé est : du profit pour qui ? La vraie question est là. En grandissant dans le Dhamma, mon attitude a progressivement changé.

Aujourd'hui, il me semble important de diriger et développer une entreprise qui marche bien parce que cela peut aider tant de gens, à commencer par sa propre famille jusqu'aux milliers de familles qui tirent leurs moyens de subsistance de différentes entreprises, des banques et des placements financiers. Pour satisfaire nos propres besoins, nous pourrions facilement vivre de nos revenus immobiliers, mais cela ne nous permettrait pas d'assumer nos propres responsabilités, donc nous entreprenons continuellement de nouveaux projets.

Par-dessus tout, en tant que personne qui réussit, qui est riche et célèbre, vous devez prendre garde à ne pas gonfler votre ego. Il y a tant de tentations, intentionnelles ou non, pour soi-même et également pour ses enfants. La technique de Vipassana est particulièrement importante pour aider à se gérer soi-même et pour contenir l'ego.

Vipassana nous enseigne comment être responsable sans développer de l'attachement. Vipassana ne nous rend pas indifférent, il nous donne davantage conscience de nos responsabilités. Vipassana nous apprend à ne pas réagir involontairement, mais plutôt à être pro-actif à bon escient. Vipassana ne nous rend pas sans ambition, mais nous rend plus ingénieux. Vipassana nous apprend à tolérer les difficultés de court terme pour des gains à long terme. Vipassana développe notre capacité à persévérer dans les actions justes, il nous rend plus patient, plus persévérant. Vipassana nous rend capable de faire tout cela en nous apportant la conscience de notre moi intérieur. Avec Vipassana, nous nous débarrassons de nos négativités et nous purifions notre esprit, et un esprit pur guidé par le pur Dhamma prend toujours la bonne décision, entreprend toujours les bonnes actions.

❧

C'est très stressant, en particulier pour une femme qui a une vie professionnelle, d'essayer d'avoir une vie indépendante en dehors du travail. Avant le cours, je ne parvenais pas à établir des priorités, je ne pouvais pas sentir par moi-même ce qui était important, je ne savais pas vraiment qui j'étais ni combien j'étais stressée, jusqu'au moment où je me suis trouvée très près de m'effondrer. Dans Vipassana, j'ai trouvé un pont. La connexion entre l'esprit et le corps, les émotions intangibles avec les sensations tangibles. La connexion entre qui je suis et qui je veux être. C'est juste un début, un petit pas vers l'équilibre.

—Nita Souhami vit à New York et travaille
dans une banque de Wall Street.

∾

À l'heure actuelle, l'Inde se forge une place de leader dans le logiciel et dans d'autres domaines de l'ingénierie. Dans la ville de Mumbai, Anand Engineers a adopté une approche novatrice.

Au début des années 90, cette société d'ingénierie chimique, qui emploie une centaine d'employés et d'ouvriers, a lancé un projet de recherche sur l'effet de la méditation Vipassana sur la gestion des affaires.

Jayantilal Shah, le gérant d'Anand Engineers, est convaincu depuis longtemps du lien entre le développement personnel et la prospérité matérielle. Fort de son expérience personnelle, il sentait que la méditation Vipassana offrait une méthode pour atteindre ce but ambitieux. Comme il participait chaque année à une retraite, et que les changements dans son attitude et dans son comportement étaient appréciés par ses collègues de la direction, ceux-ci commencèrent également à méditer. Des congés payés furent offerts à quiconque voudrait apprendre la technique, et, à ce jour, plus de 75% du personnel de la société a suivi un cours de dix jours.

Alors que les esprits, et les vieilles habitudes avec eux, changeaient petit à petit, les résultats matériels ont commencé à suivre. Les changements positifs survenus chez les individus grâce à la méditation ont aidé à améliorer la qualité des relations interpersonnelles à tous les niveaux de la société. En reconsidérant leur propre rôle objectivement, les directeurs ont réalisé que leur arrogance dans leur attitude à l'égard du personnel générait de l'insécurité et un manque de confiance pour les deux parties. Petit à petit, les obligations contractuelles laissèrent la place à de vraies relations humaines. Lorsque la fatigue et le stress consécutifs à une longue maladie dans sa famille entraînèrent un comportement discutable chez un membre chevronné du personnel, une attention et une bienveillance particulières lui furent manifestés. Un autre cas : un ouvrier non qualifié était sur le point d'être renvoyé pour avoir mal fait son travail, et pour son manque de coopération. Mais une enquête plus approfondie a révélé que l'entreprise attendait de lui qu'il accomplisse des tâches qui n'étaient pas prévues dans son contrat. Par conséquent, un nouveau poste lui a été offert et tous les griefs qu'on avait contre lui se sont évanouis. Beaucoup de décisions, qui étaient précédemment imposées par les directeurs, sont maintenant transférées à des équipes autogérées. Le travail en équipe et les concertations aident à réduire les conflits dans l'organisation, la motivation et le sens de la responsabilité partagée se sont développés, et l'entreprise dans son ensemble est devenue plus harmonieuse et plus productive.

Depuis le milieu des années 80 où l'on a offert aux travailleurs la possibilité d'apprendre Vipassana, l'entreprise n'a connu ni conflits sociaux, ni grève. Les contremaîtres font preuve de davantage de compréhension, d'un plus grand respect à l'égard des ouvriers, et tout le monde fait état d'une diminution du stress, grâce à une meilleure communication et une plus grande satisfaction professionnelle. L'ensemble des améliorations dans l'environnement professionnel a été un facteur de croissance pour l'entreprise, avec une multiplication par dix du chiffre d'affaires en l'espace de dix ans, et parallèlement une hausse des profits. D'autre part, la politique de la société a également évolué avec le temps, passant d'une simple poursuite des résultats financiers à une vision plus large et plus profonde de la création de richesse – incluant l'argent, la santé, les relations de travail heureuses et la paix de l'esprit. Des programmes de développement personnel gratuits et un espace de méditation dans l'usine jouent également leur rôle dans la création d'une communauté professionnelle vivante.

En 1999, des événements imprévus ont mis à l'épreuve de façon sévère la mission et les pratiques professionnelles de l'entreprise. Un boycott des produits indiens par l'administration américaine, consécutifs à des essais nucléaires sur le subcontinent, combiné à la politique de mondialisation et de libéralisation du gouvernement indien, ont totalement transformé l'environnement commercial de Anand Engineers. Le volume des affaires a chuté de 40%, et les bénéfices confortables se sont transformés du jour au lendemain en lourdes pertes. Tout le monde a été touché, mais l'équanimité, et non la panique, a prévalu. Les salaires ont dû être drastiquement réduits, ceux des directeurs pour commencer. Des licenciements dans l'entreprise ont été conclus à l'amiable, réduisant d'un quart les effectifs. Des plans de restructuration, y compris des investissements dans les nouvelles technologies, ont été rapidement effectués. En dépit de la vitesse à laquelle il a fallu s'adapter ils sont confiants dans l'avenir de la nouvelle version de l'entreprise sur le marché global.

❧

L'expérience d'un certain nombre de sociétés a montré que l'introduction de la méditation Vipassana auprès du personnel a amélioré l'atmosphère de travail, les attitudes de coopération et l'harmonie dans l'entreprise. Les dirigeants sont devenus plus patients dans la gestion des aléas des affaires, et plus tolérants face aux difficultés des employés. Les ouvriers sont devenus plus fiables et plus à même d'effectuer leurs tâches, même s'il s'agit d'un travail de routine répétitif et monotone. En constatant les bienfaits de Vipassana, beaucoup d'organisations, à but lucratif ou non, se sont mises à offrir des congés payés à leurs employés pour qu'ils participent à des stages de méditation Vipassana. Certaines entreprises ont inclus Vipassana dans leurs programmes de formation, d'autres dans leur activité de développement des ressources humaines, et d'autres encore l'ont simplement considéré comme étant une dimension du bien-être des employés. Vipassana a réduit les cas de confrontations et nombre de situations où des conflits surgissent inutilement. Vipassana aide une personne à vivre de manière heureuse, et des individus heureux forment une entreprise heureuse. Les employés deviennent reconnaissants envers leurs employeurs pour leur avoir donné l'opportunité d'apprendre Vipassana, et les employeurs sont récompensés par une meilleure productivité et une meilleure moralité.

❧

En tant que dirigeant d'une petite entreprise, je promeus désormais une ambiance plus propice au travail en équipe et à la prise de décision individuelle. Mon style de management et de négociation a changé, passant d'une attitude stricte à un style plus flexible où je soutiens davantage mes employés. La réaction de l'équipe et de nos clients a été positive. Les salariés prennent davantage de responsabilités et sont mieux préparés à prendre leurs propres décisions. Nous réussissons mieux et la preuve en est que les clients nous ont apporté encore plus d'affaires.

—*Joachim Rehbein, de Nouvelle- Zélande, a suivi son premier cours en 1990, et n'a pas cessé de méditer depuis lors.*

❧

Quel est donc le mot pour désigner quelqu'un qui se conduit de manière névrosée et paranoïaque ? Quel que soit le terme, il s'appliquait à moi après que je me sois engagé à méditer pendant dix jours (dix heures par jour !) en silence. Je ne dirais pas que je suis totalement novice en ce qui concerne tous ces trucs New Age. J'ai fait du yoga, mais pour moi le véritable exercice, cela reste une bonne course à pied et des poids de musculation. J'assiste à un office religieux ou à une rencontre spirituelle chaque semaine, et j'ai assisté à presque tous les types de cérémonie imaginables. En fait, j'ai visité un temple bouddhiste une fois, et je me suis assis pour méditer une demi-heure. Je peux résumer l'expérience en un mot : claustrophobie. Dix jours ? Là après environ dix minutes, j'ai cru que je ne pouvais plus respirer.

Et pourtant, même avec mon unique expérience de méditation qui a été tout sauf épanouissante, me voilà en train de faire mes bagages pour une retraite de méditation Vipassana. Tout a commencé lorsque j'ai décidé de quitter mon emploi en mars. Tout le monde me disait : « Keith, prends quelques mois de congés pour t'éclaircir les idées. » Alors, comme toutes les personnalités de type, j'ai cherché à compresser ces trois mois « d'éclaircissement d'idées » en le moins de jours possible. Alors je me suis souvenu d'un discours entendu au forum économique mondial de Davos. Davos, c'est camper une semaine dans les collines suisses, avec pas loin de deux mille de vos plus proches amis dirigeants du monde. Et au milieu des discussions importantes sur l'économie et la politique, il y avait une session très demandée qui s'intitulait : « Le Bonheur ». J'ai bien peur que beaucoup de pouvoir et d'argent ne vous assurent pas nécessairement le bonheur. Alors, nous étions là, à écouter S. N. Goenka nous promettre le bonheur si nous suivions cette ancienne tradition de méditation qui ne peut être enseignée que lors d'un cours intensif de dix jours. Étant à cette époque salarié (sinon avec bonheur, du moins avec frénésie), j'ai pensé qu'il était impossible que je prenne dix jours loin de mon travail. Mais là, avec du temps devant moi et le désir de trouver le bonheur et la clarté en moins de trois mois, je me suis décidé à donner sa chance à Vipassana. L'autre élément qui rendait cela intéressant était ma conviction que quelque chose qui me terrifiait autant allait bien produire des résultats puissants.

Ou bien, évidemment, cela pouvait aussi me faire fuir dans les bois en hurlant, au bout d'une demi-heure.

Comme tous ceux qui se cherchent au milieu de leur carrière, j'ai mis énormément d'énergie à chercher l'étape suivante « qui fasse sens ». Le sens, c'est ce qui apparaît d'évidence comme étant l'étape suivante pour gravir l'échelle de la carrière. En tant que plus jeune Chief Marketing Officer dans le classement « Fortune 500 », je ne pouvais pas accepter de poste moins haut placé dans la hiérarchie du monde des affaires, que ce soit en termes de poste ou en termes de prestige de firme. Si je l'avais fait, n'aurais-je pas eu l'air d'un *loser* ? Il était devenu clair pour moi que j'avais créé une galerie de spectateurs fantômes, dont je quêtais l'approbation pour mes choix d'évolutions de carrière. Qu'est ce qui pouvait me rendre heureux ? Qu'est-ce que c'est que cette question ?

Le jour six a été un cauchemar. Chaque fois que l'heure de méditation touchait à sa fin, nous entendions Goenka commencer à chanter, ce qui habituellement durait quelques minutes, mais au moins nous savions que c'était terminé. Cependant, il y avait une note vraiment longue, qu'il tenait à la fin du chant. C'était en Pāli, une ancienne langue indienne ; le mot signifiait probablement « amour », ou quelque chose comme ça. Je jure que cette note semblait chaque fois durer plus longtemps que la fois précédente. Pendant la dernière séance de méditation, à la fin du septième jour, j'étais sûr que ce petit sadique de Goenka tenait la note de ce mot « amour » exprès pour prolonger la douleur. Puis j'ai ouvert les yeux et j'ai vu cet homme, là, avec son regard paisible, et je me suis rendu compte que mes aversions étaient parties. Et je suppose que c'est le but de tout cet exercice. Nous étions en train de pratiquer la même chose que ce que nous vivons tous les jours. Pendant la méditation, nous faisons l'expérience des mêmes sensations physiques que nous ressentons dans la vie réelle lorsque quelqu'un nous insulte ou provoque en nous de la frustration. Pendant la méditation, nous apprenons à observer ces sensations impermanentes, et à les laisser passer, sans nous attarder sur elles pour les rendre encore pires. Bien sûr, nous avons également appris ce qui arrivait lorsque nous nous attardons sur elles. Quand je me concentrais sur la douleur de mon genou et que je me mettais en colère, cela ne faisait que multiplier la douleur. Cela me rappelle la frustration accrue que je ressens quand je pense à quel point mon patron m'a mis en colère. Cependant, quand je ne fais que « simplement observer, calmement, tranquillement, patiemment, de façon persistante et consciente, encore et encore », la douleur s'en va. Il y avait là une vraie leçon pour ma vie quotidienne.

J'ai fait l'expérience, pendant des heures et des heures, de bons et de mauvais souvenirs et de pensées imaginaires. Il y a eu également, pendant la méditation, des moments de distraction où j'étais au sommet de ma créativité.

Alors, que vais-je faire maintenant que je suis rentré chez moi ? Je vais essayer de maintenir mon niveau de méditation. Je ne suis pas sûr de larguer tout de suite ma collection de vins de Bordeaux, ni de cesser de participer à l'industrie de l'abattage des animaux de boucherie, mais je dirais que j'en ai eu assez pour ne pas tourner le dos à la possibilité d'être plus heureux. Alors je vais continuer à être conscient, à observer et à ne pas réagir.

—Keith Ferazzi est aujourd'hui président et Chief Executive Officer de YaYa, une entreprise de publicité sur Internet.

Des mains secourables

Les personnes engagées dans différents domaines du travail social, ou dans les professions d'aide à la personne, ont la chance de pouvoir agir directement sur la vie quotidienne des autres. Médecins, infirmières, enseignants, psychologues, éducateurs et autres cherchent tous à utiliser leurs talents pour notre bien. Nobles professions peut-être, mais elles portent en leur sein leurs propres dangers. Pas seulement à cause de l'urgence des besoins ni des conditions matérielles de travail, mais parce que l'interaction constante avec la souffrance présente chez les autres peut raviver nos propres fragilités, et aspirer l'aidant dans le même tourbillon de souffrance que l'aidé. La méditation Vipassana offre le moyen d'agir avec empathie et efficacité dans des situations sociales exigeantes, tout en se protégeant et en reconstituant ses propres ressources mentales.

⌒◆

Peu de temps après avoir commencé à pratiquer Vipassana, j'ai eu l'opportunité de le mettre en pratique dans un environnement difficile, en tant que superviseur de détention périodique pour le département de justice néo-zélandais. La détention périodique est une mesure correctionnelle qui requiert des détenus qu'ils renoncent à une partie de leurs précieux week-ends pour faire des travaux d'intérêt général obligatoires. C'est une peine qui leur épargne la prison, sanctionnant des délits tels que les agressions, le vol ou les troubles de l'ordre public.

Je ne sais pas avec certitude pourquoi c'est moi qui ai été choisi pour ce travail plutôt que mon ami grec, qui est barbu et baraqué, et qui a l'air de quelqu'un à qui il vaut mieux ne faut pas se frotter. Moi, j'avais au contraire l'air d'être timide, mal assuré et plutôt novice en ce qui concerne les choses de la vie. C'était en tout cas mon impression.

Pour mon premier jour de travail, ne sachant pas à quoi m'attendre, je suis arrivé au centre de détention de bonne heure, nerveux. C'était un de ces matins bien froids où l'on piétine sur place pour se réchauffer, et le responsable faisait l'appel à toute vitesse sur un ton hargneux. Ses paroles fendaient l'air glacial, mais pas le regard froid des détenus. Les degrés divers de ressentiment, d'aversion et de mauvaise humeur suggéraient qu'ils ne sympathiseraient pas avec leur nouveau superviseur. Qu'est-ce qu'ils me réservaient ?

J'avais sous ma responsabilité une douzaine de détenus. Notre tâche de la journée consistait à débroussailler le terrain d'une école. Avec une certaine inquiétude, j'ai fait l'inventaire des fourches, pioches, haches, pelles et autres outils tranchants tandis qu'ils étaient chargés dans la camionnette.

Le directeur devait avoir une grande confiance dans le caractère coriace de ses surveillants. Ce n'était pas difficile de s'imaginer être expédié six pieds sous terre, au sens figuré comme au sens littéral, en se faisant recouvrir de quelques pelletées de terre au bord de la route. Heureusement, toutes ces peurs ne se concrétisèrent pas. J'ai réalisé que je pouvais accomplir ce travail plutôt bien, étant armé d'une certaine dose d'équanimité de compassion et de calme, développée grâce à la méditation Vipassana. Il n'y a eu aucun incident fâcheux à relater durant la période où j'ai travaillé là-bas.

Pourtant, à cause de l'ambiance de travail tendue, le stress s'accumulait inévitablement pendant la journée. Je me suis rendu compte très clairement de la grande valeur de la pratique quotidienne, matin et soir, de Vipassana. Quand je rentrais à la maison et que je commençais à méditer, il y avait souvent et une libération explosive immédiate du stress de la journée. C'était presque incroyable. Il est certain que cela m'a convaincu que Vipassana est un merveilleux bain mental, à tous les niveaux, et un outil idéal pour les gens qui sont engagés dans les champs exigeants du travail social.

—Richard Rossi médite dans cette tradition
depuis vingt-cinq ans.

჻

Thomas Crisman était avocat aux Etats-Unis depuis environ dix ans quand il a suivi son premier stage de méditation Vipassana en 1980. Après avoir été diplômé d'une école d'ingénieurs en 1965 puis d'une faculté de droit en 1969, il a commencé à exercer le droit de la propriété intellectuelle, un domaine spécialisé dans le droit des brevets, des marques de fabrication et du *copyright*, à Dallas, au Texas. La plus grande partie de son travail d'avocat, jusqu'au moment où il a pris son premier cours, relevait de la juridiction contentieuse. C'est à dire qu'il représentait des clients dans des procès face à d'autres parties portant sur des sommes d'argent importantes et sur des questions pour lesquelles les deux parties étaient souvent très impliquées sur le plan émotionnel.

Aux Etats-Unis, le contentieux s'est caractérisé, au cours des dernières décennies, par l'agressivité avec laquelle les avocats représentent leurs clients, et par ce qu'on appelle les « *hard ball tactics* »[2] qu'ils utilisent afin de générer de la frustration chez les avocats de la partie adverse, dans le but d'obtenir un avantage sur eux. Dans ma propre carrière juridique, j'ai épousé pleinement cette approche du contentieux et la représentation de mes clients devenait une lutte personnelle, avec l'objectif de gagner contre les avocats de l'autre partie, quel que soit le problème, et à n'importe quel prix. En général, perdre une petite bataille pendant la procédure d'un litige prolongé engendrait chez moi de la colère, de l'animosité et un désir de vengeance à l'encontre de l'avocat de la partie adverse qui m'avait infligé cette défaite. Gagner et « rétablir l'équilibre » avec les avocats auxquels je m'opposais dans l'affaire devenait une obsession dans mon travail. Je croyais qu'il était nécessaire d'être impliqué sur le plan affectif, et ce de manière personnelle et totale, pour assurer la victoire de mon client. Cette attitude et ce comportement ont

---

2   [expression signifiant, aux États-Unis, que tous les coups sont permis, NdT]

naturellement généré une quantité de stress énorme, des sautes d'humeur importantes et des dépressions périodiques. J'ai fait face à ces hauts et ces bas de la même manière que les avocats qui m'avaient formé : avec de l'alcool et autres diversions.

Après avoir pratiqué Vipassana, j'ai commencé à voir qu'il y avait une façon plus équilibrée d'aborder la représentation de mes clients en litige. J'ai commencé à travailler plus dur pour essayer de trouver un terrain d'entente ou un compromis pour résoudre la controverse entre les parties en contentieux. Quand on ne pouvait parvenir à un accord pour l'affaire, et qu'il était évident que le litige devait trouver son terme, j'ai commencé à voir que le processus entier du contentieux, ainsi que la résolution d'un conflit entre deux parties devant un tribunal, était une sorte de jeu. Il est devenu clair que le litige était un jeu, et auquel on pouvait jouer très efficacement, tout en restant équilibré sur le plan affectif et sans s'emporter, en abordant le problème de manière dépassionnée. Je me suis aperçu que je pouvais même atteindre plus efficacement mon but de promotion des intérêts de mes clients, au cours d'un procès, si je ne cédais pas à des réactions de colère face aux actions de la partie adverse. En restant équilibré sur le plan affectif face aux « *hard ball tactics* » agressives que mes adversaires dans le contentieux employaient contre moi, j'ai trouvé que je pouvais parler avec des mots encore plus forts qu'avant, et continuer à mener des actions fermes. De cette manière il était beaucoup plus facile de mettre en œuvre efficacement les actions fortes nécessaires pour promouvoir tactiquement et stratégiquement les meilleurs intérêts de mon client sans devenir émotionnellement prisonnier de la bataille elle-même.

La réalisation de ces vérités et la possibilité de les mettre en action dans ma profession sont les deux éléments-clés qui m'ont permis de continuer à pratiquer le droit après avoir commencé à méditer. Sans l'équilibre et le calme d'esprit acquis à travers ma pratique de la méditation, j'aurais été incapable de continuer mon travail d'avocat. Il était devenu pratiquement impossible pour moi de continuer à affronter les difficultés inhérentes à la représentation de clients qui ont des problèmes et qui sont engagés dans des relations de conflits sérieux avec d'autres personnes. Le Dhamma à rendu cela possible à nouveau.

Mon expérience de l'application de Vipassana dans ma vie professionnelle m'a aidé à comprendre plus profondément le sens de l'expression « art de vivre ». Sans la mise en pratique de cet art dans mon métier, j'aurais dû en changer et faire quelque chose de complètement différent pour subvenir à mes besoins.

—*Thomas Crisman, Dallas, États-Unis.*

❧

On n'oublie pas un bon professeur – on ne s'en souvient pas pour ses théorèmes ou ses exercices, mais pour des qualités plus subtiles qui suscitent chez nous une étincelle, un désir d'apprendre, de la réactivité, de l'humour. Dans sa classe ou dans son bureau, on oublie qu'on est à l'école, et, au lieu de cela, on engrange de précieuses leçons de vie.

Guy Dubois, un instituteur français, a fait part de son expérience professionnelle particulière lors d'un séminaire sur Vipassana à Dhamma Giri, en Inde.

« Cela fait presque six ans que je médite maintenant, et je voudrais donner un aperçu de quelques-uns des bienfaits que j'ai progressivement obtenus, dans le cadre de mes activités d'enseignant et d'éducateur.

Il y a neuf ans, j'ai commencé à enseigner avec tout l'enthousiasme et la bonne volonté de ma jeunesse. Mais rapidement, j'ai réalisé que ces qualités et toutes mes connaissances académiques ne réussissaient à m'apporter qu'un sentiment d'accomplissement superficiel.

En Orient, la discipline et le respect de l'enseignant existent encore. Dans mon pays, la France, si l'enseignant ne parvient pas à être plus intéressant que la télévision les élèves deviennent très vite agités et provocateurs, ce qui le rend mal à l'aise car conscient de ses propres insuffisances.

Quand cela se produit et que l'enthousiasme faiblit, la plupart du temps il réagit de manière négative et subjective. En conséquence, afin de se protéger, il arrive que le professeur érige un mur de défense qui rend son enseignement distant, froid, strict et académique, et qui introduit une morne routine dans la classe. Ou alors, il peut se sentir dépassé, ce qui l'amène à fumer, à boire, à prendre des tranquillisants et des somnifères, et même parfois à faire une dépression nerveuse. En France, nous avons des cliniques psychiatriques spécialement conçues pour les professeurs qui ne peuvent pas surmonter le stress de l'enseignement.

Pour ma part, plutôt que de chercher la faute chez les autres, j'étais sincèrement déterminé à résoudre le problème à la racine ; ma quête m'a finalement conduit à Vipassana.

Durant mon premier cours de méditation, de nombreuses réalités sont devenues plus claires. Ma souffrance était plus amère que tout ce que j'aurais pu imaginer. Malgré mon authentique bonne volonté d'aider les autres en enseignant, j projetais encore sans le savoir mes conflits intérieurs sur les élèves, en compensant des frustrations passées et des complexes d'infériorité par différents jeux de mon ego. Alors, par peur d'être dominé et chahuté par les élèves, j'essayais de les manipuler, de les contrôler, soit par les connaissances, soit par des réactions aveugles et autoritaires.

Et quand j'avais tort ou que je ne savais pas quelque chose, je refusais de l'admettre devant les autres. Étant totalement investi dans la sauvegarde des apparences ou livré à la peur d'être blessé, je n'étais capable d'accorder mon attention et de réellement connaître les élèves qui me plaisaient parce qu'ils étaient brillants, ou encore ceux qui perturbaient beaucoup la classe.

Mais par la pratique sérieuse de Vipassana, ma capacité à être conscient des schémas habituels de mon esprit, et de leurs manifestations dans mon corps par les sensations, a augmenté, parallèlement à ma capacité à accepter ces sensations patiemment. Mon stress a donc naturellement diminué, et mon comportement a changé.

Et maintenant, c'est comme si mes yeux s'étaient ouverts. Dans chaque élève qui réussit, je vois aussi sa souffrance sous-jacente. Chez les élèves qui restent silencieux et comme anonymes, je découvre des qualités intérieures. En ce qui concerne les élèves indisciplinés, je reconnais la même souffrance qu'en moi, et une compréhension et une tolérance plus profondes se manifestent alors chez moi. Chaque fois que je suis submergé par la négativité, j'essaie de ressentir ces sensations déplaisantes avec un esprit équilibré, et très vite mon irritation décroit. Mais si je dois agir de manière forte, j'ai le courage de le faire, conscient que mon rôle est d'aider et non de faire plaisir.

L'atmosphère de la classe change parce que je me sens moins supérieur. Une plus grande confiance s'établit entre les élèves et moi, permettant à leur esprit de s'ouvrir à des sujets plus difficiles, et augmentant ma sensibilité à leurs lacunes et à leurs problèmes. Mes paroles et mes actes sont naturellement devenus plus forts. Ma capacité à communiquer s'étend de manière efficace, pas seulement au niveau limité de l'esprit intellectuel mais de la totalité d'un être humain à l'égard d'un autre être humain traité en égal. C'est là que l'échange réel commence, c'est là que nous donnons et recevons de part et d'autre. »

◦❧◦

Vous me demandez ce que je fais ? Eh bien je suis professeur. J'enseigne dans un lycée près de Seattle et je travaille avec des étudiants internationaux en tant que professeur d'anglais seconde langue. C'est une vision superficielle de mon métier : en fait, il s'agit davantage de la langue comme véhicule de la communication. J'ai bon espoir de permettre aux gens de mieux communiquer les uns avec les autres, pour aboutir finalement à un environnement plus harmonieux où ils peuvent entrer en interaction.

J'ai choisi de travailler avec un groupe international, parce que je sens que c'est crucial pour les gens de pouvoir interagir au niveau international. Cela a été plusieurs fois couronné de succès. En voici un exemple. Cette année, je travaillais sous contrat spécial pour une entreprise produisant des composants électroniques, et une forte proportion des employés était originaire du Sud-Est asiatique. Ils travaillaient dans cette société depuis longtemps – 8, 10, 15 ans –, et n'avaient jamais parlé à leurs collègues dont la langue maternelle est l'anglais. Ils travaillaient ensemble, mais ne se parlaient pas. J'ai donc développé un programme où j'étais censée enseigner l'anglais comme seconde langue (ESL). Je leur ai dit : « Non, ce que je vais enseigner ce sont des compétences en communication, et je veux que ces américains viennent aussi au cours. Je ne veux pas uniquement les non-anglophones. » Nous les avons fait asseoir ensemble, et nous leur avons donné des choses à faire ensemble. Par la suite, ils sont venus nous dire : « Je n'avais jamais parlé à cette personne auparavant, et aujourd'hui je lui ai parlé dans le hall. « Voilà ce que je fais. J'enseigne une langue, mais je l'enseigne comme un véhicule pour que les gens communiquent à un niveau plus élevé que juste « Salut, comment ça va ? ».

J'applique en permanence Vipassana dans mon travail. Pour moi, Vipassana est un moyen de découvrir la vérité de la matière. C'est toujours avec moi parce que, autant que possible, je suis conscient de la vérité en moi-même, des sensations et de la respiration. Je suis conscient de la manière dont ça se manifeste. Je me rends compte que je mets dans mon approche de la communication cette qualité de compréhension, de sagesse, de compassion, de *mettā*. Ainsi, et autant que possible, c'est ce que j'essaie d'insuffler dans mon travail de professeur. La chose la plus importante pour moi, en tant que formateur, qui est la profession que j'ai choisie, c'est de modéliser de la meilleure manière possible ce que j'ai compris comme étant la vérité. Cela aura un effet sur les étudiants – cela a été le cas et continue de l'être –, et je continue à travailler pour perfectionner tout cela.

—*Conversation avec Peter Martin, qui vit et travaille à Washington, Etats-Unis.*

❧

Parfois, en tant que conseiller d'éducation, je dois faire face à des situations et à des étudiants violents. Je me souviens de l'une de ces situations. Un élève âgé de 13 ans, que j'appellerais John, était dans notre école depuis le jardin d'enfants. Habituellement, c'est un garçon poli et agréable, mais quand il se met en colère il devient parfois presque incontrôlable. Bien que John ait encore des difficultés, il s'est beaucoup amélioré au fil des années Très souvent, il vient me voir pour me dire combien il est en colère contre un autre enfant, mais du fait d'en parler, il arrive à régler ses différends pacifiquement. Mais il y a eu encore de rares occasions où j'ai eu à le contenir physiquement et alors, parce qu'il est grand et fort pour son âge, je devais littéralement m'asseoir sur lui jusqu'à ce qu'il se calme. John vient d'un milieu où les problèmes sont souvent résolus par la violence. Cette année-là, j'aidais un intervenant extérieur à faire cours à une classe, lorsque John et un autre garçon ont commencé à se disputer. Avant que quiconque ne comprenne ce qui arrivait, John fit tomber ce garçon de sa chaise et se mit à le frapper à coups de poing à même le sol. Il a fallu que je maîtrise John physiquement et le pousse hors de la salle. Je l'ai emmené dans mon bureau et je lui ai parlé calmement. Après un bon moment, il s'était suffisamment calmé pour parler avec l'autre garçon. Ils ont présenté leurs excuses, et finalement, ils ont pu réduire leur différend au point de rester amis jusqu'à la fin de l'année scolaire. En plus, John a écrit une lettre d'excuses à l'intervenant extérieur.

À l'occasion de cet incident, j'ai tenté d'utiliser ce que j'avais appris grâce à Vipassana pour gérer la situation. Je suis resté calme et je ne me suis pas mis en colère bien que j'aie eu à agir avec rapidité et fermeté. Lorsque j'en ai parlé à John, j'ai senti que ma *mettā*, qui s'exprimait sous forme d'attention et de sollicitude, l'a aidé à se calmer et à se mettre moins sur la défensive. Il est alors devenu capable d'examiner la situation et de reconnaître qu'il avait eu tort, et il a accepté de faire ce qu'il fallait pour corriger la situation. J'ai été en mesure d'aider les deux garçons à parvenir à un niveau de compréhension mutuelle satisfaisant en ne réagissant pas, mais en évaluant la situation clairement et calmement. Heureusement, ce genre de situation extrême est rare. À côté de cela, il arrive souvent que j'aie à recevoir les enfants ou leur famille lorsqu'un événement tragique s'est produit : la mort d'un grand-parent ou d'un parent, ou une séparation dans la famille. Parfois, lorsqu'il n'y a pas grand-chose à dire, je reste assis en silence avec l'enfant, en envoyant de la *mettā*. Alors celui-ci me dit, en quittant mon bureau, que bien qu'il soit encore triste, il se sent plus paisible.

—Sheldon Klein est conseiller d'éducation dans une école primaire au Canada. Sa femme et lui pratiquent Vipassana.

Le Bouddha a été décrit comme « Le Grand Médecin » pour sa prescription unique pour en finir avec la souffrance humaine. La méditation, en guérissant le guérisseur, améliore significativement la qualité des soins apportés aux malades dans nos sociétés.

Le Docteur Om Prakash, l'un des médecins les plus en vue en Birmanie, est allé par la suite s'installer à Delhi, en Inde, où il continua d'exercer, y compris en donnant du service dans des cliniques gratuites, jusqu'à l'âge de 80 ans.

« Vipassana est d'un grand secours dans l'exercice de la médecine. J'étais très jeune lorsque j'ai commencé à pratiquer Vipassana. À cette époque, je vivais en Birmanie et mon cabinet médical marchait très bien, avec 250 à 300 patients par jour. En arrivant à la clinique, j'étais en général excité et agité, en me demandant comment je pourrais m'occuper d'autant de patients, et comment je pourrais finir mon travail dans les temps. Je perdais souvent mon calme, et me mettais en colère contre l'infirmière, ou encore je criais après mon assistant.

Mais en commençant à pratiquer Vipassana, j'ai constaté que j'étais capable de travailler sans perdre ma tranquillité d'esprit. Mon cabinet médical s'est développé, mais je ne me sentais plus agité. Mon attitude face aux problèmes a changé. Au début, je me demandais si le patient allait être capable de payer mes honoraires. Après Vipassana, je commençais à penser : « Oh, qu'est-ce que je ne ferais pas si mon fils ou mon petit-fils tombait malade ! Cet enfant est comme mon petit-fils ! » Je me suis aperçu que désormais, je n'avais plus que de la compassion et de la tendresse et de l'amour pour mes patients.

Je me suis aperçu aussi que mes traitements devenaient plus efficaces et plus bénéfiques. Je prescrivais les mêmes médicaments, mais les résultats étaient bien meilleurs. Les patients se rétablissaient plus vite, alors même que je leur donnais les mêmes médicaments ! En fait, je prescrivais de plus petites quantités, et les gens me demandaient si c'était des soins homéopathiques que je leur donnais là, et pourquoi je ne leur donnais pas des traitements modernes conventionnels.

J'ai réalisé que les médicaments que je prescrivais étaient moins importants que ma compassion et ma *mettā*. Les patients guérissaient, quel que soit le traitement que je leur prescrive. Ainsi, les professionnels de la santé peuvent bénéficier de Vipassana et aider les gens. »

~

« Je ne suis devenu médecin qu'un certain nombre d'années après avoir commencé la pratique de Vipassana. C'est un immense soutien dans ma pratique professionnelle. Une chose que j'ai remarquée est que dans toutes les professions « altruistes », où vous travaillez avec des gens, vous êtes constamment entouré d'individus malades. Il est évident qu'ils souffrent beaucoup : ils ont peur, ils ont mal, ils sont souvent en colère, ils se sentent souvent floués, amers et aigris (« pourquoi est-ce que ça m'arrive à moi ? »). Ou bien ils sont irrités parce qu'ils essayent de masquer leur sentiment de culpabilité ou de peur par rapport à ce qui se passe. Ils ne se contrôlent plus, et vous êtes confronté à cela en permanence. C'est très difficile de ne pas se laisser entraîner là-dedans, ou de ne pas y penser tout le temps. Par exemple, prenons le cas d'un patient qui entre et commence à me parler de ses problèmes de drogue ou d'alcool. Des petites idées de mépris peuvent vous venir à l'esprit, du genre : « Oh, hé, reprends-toi ! » Ensuite, ils peuvent même devenir violents, cela arrive très souvent, et projeter leur colère sur vous.

Plus vous faites Vipassana, plus vous devenez conscient de vos propres réactions : vous revenez à vos sensations pour une minute et alors votre ego et votre tendance à vous mettre sur la défensive remontent : « Comment cette personne ose-t-elle me traiter ainsi, moi qui essaie de l'aider ! ». Et c'est parfois suffisant. D'autres fois, vous faites le mauvais choix, vous réagissez et vous les envoyez promener. Mais parfois, c'est suffisant pour calmer le jeu, et vous pouvez ainsi dépasser votre propre ego et dire : « Mon Dieu, ce type souffre réellement – voyons ce que je peux faire pour l'aider. » Parfois vous y arrivez, parfois vous échouez, mais le procédé fonctionne vraiment. Cela peut vous aider également si une personne dépressive vous tire vers le bas, et que vous commencez à vous sentir abattu et impuissant, du genre : « Mais comment l'aider, je ne vois pas ce que je peux faire... ». Alors vous essayez juste de revenir à cette base, ce socle d'équilibre ou d'équanimité, vous vous débarrassez de votre propre attachement à devoir être le héros qui se doit d'aider tout le monde et de tout résoudre ; et vous êtes juste là pour cette personne. Les gens semblent se réaligner grâce à cela, cela les aide et cela vous permet certainement d'éviter de vous faire aspirer vers le bas.

> —*Lemay Henderson a participé à sa première retraite de Vipassana aux Etats-Unis en 1985. Toute sa famille a pris des cours depuis.*

ை

Geo Poland, un canadien, a récemment repris son activité de médecin après avoir servi en long terme à Vipassana dans différentes régions du monde.

Il y a de nombreuses années, je me suis profondément lié d'amitié avec un de mes patients, un fermier infirme de 85 ans. Nous passions des heures dans sa cuisine à boire du thé et à échanger des histoires. C'était un homme très pragmatique qui avait réussi à peu près tout ce qu'il avait entrepris. Il m'a dit qu'il n'était allé à l'école qu'une journée et qu'il y avait appris tout ce qu'il devait savoir. L'instituteur avait écrit au tableau « Ne soyez jamais oisif », alors il est rentré à la ferme et a commencé à travailler !

Il m'a dit aussi que dans le bon vieux temps, il avait un docteur qui était un véritable docteur. Il disait qu'à l'instant même où vous entriez dans son cabinet, vous commenciez à vous sentir mieux, et quand vous quittiez son cabinet, vous vous sentiez encore mieux, même si vous n'aviez encore pris aucun médicament. Il m'a alors expliqué que c'est très facile d'être un bon docteur – tout ce que vous avez à faire, c'est de donner à vos patients beaucoup de « TAA » (Tendre et Aimante Attention). Ce n'est assurément pas là la totalité de l'exercice de la médecine, mais il s'agit là d'une partie qui est progressivement remplacée par notre dépendance croissante aux examens, tests et autres analyses pour établir un diagnostic.

Grâce à Vipassana et au développement de *mettā*, nous pouvons retrouver ce TAA. « Docteur, guéris-toi toi-même » est une expression très connue. Nous autres, professionnels de santé, nous devrions prendre cela à cœur si nous voulons nous aider nous-même, et aider nos patients.

Le Pouvoir au service du Bien

Les hommes politiques et les hauts-fonctionnaires occupent certaines des fonctions les plus élevées de la société, ils disposent du potentiel pour agir sur la vie de populations très importantes. Mais, comme nous le savons, avec le pouvoir viennent les tentations : la tentation presque irrésistible d'abuser de la confiance publique et administrative pour servir ses propres fins, qu'elles soient financières, sexuelles, dynastiques ou autres. Endosser de telles responsabilités et les assumer humainement, efficacement et avec intégrité est vraiment rare. Utiliser sa propre vision et sa force de caractère pour transformer les institutions, avec désintéressement, pour le bien des autres requiert des qualités spéciales. Très peu d'individus, Gandhi, Mandela, Mère Theresa, semblent être nés pour diriger de cette façon. Mais quel que soit notre niveau de départ, le processus d'auto-introspection et de purification de l'esprit grâce à Vipassana offre à chacun d'entre nous, la chance de sa vie pour apprendre, pour participer de manière créative et pour réaliser ce qu'il y a de meilleur en nous-même.

Malgré les handicaps que représentent la pauvreté et l'absence d'études supérieures, U Ba Khin a réussi sur le plan professionnel. Son honnêteté, son intelligence et sa volonté de travailler dur lui ont valu l'admiration de tous. De simple employé de bureau dans l'administration coloniale, il a progressé pour devenir en 1948 le premier Trésorier Général du nouveau gouvernement indépendant de Birmanie. À l'époque, il pratiquait déjà Vipassana depuis plus de dix ans. Il faisait des progrès rapides sur le chemin, et il commença à enseigner la technique dans le temps libre que lui laissait son travail. Durant les deux décennies qui ont suivi, il a cumulé la responsabilité de servir son pays en tant que haut-fonctionnaire avec celles qui sont dévolues à un enseignant laïc de méditation. Pour avoir obtenu des résultats exemplaires dans les deux domaines, et il a reçu le titre de « Sayagyi » – maître respecté.

U Ba Khin était à la fois un homme de principes et quelqu'un d'extrêmement pratique dans ses rapports avec les gens. Il pouvait, en fonction de la situation, être doux comme un pétale de rose ou dur comme un diamant. En introduisant la pratique de Vipassana auprès des employés et de l'équipe du bureau du Trésorier Général, U Ba Khin a apporté des améliorations remarquables dans ce département gouvernemental. Le premier ministre reconnut l'ampleur du succès, et voulut avoir une administration probe. Il chargea donc personnellement Sayagyi de travailler avec le Bureau d'État des Ventes Agricoles, un des plus importants départements de l'Etat, qui était dans un piteux état. Le rapport de la commission d'enquête qui examina la situation du Bureau faisait état, sans prendre de gants, d'un ensemble de corruption et d'incompétence. Pour réformer le Bureau, il fallait passer outre l'opposition des opérateurs financiers et des hommes politiques impliqués. Quand on annonça que U Ba Khin allait être nommé directeur du Bureau, tous les cadres dirigeants du département se mirent en grève, très préoccupés de voir l'homme qui avait exposé au grand jour leurs malversations et leur inefficacité devenir désormais leur supérieur. Sayagyi tint bon. Il continua le travail administratif avec seulement les employés du bureau. Après plusieurs semaines, les grévistes, comprenant que Sayagyi ne se soumettrait pas à leurs pressions, capitulèrent sans conditions et retournèrent à leurs fonctions.

Ayant établi son autorité, Sayagyi commença alors, avec beaucoup d'amour et de compassion, à changer entièrement l'atmosphère qui régnait au Bureau ainsi que ses pratiques et sa façon de travailler. De nombreux fonctionnaires ont en fait suivi les cours de Vipassana sous sa direction. Pendant les deux ans où Sayagyi a occupé sa direction, le Bureau a atteint un niveau record en matière d'exportations et de bénéfices, et l'efficacité a atteint un niveau sans précédent.

—*d'après le Journal de Sayagyi U Ba Khin*

❧

Après plusieurs années à travailler comme conseiller et analyste en politique économique au Royaume-Uni, j'ai trouvé que mon travail commençait à pâtir des problèmes de ma vie privée. J'ai décidé de quitter mon poste et de résoudre mes problèmes. J'ai appris la technique de Vipassana au cours de mes voyages, et j'ai continué à pratiquer depuis 1972.

La méditation a apporté des changements importants dans la conduite de ma vie. En 1984, je vivais en Australie, avec ma femme et mes deux enfants, et j'ai décidé de revenir à l'économie après un intervalle d'environ 12 ans. Après avoir commencé par un travail de recherche pour l'État de

Queensland, je me suis rapidement occupé de réunions de Cabinet et de prises de décisions stratégiques.

La pratique de Vipassana a contribué à ma vie professionnelle de nombreuses manières. Cela m'a donné une base sur les plans psychologique et émotionnel pour faire face, dans une atmosphère souvent extrêmement tendue, aux grands problèmes politiques et pour traiter avec les dirigeants du pays. Cela m'a aidé à voir clairement l'essence d'un problème, et à maintenir un effort soutenu quand c'était nécessaire. Cela m'a également apporté les bases pour soutenir le moral et contribuer au bien-être de mes collègues.

—Martin Clarke est conseiller économiste senior du
gouvernement en Australie.

⌘

Le Secrétaire d'État du Rajasthan (Inde), accepta à contrecœur d'accompagner son épouse à une retraite de Vipassana. Il fut époustouflé par le résultat, non seulement par la joie et l'espoir nouveau qu'il lisait sur le visage de sa femme, mais surtout par les bienfaits que lui-même ressentait, parce qu'il se rendait compte qu'il était possible, en seulement dix jours, d'apprendre une technique qui offrait des possibilités illimitées pour l'amélioration personnelle. Dans le domaine de l'éducation et de la formation, des recherches ont été menées dans le monde entier pour concevoir une technique qui puisse amener des changements dans l'attitude des gens. Les moyens de diffusion de l'information, des connaissances et des compétences sont parfaitement au point, mais aucune méthode fiable n'a été trouvée qui puisse transformer l'esprit de l'homme et le comportement humain. Il s'est alors rendu compte que Vipassana pouvait avoir un impact majeur sur le gouvernement, par le biais d'un changement d'attitude.

Le gouvernement d'État prit la décision pionnière d'introduire Vipassana comme moyen de réforme de ses propres organisations. Des cours auxquels ont participé aussi bien des prisonniers que du personnel ont été organisés au sein des prisons, et l'académie de police a également accueilli un cours. Dans les deux cas, l'effet sur les participants a été significatif. Durant la même période, plusieurs hauts-fonctionnaires méditants du *Home Department* ont contribué à lancer des réformes internes qui ont mené, via une réduction de la paperasserie, à un processus de prise de décision plus rapide, à l'accomplissement de travaux en retard de plusieurs années et à une amélioration des relations entre la direction et les employés. En 1977, le gouvernement de l'État du Rajasthan loua un très beau terrain, en périphérie de la majestueuse cité de Jaipur, pour la construction d'un centre Vipassana – Dhamma Thali. Le succès de ces initiatives montre ce qui pourrait être fait en faveur des changements et des réformes dans un gouvernement grâce à Vipassana. De nombreux États ont maintenant appliqué la recommandation du gouvernement de l'Inde d'introduire Vipassana dans les prisons comme mesure de réforme. Un certain nombre d'États offre également à ses fonctionnaires des congés payés pour qu'ils puissent participer à une retraite. L'expérience d'un cours de Vipassana est incorporée à des programmes de formation dans les services de police, ainsi que pour des diplômés d'écoles de commerce ou d'ingénieurs, et pour la prochaine génération de hauts fonctionnaires.

Il y a deux mille ans, le grand empereur Asoka, un souverain de taille à rivaliser avec César ou Charlemagne, avait montré le chemin. Renonçant aux conquêtes cruelles pour laquelle il était connu, il se consacra au bien-être de son peuple. En dirigeant par l'exemple, il encouragea la population à méditer. Il utilisa Vipassana comme instrument de réforme pour la conduite de son vaste empire. Le témoignage de son mode d'administration, gravé sur des piliers et des rochers, existe encore aujourd'hui. Des aspirations élevées et de grandes compétences pour diriger ne peuvent pas à elles seules faire un bon gouvernement. Les attitudes doivent changer – c'est un défi éternel pour l'humanité. Vipassana peut entraîner un changement d'attitudes, et c'est ce qu'il fait.

—*Ram Singh, Home Secretary de l'État du Rajasthan dans les années 1970, vit à Jaipur avec sa femme et sa famille.*

CHAPITRE 11

UNE VÉRITÉ – VIPASSANA, SCIENCE ET SPIRITUALITÉ

La journée de méditation était finie. Je suis sorti dans le jardin. Il y avait déjà plein de gouttes de rosée sur l'herbe, un ciel plein d'étoiles brillantes et étincelantes. La Voie Lactée était visible, Cassiopée, les Pléiades, le Cygne et d'autres constellations l'étaient plus ou moins aussi. Je réalisai à travers la multitude de sensations que je ressentais que mon corps était vide et gazeux comme ce ciel immense où les innombrables étoiles étincelaient et bougeaient si rapidement. Mon corps paraissait solide et tangible, mais en fait il était gazeux et vide. Il pouvait être mien ou non. Qui était ce je ? Soudain il me devint clair que j'avais toujours été égoïste et intéressé jusqu'à cet instant. Des larmes coulèrent sur mes joues, je pleurai bruyamment, non de tristesse mais d'une joie inexplicable. Pour un moment au moins, je fus assez humble pour remercier tout et tout le monde.

Couché sur un banc en rondins, je regardai le ciel de nouveau. L'univers entier était maintenant une entité organique vivante, je pouvais même sentir qu'il bougeait très lentement. Le ciel étoilé et mon univers intérieur étoilé entrevu, peu de temps auparavant pendant la méditation se répondaient avec beauté. Je me sentais si confiant et en sécurité, heureux et content.

—Yohtaro Ota se souvient de cet incident survenu lors de son premier cours de dix jours en 1992. Acupuncteur, il traduisit plus tard « l'Art de Vivre » en japonais, sa langue natale.

Vipassana n'est pas une religion, même si le processus d'introspection, d'exploration de la vérité intérieure et extérieure est certainement religieux en soi. La pratique de la méditation nous aide à comprendre le but de la vie et comment elle devrait être vécue. Et surtout elle nous fournit un instrument pratique afin d'atteindre les plus hauts objectifs dont nous sommes capables.

Vipassana est une technique universelle, ouverte à tous, pratiquée par tous et apportant des bénéfices à tous quelle que soit leur religion, leur environnement culturel, leur nationalité, leur sexe ou leur classe sociale. Le Bouddha, un être historique véritable, découvrit et enseigna Vipassana, distribuant l'enseignement avec compassion gratuitement, sur un large territoire. Le terme « bouddhiste » qu'il n'utilisa jamais, n'apparut que plusieurs siècles plus tard. Le Bouddha lui-même présentait simplement l'enseignement comme « le Dhamma » - l'éternelle loi de la nature, la vérité, que tout le monde peut réaliser soi-même. Il insista très souvent sur la nature personnelle de la recherche de l'illumination et du travail que cela entraînait. Les résultats viendront de votre propre pratique, expliquait-il, non de votre dépendance envers un enseignant, d'une dévotion aveugle ou de l'établissement d'une secte. Le temps passant, les religions organisées ont tendance à dégénérer vers le sectarisme, divisant les gens, et même les braquant les uns contre les autres, plutôt que de souligner leur humanité commune et de les unir. Le Dhamma, tel qu'il fut enseigné par le Bouddha, appartient à tous et n'est jamais le monopole d'un groupe ou d'une secte.

✒

J'ai toujours été de l'opinion qu'il y a plus à la vie que ce qui apparaît comme important dans la plupart des sociétés occidentales. Bien qu'ayant besoin de l'essentiel, j'ai toujours douté de mon propre besoin ou envie de rivaliser. Malgré mes divers intérêts, je me suis toujours senti « sans ambition » au sens conventionnel du terme. Je me suis toujours senti plus complet en étant créatif pour la beauté de la chose, jouissant de conversations profondes ou simplement me sentant un avec la nature, dans la forêt, les montagnes ou à la mer.

En termes de carrière, j'ai étudié la loi et reçu mon diplôme d'avocat en 1992, mais ai cessé d'exercer, plein de désillusions. J'étais bien loin de me douter que mon sentiment d'insatisfaction était une vérité sous-jacente de l'enseignement du Bouddha.

Les années 80 m'avaient convaincu que j'avais besoin d'une sorte de guérison, une profondeur spirituelle plus intense dans ma vie. Mais comme beaucoup d'occidentaux, il ne m'était jamais vraiment arrivé de chercher cela dans la religion. Mes propres parents n'étaient ni pour, ni contre elle, donc je ne me suis jamais rebellé contre – la religion semblait seulement manquer de profondeur ou de sincérité pour moi.

Après une période de confusion et de perte de repères, je me suis débrouillé pour plonger dans une nouvelle direction et j'ai commencé à étudier les arts dans l'espoir d'exploiter en quelque sorte les capacités que je sentais avoir dans ce domaine. Cela se termina par un autre diplôme mais de nouveau, je me retrouvais avec plus de questions que de réponses. Surprise, surprise, encore plus d'insatisfaction.

—Robert Hider vit en Grande Bretagne avec sa femme, elle-même méditante, et sa fille et travaille comme imprimeur, paysan biologique et artiste. « J'ai trouvé le chemin que j'attendais sans le savoir depuis je ne sais combien de temps », écrivait-il après avoir pratiqué Vipassana pendant un an.

une science mise en pratique

Le Dhamma et la science sont fréquemment opposés l'un à l'autre. En fait, ils représentent deux aspects complémentaires de l'activité humaine. Nous sommes une espèce curieuse, voulant toujours connaître et comprendre nous-mêmes et le monde. Depuis sa naissance, un enfant essaie de comprendre la relation de cause à effet parmi les évènements qui l'entourent : appuyer sur l'interrupteur allume la lumière, mettre de la glace dans un verre de soda refroidit le liquide. La science synthétise tout le savoir que nous avons acquis sur le monde extérieur, avec l'aide de nos sens. Lorsque l'enfant grandit en maturité et fait l'expérience des hauts et des bas de la vie, il ou elle commence à se poser la question : « Quel est le but de tout cela – naître, étudier, gagner de l'argent, avoir des enfants, élever une famille, la retraite et finalement mourir ? Pourquoi y a-t-il tant de souffrances causées par la maladie, le vieil âge, la séparation d'avec les êtres aimés, l'union avec ce qui n'est pas désiré ? » Ils commencent à examiner la cause réelle de leurs souffrances et le moyen d'en sortir et alors deviennent plus avisés. Le Dhamma synthétise toute la sagesse acquise par l'humanité ; il révèle les lois concernant notre monde intérieur, juste comme la science traite des lois se rapportant au monde extérieur.

Pour un développement harmonieux des individus et de la société, une bonne intégration de la science et du Dhamma est essentielle, même s'ils sont souvent perçus comme irréconciliables. Le Dhamma, pour beaucoup de personnes aujourd'hui, est synonyme de religions sectaires, de rites, de conflits communautaires et de résistance obstinée à tout examen logique des croyances. En même temps, la science est habituellement associée avec le matérialisme absolu – l'idée que la matière est la seule réalité.

Vipassana utilise une approche scientifique pour explorer la vérité intérieure. La technique de méditation permet à tout le monde, et pas seulement à quelques privilégiés, d'expérimenter les lois de la nature. Chaque proposition est présentée comme une hypothèse, acceptée après expérimentation seulement et non imposée par quelque autorité. Bien que l'expérience spirituelle soit par définition personnelle, elle peut être partagée et vérifiée avec les expériences personnelles des autres. De telles propositions doivent aussi s'avérer rationnelles et logiques pour être acceptables.

Il est reconnu depuis longtemps que la capacité à surpasser les désirs sensoriels est une réalisation importante pour l'être humain. Mais si nous ne devons pas simplement céder à l'envie d'exprimer la colère et la passion, comment éviter d'enfouir ces émotions dans notre subconscient quand nous en détournons notre attention ?

Vipassana offre une méthode pour purifier l'esprit de ses instincts les plus bas. Pas à pas, nous pouvons apprendre à identifier ces impuretés mentales objectivement et nous pouvons les éliminer par une observation détachée de la structure physico-mentale. En travaillant avec la respiration naturelle et les sensations corporelles, la technique peut être comprise facilement et les résultats immédiatement vérifiés par expérience personnelle. C'est une science appliquée, une technologie pour un développement intérieur, aucune croyance antérieure n'est nécessaire pour commencer la méditation et, comme n'importe quelle compétence technique, elle peut être accomplie par n'importe qui grâce à une pratique systématique.

Historiquement, la montée de la science a encouragé la croyance matérialiste que tous les phénomènes pouvaient être expliqués rationnellement sur la base d'une bonne compréhension des lois de la nature. En occident, l'esprit et la matière furent perçus comme des entités séparées, la prétendue subjectivité de l'esprit causant son infériorité. Même maintenant, toute suggestion au sujet de « transcender l'intellect » est souvent vue comme non scientifique. Pourtant, de récents développements scientifiques tels que la théorie de la relativité et les mécanismes quantiques apportent de profonds changements sur nos points de vue au sujet de la nature. Les vérités de l'impermanence et l'absence de moi dans l'univers, ainsi que les interconnections de l'esprit et la matière sont maintenant découvertes dans des domaines aussi divers que la physique, la biologie, la psychologie et les neurosciences. Les nouvelles conceptions du monde reconnaissent le rôle de l'expérience directe ou de la vision intérieure à côté des approches traditionnelles pour comprendre la « réalité ». Au-delà d'apparentes contradictions, les perspectives du Dhamma et de la science se complètent l'une l'autre, améliorant grandement notre compréhension et nous montrant les chemins de sagesse à parcourir.

✧

Bien avant les découvertes de la science moderne, le Bouddha réalisa, en s'examinant lui-même en profonde méditation, que toute la structure matérielle était composée de minuscules particules subatomiques apparaissant et disparaissant des milliards de fois le temps d'un clin d'œil. Il y a quelques années, un savant américain reçut le Prix Nobel de Physique pour avoir inventé un instrument, une chambre à bulles, capable de calculer la rapidité avec laquelle les particules changent dans l'univers. Il trouva qu'en une seconde, une particule subatomique apparaissait et disparaissait 10^{22} fois. Les deux « scientifiques » en étaient arrivés à la même conclusion. Mais, alors que le Bouddha avait directement expérimenté cette vérité en lui-même, le physicien, pour obtenir cette information, s'était seulement reposé sur ses instruments et sa sagesse intellectuelle. Le Bouddha atteignit la libération de toutes les souffrances lors de ses recherches. Est-ce que le lauréat du Prix Nobel atteignit aussi l'illumination ?

—*S.N. Goenka, histoire tirée d'un discours*
d'un cours de dix jours.

✧

Qu'est-ce que le bonheur ? Avec tout ce que la science a réalisé dans le domaine du matérialisme, est-ce que les gens sur cette terre sont heureux ? Ils peuvent bien trouver des plaisirs sensuels çà et là, mais au fond d'eux-mêmes, ils ne sont pas heureux quand ils réalisent ce qui s'est passé, ce qui est en train de se passer et ce qui se passera sans doute ensuite. Pourquoi ? Parce que si l'être humain est maître de la matière, il manque encore de maîtrise sur l'esprit. Au lieu d'utiliser l'intelligence pour la conquête de l'énergie atomique dans le monde extérieur, pourquoi ne pas l'utiliser à la conquête de l'énergie atomique intérieure ? Cela nous donnera la « Paix Intérieure » et nous permettra de la partager avec les autres.

—*Sayagyi U Ba Khin, Enseignant de Vipassana*

Un enseignement universel

Vipassana est une technique universelle. Elle fait face au problème ordinaire de la souffrance humaine et s'adresse au besoin tout aussi ordinaire de réconfort des êtres humains – le soulagement de la douleur. Des cours de méditation ont été organisés dans des églises chrétiennes et des séminaires, une mosquée musulmane, des lieux de culte hindous et bouddhistes. Des milliers de disciples des différentes religions mondiales et beaucoup de leurs leaders ont suivi des cours de Vipassana. Des athées et des agnostiques ont aussi été attirés. Pourquoi ?

L'entraînement mental que nous entreprenons en pratiquant Vipassana – la moralité, la concentration et la purification de l'esprit –n'est pas du tout confessionnel. Les objets de méditation, la respiration et les sensations corporelles, n'ont aucune connotation sectaire. Aucune conversion religieuse n'est impliquée. On peut continuer à suivre sa religion ou sa tradition et tout de même ressentir tous les bénéfices de la méditation. La confiance ou la foi sont d'un support inestimable dans cette voie. Mais la foi nécessite d'être solidement établie sur les qualités positives des personnes, dieux et religion qui nous inspirent pour nous améliorer. Personne ne peut faire cela pour nous ; nous devons comprendre que nous seuls pouvons faire le travail et en ressentir les résultats maintenant et dans le futur. Le but commun est de devenir un meilleur être humain. Quelques soient nos antécédents, si nous acceptons cette responsabilité, Vipassana nous mènera vers le but.

👈

La plupart des gens en Occident viennent d'un milieu chrétien. Pour certains, c'est une partie de leur éducation et de leur culture qui reste plus ou moins enfouie, voire rejetée. D'autres pourtant, des gens ordinaires mais aussi des nonnes, des moines et des prêtres, maintiennent une foi active. Vipassana nous aide à renouer avec nos racines spirituelles et, à travers l'expérience directe de la vérité dans la méditation, à grandir en tant qu'individus.

Bill Vorhauer fut, la plupart de sa vie professionnelle, un éducateur et un travailleur social dans les communautés hispaniques aux États Unis. Maintenant à la retraite, il a l'intention de passer plus de temps à méditer et à servir dans les centres Vipassana et peut-être à construire des bâtiments en paille.

« La plupart des gens mènent une vie de désespoir silencieux. »

H.D. Thoreau

"...est-ce de la faiblesse d'esprit, petit oiseau, pleurai-je, ou un ver plutôt coriace dans votre petit intérieur ?"

Gilbert & Sullivan

À trois heures du matin d'une nuit sans sommeil, lorsque le cerveau commence à bourdonner comme un néon détraqué, j'avais l'habitude de me demander à quoi rimait tout ce qui s'était passé ce jour-là. Ou si c'avait été une journée tranquille, l'avais-je gaspillée, en ne me jetant pas dans la bataille journalière pour obtenir quelque chose de la bureaucratie ? Et de toute façon, est-ce que ceci valait plus la peine que cela, ou est-ce que tout n'était qu'une vaste fumisterie ? La lutte pour faire entendre son point de vue, obtenir un quota de ventes ou une promotion ; n'y avait-il rien de mieux qui justifie le fait de respirer, sans parler de vivre ou de mourir ? Qu'importe le drame, tout ce que j'ai toujours voulu était juste un peu de conviction ou une réalité subjective, plutôt que de toujours me sentir précairement posé sur une plateforme à roulement à billes juste la taille de mes semelles.

« Vous ne savez pas quelle pauvre opinion j'ai de moi-même, et combien je ne la mérite pas. »

Gilbert & Sullivan

Aux États Unis, les minorités qui adhèrent à la foire d'empoigne essaient de surpasser ce que les blancs réalisent grâce à l'absence de barrières artificielles. Leur propre groupe les traitera d'assimilationnistes, d'autres s'en ficheront, ou s'ils s'en soucient, ce sera pour faire des commentaires désobligeants. Comme mexicain-américain, je me suis trouvé perdu dans ce bourbier, bien que j'aie cherché à m'affilier d'une manière très active avec les Pentecôtistes dès l'âge de 14 ans. À 16 ans, je convertissais mes parents et nous sommes tous devenus Mennonites (Anabaptistes). À 18 ans, la religion organisée avait perdu toute attraction pour moi.

Jusqu'à mes 53 ans, je travaillais et priais pour quelque sentiment de certitude ou de satisfaction car j'avais l'impression que les personnes que je connaissais étaient satisfaites des buts et récompenses de la vie ordinaire, et les pourchassaient avidement : pêche, Jet Ski, évènements sportifs, bière, tournée des bars et j'en passe. Je pense que j'aurais été un alcoolique endurci si la gueule de bois n'était pas si horrible. Donc en résumé : le vers rongeur dans l'esprit, le sentiment d'aliénation et aucune source de paix ni satisfaction.

En 1978, avec mon introduction à Vipassana, deux réalisations majeures transformèrent le paysage de mon esprit. Après tant d'années d'incertitude et de confusion, j'avais enfin trouvé une réalité subjective qui n'avait besoin d'aucune foi ou de preuve situées en dehors de moi. Après avoir examiné à maintes reprises et avec soin tous mes espoirs, désirs et envies, il m'est enfin apparu que tous mes désirs conditionnés étaient la cause réelle de mon malheur mental. Dans mon ignorance (fortement conditionnée et manipulée par chaque élément de la société) j'avais cherché le confort, l'assurance et la sécurité dans les choses matérielles et la programmation d'une vie de famille. Quand ceci devint une conclusion auto-vérifiée et irréfutable, je sentis que j'avais été libéré de prison et que je respirais de l'air frais. Allégresse est un mot trop faible pour exprimer mon nouvel état d'esprit.

La deuxième partie de ma nouvelle réalité subjective (et j'exhorte à comprendre quels sont les effets opérationnels d'une réalité subjective) était que j'avais cru à une non-vérité. J'avais maintenant les moyens de me détourner de la notion que j'avais toujours eu le contrôle de mon esprit. Grâce à Vipassana, il était devenu très clair que l'état d'esprit normal de quiconque est le chaos : j'étais à un bout d'une corde, et le cheval sauvage qu'est mon esprit était à l'autre, et j'étais quotidiennement traîné dans les épines, la boue, le fumier et les terrains rocailleux et ma norme était combien, peu ou prou, j'avais perdu de peau durant la journée. C'était comme si je pensais qu'être traîné était le moyen normal de transport.

On pourrait alors dire que Vipassana offrait une connaissance des selles et de l'équitation. Il y avait l'espoir et la foi venant de ce qu'il n'existe aucune autre alternative. Il y avait aussi la parfaite compréhension et l'expérience de nombreux méditants pour soutenir ma confiance que l'équitation mentale était une compétence comme une autre et bien qu'elle puisse être simple, ce n'était ni facile ni rapide après 53 années de course effrénée, mais pourtant possible et faisable grâce à une pratique suffisante. Il n'est jamais trop tard pour commencer.

◦✇

Le père Desmond D'Souza, enseignant de retraites Rédemptionistes pendant plus d'un quart de siècle et ex-secrétaire des Églises Protestantes du Tiers-Monde à Singapour, compare un cours de dix jours à une deuxième formation, plus approfondie, pour sa vocation :

Vipassana représente un changement radical d'un système déductif, théorique et préfabriqué à une manière d'apprendre inductive et basée sur l'expérience. Pas de livre, pas de Bible, pas de chapelet, pas de messe, pas de prière, pas de Dieu – rien. Vous y allez vide. Et là vous commencez à comprendre que le « vrai » livre c'est vous, votre propre corps et votre esprit. Vous découvrez qu'en vous, il existe des lois qui sont les mêmes que celles qui opèrent dans l'univers.

Alors maintenant, mon point de départ n'est plus un système de croyance – je ne débute pas avec ma croyance en Dieu. Je commence avec Jésus de Nazareth, un être humain qui est passé par un processus similaire de purification pour aller vers l'illumination qui finalement fut transformée par Dieu. Vipassana est le meilleur processus de contemplation que l'on puisse acquérir. Nous pouvons aller vers le stade le plus élevé de sensibilité pour recevoir le cadeau de la grâce de Dieu.

◦✇

Le Père John Chang participa à son premier cours à Taiwan avant d'être envoyé au Brésil pour y travailler.

Vipassana me sert de pratique spirituelle quotidienne. Cela me donne la force et le pouvoir de répondre aux demandes de mon ministère de prêtre catholique. Cela m'aide à avoir une vision claire et ouverte des pratiques religieuses. Cela m'inspire à une meilleure compréhension de l'enseignement de Jésus et de la Bible. Grâce à la perspective pratique de Vipassana, les paroles de Jésus rapportées dans la Bible me semblent sensées. Les mots deviennent vivants. Ce n'est plus simplement l'autorité de la Bible mais l'autorité issue du partage de la même sagesse au sujet de la vie. Cela me fait énormément plaisir de voir que le Bouddha et Jésus partagent la même sagesse sur l'art de vivre. Vipassana m'aide aussi à mieux contrôler mon esprit et me libérer plus rapidement des moments tristes et désagréables. Cela m'aide à comprendre les faiblesses humaines des autres et me donne plus de compassion envers ceux qui sont dans le besoin.

Fondamentalisme, conservatisme, repli sur soi, esprit étroit, préjugé – tous rencontrés dans mon environnement religieux – peuvent être réexaminés et perdent de leur force grâce à Vipassana. Jésus a dit « La vérité vous rendra libre ». La puissance de Vipassana peut aider les gens à voir eux-mêmes la vérité, et le fait de la voir les rendra libres des entraves de l'ignorance et de l'illusion. Vipassana crée la lumière avec laquelle on peut voir et appréhender les qualités essentielles de la religion, réduit les différences et les conflits, et encourage les esprits religieux à regarder vers le bien commun et le bien-être de l'univers entier. En d'autres termes, elle procure un nouvel horizon et une nouvelle vision de la vie.

∼♨

Les musulmans sont parfois réticents à commencer à méditer car ils ont peur que cela puisse être en conflit avec leurs principes religieux. Pourtant, un respecté érudit religieux commenta récemment dans les Arab News que, si la méditation ne demande aucun rite particulier, alors ce qui est souhaitable et encouragé par l'Islam peut être atteint par l'introspection. Beaucoup de musulmans de différentes écoles et communautés ont découvert dans Vipassana une technique qui améliore leurs vies en tant que musulman et en même temps ne leur demande en aucune façon de s'identifier avec la pratique d'autres religions.

Malgré les sincères recommandations d'un ami, Mohammed Arif Joyia hésitait à suivre un cours :

« Oh ! C'est une religion pour les bouddhistes, des athées. Ces bouddhistes ne croient pas en l'âme et en Dieu. Que peuvent-ils enseigner ? Je suis un Musulman. Je ne peux pas commettre ce crime ». Surmontant ces peurs, il décida de participer à un cours (Hyderabad, Inde—1978) et progressa rapidement. Pourtant une nuit, alors qu'il dormait, il vit soudainement un démon féroce qui le saisit par le cou et le menaça pour être venu au centre de méditation. Réveillé par la peur, Mohammed vit ses compagnons de chambre dormir en paix et il réalisa que c'était un cauchemar, un jeu de l'esprit, et que des impuretés ébranlées par une sérieuse méditation étaient en train de s'éliminer. « Je comprenais maintenant. Ceci est une conspiration de mon inconscient. Je ne partirai pas avant d'avoir fini le cours ». Il se relaxa, retourna au lit en souriant et finalement se rendormit.

Le jour suivant, se sentant calme et détaché, Mohammed trouva un nouveau sens à son expérience : « J'ai maintenant compris le sens de « Je prends refuge dans le Bouddha » comme un refuge dans sa propre illumination et non dans la personnalité de Siddharta Gotama. Le sens de « Je prends refuge dans le Dhamma » est que chacun doit être établi dans sa propre vraie nature et non dans une quelconque religion sectaire. Le sens de « Je prends refuge dans la Sangha » est de prendre refuge dans ces nobles personnes qui sont devenues bien établies dans le Dhamma quelles que soient leur race, leur couleur ou leur nationalité. À partir de ce moment sacré, le mot mort, plein de théories et de larmes, disparut comme de la neige fondue. Oh, non ! Personne ne meurt. La mort est impossible. Chacun continue à parcourir le chemin en fonction de ses propres actions. Et la destination finale de ce voyage est nibbana. Maintenant je comprenais ce qu'est ma propre religion et ce qu'est la religion des autres. Sans se purifier l'esprit grâce à Vipassana et réaliser sa propre nature, la vie est vécue dans la religion des autres. Vivre dans sa propre nature est le vrai Dhamma ».

Plus tard Mohammed écrivit : « Je voudrais dire à tous mes jeunes musulmans éduqués qu'ils devraient vraiment essayer Vipassana et voir les résultats. Il est nécessaire aujourd'hui que les gens de tous les horizons de la vie s'unissent ». En fait, dans le monde entier, les musulmans sont attirés par Vipassana en nombre croissant ; des retraites ont été organisées dans différents pays du Golfe et « L'art de vivre » a été approuvé et publié en Farsi.

᠊ᢢ

Après quinze ans d'étude, d'expérience et d'enseignement de différentes méthodes de méditation, j'ai rencontré la technique enseignée par M. Goenka et je l'ai trouvée très efficace. J'avais enseigné le yoga pendant de nombreuses années et formé beaucoup d'étudiants. J'ai aussi écrit un livre sur le yoga et la méditation. Mais avec Vipassana – telle que l'enseigne M. Goenka - j'ai terminé la dernière de mes expérimentations.

En tant qu'iranien, familier avec les profonds enseignements du mysticisme oriental, j'ai passé mon existence à viser au-delà du matérialisme et j'ai vu que ce monde impermanent est l'ombre de la vérité ultime. J'ai trouvé dans les paroles de M. Goenka une profonde compréhension mutuelle ; j'ai cru à l'enseignement du Bouddha et ai apprécié, grâce à mon expérience, l'efficacité de cette méthode de méditation.

—*Le Dr Ahmad Nourbaksh est professeur d'université à Téhéran, Iran*

᠊ᢢ

Parmi la diaspora juive, beaucoup pratiquent Vipassana avec enthousiasme, particulièrement en Israël où des cours sont régulièrement donnés et habituellement pleins.

Paul Glantz, un rabbin de 33 ans, suivit un cours de Vipassana dans le Sussex, en Angleterre, pendant des vacances et écrivit à ce sujet dans le bulletin de sa synagogue.

J'ai pensé en moi-même plus d'une fois « Pourquoi suis-je ici ? » mais c'était un plaisir de ne pas avoir à parler ou même de faire attention à quelqu'un d'autre. J'ai souvent voulu soudainement me mettre à chanter dans la salle à manger. Mais j'ai suivi les règles et n'ai prononcé aucun autre rituel ou prières et n'ai même pas parlé à Dieu, car un marché est un marché.

L'idée est que la méditation et ce style de vie nous nettoient de toutes les tensions que nous accumulons dans nos corps. Chaque soir, il y avait une vidéo au sujet de la théorie de la technique et il y était expliqué que les envies et les aversions étaient les racines de tous nos problèmes ; que nous voulons que des choses arrivent et que nous voulons éviter que d'autres choses surviennent. La méditation se propose de réformer l'esprit à ne pas réagir à nos envies et aversions. Il était fascinant pour moi de reconsidérer l'idée juive de *Yetzer Ha-Ra,* la mauvaise inclination, qui est si similaire à tout cela. Les premiers rabbins, d'après la Mishna, méditaient pendant des heures avant de prier. Nous ne savons pas quelle technique ils utilisaient mais pour moi cette technique de méditation me semble vraiment applicable. La retraite m'a donné la formidable opportunité de commencer à me nettoyer physiquement et émotionnellement avant Yom Kippur. Je songe même à recommencer l'année prochaine !

✥

L'Inde est connue pour sa spiritualité, sa richesse en dieux, pratiques religieuses et techniques de méditation. Vipassana y a son origine et s'y est répandue à nouveau rapidement à travers le pays dans les dernières années. Pourtant, les vieilles traditions demeurent fortes, particulièrement parmi les vieilles générations, et parfois, il faut une impulsion spéciale pour faire avancer des individus vers une nouvelle perspective et un changement personnel.

1984 fut une année particulièrement difficile en Inde pour toutes les personnes sensibles. L'opération Bluestar dans le Pendjab se termina par un énorme massacre dans un des temples les plus sacrés des Sikhs. La première ministre, Mme Gandhi, fut assassinée, donnant lieu à de terribles émeutes dans le nord du pays. Puis, comme s'il n'y avait pas eu assez de chagrin pour le pays, le désastre industriel à l'usine chimique de Bhopal tua et blessa des milliers de personnes. Pour P.L. Dhar, un professeur d'université à l'Institut de Technologie de Delhi, tous ces événements furent éclipsés par la maladie inattendue et la mort de son fils aîné.

Depuis le collège, Dhar avait une inclination pour la spiritualité. Il commença l'étude régulière des classiques hindous tels que la *Bhagavad-Gita,* les *Upanishads* et les *Vedas.* Il essaya plusieurs sortes de méditation, la plupart du temps en suivant les instructions données dans des livres. Pendant une période, il devint très proche d'un enseignant dont les explications des textes sacrés étaient particulièrement inspirantes.

À un niveau intellectuel, Dhar pouvait comprendre que la mort de son fils faisait partie de quelque « jeu divin »et l'accepter avec calme. Pourtant, alors que les mois passaient, le vernis d'équanimité commença à craquer. Il ressentait une étrange gêne, profondément à l'intérieur, et trouva même difficile de continuer à faire son travail habituel. Peut-être était-il vrai, comme il avait entendu dire, que les pratiques spirituelles traditionnelles telles que les chants, les prières dévotionnelles et l'observation des pensées ne pouvaient pas pénétrer dans les renfoncements les plus profonds de l'esprit. Après tout, il n'y avait aucune raison d'être troublé et pourtant il se trouvait tourmenté. « Quel en est le besoin ? » avait-il répondu, quelques mois auparavant, à l'invitation d'un ami d'essayer une retraite Vipassana. Maintenant, le besoin se faisait sentir de lui-même.

Le premier cours fut une expérience très difficile, non à cause des longues heures à rester assis ou de l'obligation de rester silencieux ; c'était les discours du soir qui étaient très difficiles à tolérer. Ces discours mettaient en question toutes mes croyances chéries et semblaient faire des commentaires sarcastiques et désobligeants au sujet de saints les plus révérés du passé. Je confrontais Goenkaji, qui conduisait lui-même le cours, avec mes objections. N'étant pas satisfait de ses réponses et les discours devenant de plus en plus véhéments, je décidais même de quitter le cours après le troisième jour. Goenkaji me répondit avec beaucoup d'affection. « Vous êtes un scientifique, pourquoi ne pas finir l'expérience avant de venir aux conclusions ? Vous n'avez pas besoin d'être d'accord avec tout ce qui est dit dans les discours, pratiquez juste ce qui est conseillé et puis après 10 jours, tirez vos propres conclusions ». Et comme il refusait de me donner la permission de partir, je me suis dit : « Pourquoi ne pas reporter mon jugement et essayer d'expérimenter sincèrement pendant le reste du temps ». À la fin du cours, les effets étaient évidents. Je me sentais si léger et heureux, comme je ne m'étais jamais senti de ma vie.

୬

À 40 ans, j'étais un docteur couronné de succès ayant réussi socialement, ayant du prestige et de l'argent, un hôpital et une maison à moi, ainsi qu'une femme aimante et des enfants. Pourtant quelque chose manquait dans ma vie – mon cerveau droit demeurait vide. Le dessin, la peinture et le talent musical que j'avais cultivés quand j'étais jeune restaient maintenant fermement à l'arrière-plan, alors que ma carrière et l'ambition de réussir, toutes des accomplissements du cerveau gauche, continuaient à avoir la priorité. Intérieurement, la satisfaction, le bonheur, la patience, le silence, la paix et la joie étaient presque inconnus dans ma vie quotidienne. Au lieu de cela, j'étais quelqu'un de très impatient, dominant, irritable, dont la colère permanente débordait de ma vie professionnelle dans ma vie personnelle.

À cette époque, je rentrai en contact avec Osho Rajneesh dont les conseils pour trouver le vrai bonheur et des valeurs solides, étaient de regarder à l'intérieur de soi-même. Une nouvelle ambition me saisit alors – l'atteinte de l'illumination. Je fus initié dans les *sanyas*, portant des robes rouges et des rosaires. Je changeai mon nom et me plongeai la tête la première dans différentes formes de méditation, y compris une sorte de Vipassana. Pendant plusieurs années, je pratiquai à ma façon sans personne pour me guider, m'inspirant des enseignements de Krishnamurti et autres. Puis par chance, je tombai sur un livre expliquant la technique de Vipassana telle que l'enseigne S.N. Goenka et je réalisai que ce que j'avais fait était très différent. En participant à un cours de dix jours, je compris immédiatement la signification des sensations corporelles dans la pratique de la méditation. Comme médecin s'étant occupé de l'esprit et du corps pendant 42 longues années, je savais que les symptômes des patients étaient toujours exprimés en termes de sensations corporelles, et pourtant, je n'avais jamais pris la peine d'observer mes propres sensations. Soudainement je me suis vu tel que j'étais, voulant toujours retenir les sensations que j'aimais et me débarrasser de celles que je haïssais. Toute mon existence était gouvernée par les sensations. Mais maintenant enfin, une façon de trouver une satisfaction intérieure me faisait signe – et la clé en était l'équanimité...

—*Le Dr H.N. Phadnis est conseiller en Santé Holistique à Pune, Inde. Tous les membres de sa famille pratiquent Vipassana.*

❧

Les enseignements du Bouddha apportent une profonde inspiration et des conseils sur la façon dont nous devrions nous comporter. Mais la dévotion envers le Bouddha et la seule lecture des textes n'apporteront pas la libération. Son conseil était sans équivoque, méditez et progressez sur le chemin.

Lorsque je vivais à Rangoon, en Birmanie, je n'avais jamais réalisé combien j'avais de la chance d'être né dans une famille religieuse. Comme dans la plupart des familles bouddhistes traditionnelles, faire des bonnes actions, telles que donner de l'argent et vivre dans une certaine éthique, était naturel et partie intégrante de nos vies. J'ai aussi profité des privilèges spéciaux réservés aux bouddhistes mâles. Je fus novice plusieurs fois durant mon adolescence et fus ordonné moine après mes 20 ans à plusieurs reprises. J'ai eu l'opportunité de pratiquer *samatha* (la concentration) et *Vipassana* (la méditation de vision intérieure), utilisant différentes méthodes dans différents monastères et centres de méditation. Pourtant, je n'ai jamais eu la chance de méditer dans le centre de Sayagyi U Ba Khin, bien qu'il soit situé près de la maison de ma femme. Après avoir immigré aux États Unis et nous être établis dans le sud de la Californie, ma femme, mon plus jeune fils et moi eurent une merveilleuse expérience en participant à un cours de dix jours dans un centre voisin. Bien que le cours soit dirigé par des assistants enseignants, j'avais l'impression que Goenkaji lui-même le conduisait. J'appréciais l'efficacité de l'utilisation de matériels d'enseignement audio et vidéo. J'avais été à plusieurs cours de méditation Vipassana en Birmanie conduits par de célèbres moines enseignants. La plupart des centres là-bas sont ouverts toute l'année, mais ils ne conduisent pas de cours spécifiques et les enseignants eux-mêmes peuvent ne pas être disponibles pour donner des conseils. À la fin de notre retraite, j'étais très reconnaissant envers Goenkaji et U Ba Khin pour leur sagesse, leur vision et leur dur labeur afin d'établir avec succès des centres de méditation permanents dans le monde entier.

Bien que j'aie manqué l'occasion en or de participer à des cours de Vipassana avec Sayagyi U Ba Khin lui-même lorsque j'habitais é Rangoon pendant 40 ans, j'ai pu enfin savourer les fruits de son travail en participant pour la première fois à un cours dans le centre de Californie. Pour moi cela avait été « si près et pourtant si loin. »

—*U Tin Htoon participa à son premier cours à Dhamma Mahavana, Centre Vipassana, Californie en 1996 ; lui et sa famille continuent de méditer dans cette tradition aux États Unis et à l'étranger et ils restent en contact avec leurs moines enseignants en Birmanie.*

◦❧

Angraj Chaudhary est un ancien professeur de Pāli, l'ancienne langue de l'Inde dans laquelle les enseignements du Bouddha sont préservés.

Je n'avais pas vraiment réalisé, avant de commencer à pratiquer Vipassana, combien mon esprit est inconstant. J'en avais pas mal entendu parler, mais ne le comprenais pas

réellement moi-même. Je pouvais parler avec aisance de sa
nature à mes étudiants lorsque j'expliquais les Écritures, mais
ce fut seulement avec l'expérience de Vipassana que je pus
voir à quelle vitesse de casse-cou l'esprit bouge d'un objet à
un autre, multipliant nos réactions, et heureusement, que je
pouvais apprendre à le contrôler. Vipassana m'a permis de
mieux comprendre les textes Pāli. Mais surtout, cela m'a aidé
à affronter avec plus de succès les tempêtes et les volcans
qui dorment en moi-même. Les profondes significations de
ces vers du Dhammapada me sont devenues claires comme
du cristal :

> *Un esprit dirigé dans le bon sens peut faire de plus grandes choses
> que ses propres mère, père et parents ne le peuvent.*

> *Un esprit dirigé dans le mauvais sens, d'autre part, peut faire plus
> de mal qu'un ennemi ne le fait à un ennemi et qu'une personne
> animée par la haine ne peut le faire à celui dont il est haï.*

Réconcilier des vues différentes

Élevant des valeurs spirituelles partagées au-dessus des différences superficielles, la pratique de Vipassana montre un
chemin vers une compréhension vraie et une réconciliation
dans et entre les diverses fois et traditions.

Ce qui suit est un extrait d'un discours spécial donné
par S.N. Goenka aux Nations Unies à New York, en mai 2002,
intitulé « Le Bouddha, le Super Scientifique de la Paix ».

Ceci est la déclaration audacieuse d'un scientifique suprême.
Il dit « J'ai fait l'expérience de cette Loi de la Nature en
moi-même, la Loi de l'Origination Dépendante, et l'ayant
expérimentée et comprise, je la proclame, je l'enseigne, je la
clarifie, je l'établis et je la montre à autrui. Et c'est seulement
après l'avoir vue pour moi-même que je la proclame ». Que
Newton ait existé ou non, la loi de la gravité reste vraie.
Newton la découvrit et l'expliqua au monde. De même, Galilée
ou non, le fait que la terre tourne autour du soleil reste vrai.
Le fait de sentir une sensation est la jonction cruciale

d'où chacun peut prendre deux chemins partant dans des directions opposées. Si nous ne cessons de réagir aveuglément aux sensations plaisantes et déplaisantes, nous multiplions notre propre malheur. Si nous apprenons à maintenir l'équanimité en face des sensations plaisantes et déplaisantes, les habitudes commencent à changer au niveau le plus profond et nous commençons à sortir de la souffrance. Les sensations sont les racines. Aussi longtemps que la racine est négligée, l'arbre vénéneux continuera à grandir même si le tronc est coupé. Le Bouddha a dit :

Comme un arbre dont les racines sont intactes et solides, même coupé, repoussera de nouveau ;
De même, lorsque l'envie latente n'est pas déracinée, la souffrance apparaît encore et encore.

Ainsi, ce super scientifique découvrit que, pour être complètement libéré des impuretés mentales, nous devons travailler à la racine de l'esprit. Chaque individu doit éradiquer les racines de l'envie.

Pour que la société change en bien, les individus doivent changer. Quand toute la forêt dépérit, chaque arbre doit être soigné, ses racines débarrassées de maladie, et puis il doit être irrigué. Alors la forêt entière pourra reverdir. Similairement, pour l'amélioration de la société, chaque individu doit s'améliorer. Pour que la société soit en paix, chaque individu doit être en paix. L'individu est la clé.

De même, pour que le monde soit en paix, chaque pays ou société doit être en paix. Ici je voudrais de nouveau citer une très importante recommandation du Bouddha à la république Vajjian des Licchavis. Le Bouddha donna les instructions pratiques suivantes, qui rendraient les Licchavis inattaquables :

• Aussi longtemps qu'ils maintiendront leur unité et se rencontreront régulièrement, ils resteront invincibles
• Aussi longtemps qu'ils se rencontreront en restant unis, progresseront en harmonie et accompliront leurs devoirs en harmonie ils resteront invincibles,
• Aussi longtemps qu'ils ne transgresseront pas leurs anciens

principes de bon gouvernement et leur système de justice, ils resteront invincibles.

• Aussi longtemps qu'ils révèreront, respecteront, vénéreront et honoreront leurs anciens et suivront leurs paroles, ils resteront invincibles.

• Aussi longtemps qu'ils protègeront leurs femmes et leurs enfants ils resteront invincibles.

• Aussi longtemps qu'ils vénèreront les objets du culte en dedans et en dehors de leur république et qu'ils leur maintiendront leur aide financière, ils resteront invincibles.

Il y avait de nombreuses sectes à cette époque-là aussi, avec leurs propres temples et lieux de culte. La sagesse consiste à garder tous les gens heureux et satisfaits. Ils ne doivent pas être soumis à des tracasseries qui les obligent à devenir les ennemis de l'état. Leurs lieux de culte doivent recevoir la protection qui leur est due. Aussi longtemps que les dirigeants maintiennent leur protection et leur support aux personnes saintes, ils resteront invincibles.

Ce sage conseil du Bouddha est aussi applicable de nos jours, afin de maintenir la paix et l'harmonie dans le monde. Nous ne pouvons pas ignorer les problèmes relatifs à la religion si nous voulons réussir à apporter la paix dans ce monde.

C'est le devoir de tout gouvernement de protéger la population d'attaques extérieures, de faire tout son possible pour maintenir en sécurité les gens et le territoire. Quand ceci est fait, il faut se souvenir que de telles mesures n'apportent que des résultats à court terme. La bonne volonté et la compassion peuvent seules éliminer la haine qui est à la source de tous les actes accomplis par ceux appartenant à des sectes. En Inde, aux États-Unis et dans les autres pays où des cours de Vipassana ont eu lieu dans des prisons, nous voyons déjà comment les gens changent. Les racines du terrorisme reposent dans les esprits des terroristes. Nous avons vu comment des criminels endurcis et violents ont été transformés par nos cours dans les prisons. La colère, la peur, la vengeance et la haine commencent à se dissoudre, créant un esprit en paix et rempli de compassion. Nous demandons d'abord à certains des membres du personnel de la prison d'apprendre Vipassana et seulement ensuite nous donnons les cours aux détenus. Cela donne de merveilleux résultats. Dans l'enseignement du Bouddha, nous trouverons le pont qui peut être commun aux différentes sectes. Les trois parties fondamentales de l'enseignement du Bouddha -moralité, concentration de l'esprit et purification de l'esprit – sont l'essence de chaque religion et son chemin spirituel. *Sila, Samadhi et Pañña* sont les dénominateurs communs à toutes les religions. Il ne peut y avoir aucun conflit au sujet de ces trois facteurs essentiels nécessaires pour vivre une vie salutaire. Toute l'importance de l'enseignement du Bouddha réside dans la pratique de ces trois facteurs afin d'appliquer le Dhamma dans la vie. C'est le cœur intime de toute religion. Au lieu de donner de l'importance à ce cœur, nous continuons à nous quereller au sujet de l'enveloppe extérieure, qui peut être différente dans différentes religions.

L'Histoire a prouvé que quelques soient les lieux et la communauté où l'enseignement universel et non sectaire du Bouddha est arrivé, il ne s'est jamais heurté avec la culture traditionnelle. Au contraire, comme le sucre qui se dissout dans le lait, les enseignements ont été progressivement assimilés pour adoucir et améliorer la société. Nous savons tous combien la douceur de la paix et de la tranquillité est nécessaire au regard de l'amertume du monde d'aujourd'hui. Puisse l'enseignement de l'Illuminé apporter paix et bonheur à de plus en plus d'individus, rendant ainsi de plus en plus de sociétés paisibles et heureuses sur cette terre.

CHAPITRE 12

VENEZ VOIR !

J'ai eu la chance d'aller dans un lycée où en plus des matières habituelles nous pouvions également étudier le latin et le grec. Nous lisions Platon, Socrate et d'autres philosophes. Une phrase qui est restée gravée dans ma mémoire est celle d'Héraclite d'Ephèse : « Panta rei », « Toutes les choses s'écoulent et changent continuellement ». Je ne savais pas pourquoi cela m'a fait une telle impression.

À l'âge de 17 ou 18 ans une amie m'a fait découvrir la nourriture végétarienne. Elle m'a prêté également *Siddhartha*, le livre de Herman Hesse, qui a plus ou moins marqué le début de ma recherche spirituelle.

En dernière année de lycée nous sommes allés à Rome avec toute la classe pour visiter les lieux dont nous avions tant entendu parler. Peu après cela j'ai visité également Athènes avec un ami. En haut de l'Acropole j'ai rencontré un voyageur allemand étudiant en stomatologie. Nous avions beaucoup de choses en commun et il m'a parlé de méditation pour la première fois.

Après la fin du lycée, je ne savais pas trop quelles études entreprendre. La philosophie était une des possibilités qui me semblaient intéressantes, mais je savais que je ne voulais pas vraiment apprendre les théories et les pensées des autres, mais plutôt apprendre comment mener une vie heureuse moi-même. Ce que je recherchais c'était la sagesse.

—*Petra von Domburg enseigne l'informatique aux Pays-Bas.*
Elle pratique Vipassana depuis son premier cours en 1984.

❧

Lorsque Goenkaji a commencé à enseigner la technique Vipassana en Occident en 1979, j'étais le parfait exemple de l'Occidentale confuse et malheureuse ayant besoin de son enseignement de modération et de sagesse. Comme beaucoup d'autres jeunes gens grandissant pendant la période mouvementée des années 60 et 70, époque de la remise en cause des vieilles inégalités de la société, j'ai fait l'expérience de plusieurs rôles et images contradictoires de moi-même. J'avais essayé d'être l'étudiante sage, fille d'émigrés modestes, fan de musique classique et de crochet. D'être la jeune scientifique sérieuse. La femme éprise de son mari, femme d'intérieur et jardinière. La fumeuse de joints le week-end, enveloppée d'étoffes légères et brodées, rêvant d'agriculture biologique. La voyageuse astrale psychédélique. La « victime tragique » et déprimée d'un mari possessif. La motarde habillée de cuir. La nudiste blonde adoratrice du soleil méditerranéen. La randonneuse himalayenne.

Aucun de ces rôles ne semblait me convenir, alors je ne cessais d'aller de l'un à l'autre, désirant être quelqu'un d'autre, quelqu'un qui n'était pas moi, parce que je n'étais pas contente de ce que j'étais, du lieu où j'étais, ou de ce que j'avais. J'essayais parfois d'être une personne meilleure et de servir à quelque chose, mais j'avais en moi énormément d'habitudes autodestructrices qui m'empêchaient de m'améliorer.

Lorsqu'un ami au travail m'encouragea à suivre un cours de Vipassana, je décidai d'essayer, par respect pour sa gentillesse. C'était la chose la plus difficile que j'aie jamais entrepris dans ma vie. Pour une fois je n'ai pas pu trouver d'échappatoire car je n'ai eu d'autre choix que de m'observer de près, et je n'ai pas beaucoup aimé ce que j'y ai vu. J'étais une jeune femme gâtée et égoïste. J'avais été malhonnête et déloyale envers mon ex-mari et lui avais fait beaucoup de mal. J'avais tout de même quelques qualités mais pas tant que cela. Après le cours, je n'ai pas remarqué tout de suite de grands changements en moi, mais j'avais l'espoir de pouvoir prendre ma vie en main au lieu de me contenter de juste réagir à des circonstances.

—*Gilly Rowan, Australie*

La recherche de la vérité est un voyage très personnel. Vipassana, une ancienne technique de méditation, est aussi pertinente aujourd'hui qu'hier. La tradition d'enseignement que nous avons décrite ici est particulière pour de multiples raisons. Elle est entièrement non sectaire et apolitique. Les enseignants sont des guides et non des gourous. Les cours sont gratuits, financés non par des sources commerciales mais uniquement par les dons volontaires d'étudiants reconnaissants. La manière d'aborder la méditation est essentiellement pratique ; apprendre à exercer et à purifier l'esprit de manière à vaincre nos conditionnements passés et améliorer nos vies. L'enseignement est simple à suivre et à comprendre. Que ce soit lors des cours ou lors des séances de méditation quotidiennes, chaque élément dans l'apprentissage –vie morale, concentration et sagesse – est essentiel et soutient les autres. L'expérience personnelle directe de notre propre réalité intérieure, corps et esprit, alors qu'elle change d'instant en instant est au centre de la pratique. En explorant la vérité telle qu'elle est, sans recourir à l'imagination, à la verbalisation ou à la visualisation, nous obtiendrons à coup sûr de notre méditation des résultats bons et tangibles. Avec le temps nos efforts pour purifier l'esprit vont mûrir pour permettre de développer des qualités de générosité, de vertu, de patience, d'abnégation, de zèle au travail, de véracité, de détermination, de compassion, d'équanimité et de sagesse, nous permettant de donner plus aux autres et d'accélérer notre progrès sur la voie. Ceci donc est un bref exposé de la technique, et nous dit comment la méditation Vipassana peut être appliquée avec succès n'importe où dans le monde aujourd'hui.

L'objet initial de la méditation Vipassana est d'activer l'expérience d'*anicca* (l'impermanence) en soi et finalement d'atteindre un état de calme intérieur et extérieur, ainsi qu'un état d'équilibre. On y parvient lorsque que l'on s'absorbe dans le sentiment d'*anicca* à l'intérieur de soi. Le monde fait face actuellement à de graves problèmes qui menacent toute l'humanité. C'est juste le bon moment de se mettre à pratiquer la méditation Vipassana et d'apprendre comment trouver un profond lac de quiétude au milieu de tout ce qui se passe de nos jours. *Anicca* est à l'intérieur de tout le monde. C'est à la portée de tout le monde. Juste un regard en soi et la possibilité de faire l'expérience d'*anicca* est là. *Anicca* représente pour un laïc le joyau de la vie qu'il chérira afin de créer un réservoir d'énergie équilibrée pour son propre bien-être ainsi que pour celui de la société.

—*Sayagyi U Ba Khin*

Au cours de la méditation vous vous éloignez des autres et concentrez votre attention à l'intérieur afin d'obtenir la pureté de l'esprit ainsi que l'énergie du Dhamma. Ensuite vous devez vous extérioriser et utiliser cette énergie. Avant de faire un saut en longueur vous devez faire quelques pas en arrière. Ensuite vous courez, puis vous sautez. De la même manière, vous vous retirez d'abord, puis vous vous observez à l'intérieur et trouvez l'énergie. Ensuite vous faites un saut en longueur dans la société, vous rendez service à la société. Ces deux étapes ne peuvent être séparées.

—*S. N. Goenka*

Pratiquer la méditation silencieuse n'est pas une manière d'oublier mais une manière d'être incapable d'oublier, une manière de rejouer ici et maintenant votre propre match. À travers la méditation silencieuse, nous cultivons la pureté non pas pour éviter l'enfer dans une quelconque vie future, mais parce que nous voulons éviter de nous regarder en train de trébucher comme des maladroits sur notre écran intérieur silencieux. Un engagement à vie pour cette sorte de conscience de soi purifie la vie naturellement, éliminant tout ce qui est incompatible avec la paix silencieuse et tranquille. Au plus nous nous plongeons avec rigueur en nous-mêmes, au plus nous aurons envie de devenir une personne meilleure. La pureté signifie de rester parfaitement détendu face à la personne que nous sommes. Par cela je ne veux pas dire seulement s'accepter, mais aussi se transformer afin que nous ne rencontrions plus d'entraves ni de mal où que nous allions. Nous cessons d'être choqués par nous-mêmes. La méditation concentrée sur la purification n'est pas quelque chose que nous faisons pour surmonter notre journée, mais ce que nous faisons pour guider notre journée vers une paix du cœur durable.

—*Extrait de « Cultivating inner peace » de Paul Fleischman*

La pratique de Vipassana nous aide à faire face sans peur au tourbillon de nos vies. Chaque jour nous nous rendons compte de la notion de changement par l'expérience directe, en traitant nos réponses intérieures parallèlement au flux des événements extérieurs. Nous prenons également conscience du changement en remplaçant progressivement l'instinct de réaction par de la véritable acceptation et de la positivité. Comme en témoignent de vrais méditants d'aujourd'hui Vipassana est un outil inestimable pour résoudre nos problèmes. Ne soyons plus victimes mais agissons dans le sens du flux.

Charles Brown a participé à une des premières retraites Vipassana en Inde, puis est rentré aux États-Unis après presque cinq années d'absence. Comme lui, le pays avait

changé radicalement. Il venait juste de survivre à un accident
d'avion au Guatemala et le retour était difficile.

J'avais besoin d'un coin tranquille et donc j'ai emprunté la
camionnette de mon frère qui était équipée pour dormir et
pour manger. Je suis allé dans les montagnes de l'ouest où la
saison de la cueillette des pommes commençait. J'ai trouvé
un travail dans un petit verger où j'étais le seul cueilleur.
Pendant deux jours j'étais seul à ramasser les pommes et
seul la nuit dans le camping-car. Toutefois, je n'arrivais pas à
me débarrasser de mon agitation. Vers la fin de la troisième
journée, j'étais sur une échelle en train de ramasser des
pommes. Ramasser pomme après pomme produisait sur
moi un effet hypnotique, et soudain j'ai été envahi par une
profonde tranquillité. J'avais l'impression d'être de nouveau
dans l'avion et je ressentais le calme parfait avec lequel j'avais
fait face à ma mort. Puis une voix m'a demandé « Parfaitement
calme face à la mort et maintenant très contrarié face à la
vie ? » Cette inversion inhabituelle des attitudes envers la
vie et la mort m'a paru très amusante. Ma réponse était donc
exactement à l'opposé de quasiment tout le monde. Je me suis
mis à rire. Je me suis mis à rire très fort. J'étais peut-être à
deux mètres du sol sur mon échelle et je me suis dit que je
risquais de tomber. Je suis donc descendu et j'ai continué à
rire par terre. Mon rire a fracassé le problème. Il me restait
toujours beaucoup de problèmes à régler pour remettre
de l'ordre dans ma vie, mais le rire avait fracassé le gros
problème en petits morceaux. « Souvenez-vous d'*anicca* »,
aurait dit Goenkaji, et voilà que je le saisissais.

—Charles Brown a récemment repris contact avec Vipassana
de la manière la plus inattendue et ce après une longue
interruption. Un cours a été organisé à l'improviste sur son lieu
de travail, une prison près de Seattle. C'était le meilleur moyen
pour reprendre sa propre méditation et la mettre en pratique au
service du nouveau programme pour prisonniers à la NRF.

❧

La situation de mon ami s'était empirée. Son test de dépistage du SIDA semblait être positif et il semblait déjà avoir contracté la maladie. Il était désespéré et prenait de plus en plus d'alcool. Avant, j'aurais essayé de le réconforter et de l'aider, mais je voyais bien que je ne parvenais pas du tout à l'aider. Comme ils nous l'avaient dit aux rencontres d'Al-Anon, il faut apprendre à se détacher, à lâcher prise en se concentrant sur soi-même, pour se changer. De nouveau j'essayais d'aider, mais je traversais crise sur crise. Finalement, après avoir vécu dans cette situation de crise pendant 7 ans, j'ai senti que je ne pouvais plus continuer et je suis parti. J'avais tout essayé mais je ne pouvais rien faire d'autre pour lui.

Je suis allé au cours de Vipassana pour faire face à ma peine. À mon grand étonnement, en acceptant mes sentiments présents, j'ai ressenti du soulagement et non pas de la dépression. J'ai compris que je pouvais être heureux même en attendant la mort prochaine de mon meilleur ami. Mais cela n'a pas été la fin de mes surprises. Je suis rentré à la maison pour apprendre que mon ami avait été très malade à l'hôpital et qu'on lui avait fait repasser le test. Il n'avait pas le SIDA et n'était pas du tout HIV positif.

—*Werner Jung d'Allemagne est un artiste.*

❧

Vous vous souvenez d'Eeyore au chapitre 2 ? Kerry Jacobs de Grande-Bretagne ne cesse de parler de changements.

Mon esprit est devenu beaucoup plus clair et plus rapide, tout particulièrement ma mémoire et ma capacité à trouver rapidement une solution. Dernièrement, alors que j'avais besoin de faire de grosses révisions pour un test de japonais qui devait me mener au niveau suivant, j'ai choisi de consacrer plus de la moitié de mon précieux temps disponible pour la révision à un cours de Vipassana de 10 jours. Je voulais faire une retraite pour approfondir ma méditation. Je n'avais pas peur de perdre 10 jours de révision, parce que je savais que si je travaillais correctement, mon esprit serait tellement plus clair à la fin du cours que cela compenserait largement les jours manqués – et effectivement – j'ai réussi l'examen avec une bonne note.

Une autre fois, je suis rentré au travail après un cours de méditation pour faire face à un problème d'ordinateur qui traînait depuis des mois et des mois. J'ai commencé à me sentir très découragé et puis soudain j'ai pensé, voyons voir si je peux aller à l'essentiel. Je me suis assis et j'ai réfléchi clairement et intensément au problème pendant environ une minute ; j'ai compris ce que je devais faire et j'ai tout réglé le jour même. C'était vraiment incroyable et tellement libérateur !

J'ai aussi amélioré mes capacités de travail. Ma mère avait l'habitude de m'appeler la marmotte, tellement j'aimais dormir quand j'étais petit, surtout le matin quand j'étais censé me lever. Lorsque je suis devenu adulte j'ai gardé cette habitude de rester longtemps au lit dès que possible. Mais très progressivement ceci a changé. Maintenant j'ai tendance à sauter du lit dès qu'il fait jour, prêt à démarrer la journée – peut-être vers 5h30/6h00 du matin – et il n'est pas rare que je travaille deux heures avant le petit-déjeuner. (Je ne sais pas si cela a un rapport avec Vipassana mais j'ai aussi remarqué que je fais plus d'exercice et je me suis même inscrit dans une salle de fitness, ce qui paraissait tout à fait impensable à celui que j'étais dans le passé).

Sur le plan relationnel, j'ai trouvé la paix. J'ai un passé d'histoires d'amour difficiles, parfois catastrophiques, presque toujours très dramatiques, souvent compliquées, qui m'ont fait perdre beaucoup d'énergie et à cause desquelles j'ai versé beaucoup de larmes. Néanmoins, comme c'est le cas avec tout le reste en ce moment, j'apprends à ne pas chercher mon bonheur à l'extérieur de moi-même. J'ai ainsi appris à rester heureux à l'intérieur de moi-même, bien plus que par le passé, et ce même lorsque les choses allaient très mal à l'extérieur. Parfois il m'arrive de rêver d'une impossible histoire d'amour, ou de me tourmenter à propos d'une relation peu prometteuse. Mais peut-être parce que je suis plus conscient de ma personne, j'arrive à me reprendre beaucoup plus rapidement qu'avant. Je dispose maintenant des techniques d'Anapana et de Vipassana pour m'aider à court-circuiter la rêvasserie et l'inquiétude en concentrant mon attention sur la respiration et les sensations. Cela a été un vrai soulagement de pouvoir compter sur Vipassana pour m'aider à gérer cette partie de ma vie.

﹏﹏

Accepter le processus de vieillissement a été un des bienfaits de la méditation pour Vajira, un danseur professionnel du Sri Lanka.

Dans mon pays les gens apprécient ce que je fais et que je leur fais voir. Un travail créatif, de belles histoires ou de belles danses ont rendu tout le monde heureux et admiratif. Ils veulent que je continue et donc j'essaye de faire de mon mieux même si je ne suis plus au meilleur de ma forme. Je fais en sorte que d'autres puissent poursuivre mon travail car la tradition aussi doit être maintenue, sinon elle s'éteindra. Donc pour mon pays je dois faire cela aussi longtemps que possible, travailler à temps partiel, m'entraîner quotidiennement, mais également enseigner et faire du travail scénique. Avec la pratique de Vipassana, je comprends - et j'accepte le changement - que mon corps ne parvient plus à faire ce qu'il faisait dans le passé. Cela m'a aidé à ne pas vouloir faire toujours mieux et à ne pas essayer de maintenir à tout prix ce que j'arrivais à faire au début. Je suis devenu plus modeste, sans ce besoin impératif de publicité. Il y a aussi d'autres changements. Je suis progressivement devenu végétarien et mon style de vie est beaucoup plus paisible. Je continue simplement à faire mon travail car quelqu'un va devoir prendre la suite. Je n'ai aucune ambition de devenir meilleur ou quelque chose dans le même style. Maintenant je suis satisfait. Ce que j'ai fait est suffisant.

﹏﹏

La méditation est un moment privilégié qu'une personne passe dans le calme, loin du bruit, loin de tout ! Surtout cette tranquillité que l'on trouve si rarement dans la vie. La vie est une rivière que l'on purifie si peu souvent, sauf pendant un cours de méditation. Elle est parfois paisible, parfois agitée, parfois trouble, parfois sombre. L'esprit est toujours surchargé de toutes sortes de pensées. La méditation est un excellent moyen pour dompter l'esprit vagabond. C'est également un remède contre la colère et la mélancolie.

—*Luc, 13 ans, France*

Je pense que c'est pour tout le monde. Plus tôt on peut apprendre la technique, mieux c'est, même pour les enfants.

Il peut y avoir des gens qui diront, je n'ai pas de problèmes, pourquoi irais-je travailler dur pendant 10 jours ? Pour moi, le fait qu'ils disent qu'ils n'en ont pas besoin est une très bonne raison de croire qu'ils en ont vraiment besoin. S'ils peuvent juste réfléchir un instant sur eux-mêmes au lieu d'écouter ce qu'on leur dit à l'extérieur, ils verront bien. Allez-y maintenant, demandez-vous vraiment comment est votre vie ? Comment va votre couple ? Comment va votre travail ? Est-ce que vous vous mettez en colère ? Est-ce que vous avez tendance à être de mauvaise humeur ? Ce que les autres disent et font vous énerve-t-il ? Et si la réponse à ces questions est oui (et c'est probablement le cas car les êtres humains sont comme cela), alors dans ce cas la réponse est oui, vous avez besoin d'un cours.

—*Lors d'une conversation avec Michael Powell,*
Adélaïde, Australie

Pour Robert Johnson (Etats-Unis), ancien prisonnier, Vipassana est la clé pour rester dans le droit chemin.

Je n'arrêterai pas. J'aime la méditation... ne pas réagir dans le monde de tous les jours... je développe des moyens pour continuer la pratique de la méditation dans ma vie – comment mener une vie saine et pouvoir méditer. C'est la première fois que j'arrive à dire que je n'aime pas cette situation, ce genre de personnes, travailler ici ou là. Avec Vipassana j'ai assez de recul pour déterminer si quelque chose est bon ou pas pour moi. C'est un défi pour moi de développer un meilleur style de vie. C'est à ce niveau qu'est situé mon travail personnel.

Si quelqu'un dans une prison est dans cet état d'esprit de recherche de calme – les prisons sont bruyantes, les gens crient, les portes claquent, on entend hurler « Garde à vous ! » – et qu'il y a une possibilité d'apprendre Vipassana, il devrait se jeter sur l'occasion... Je le conseillerais à tout le monde.

❧

Maintenant je sais que c'est ça la voie
Pour le non-croyant qui veut croire
Pour celui qui n'a jamais la foi et qui en secret recherche la foi.
C'est la voie pour ceux qui ne peuvent jamais se sentir bien
Avec des solutions humaines partielles comme Dieu, la psychologie, l'argent.
La voie pour ceux qui apprécient la science
Mais qui ne parviennent pas à être consolés par la science.
La voie pour celui qui possède une chose parce qu'elle marche
Et pas parce qu'elle a une marque connue
La voie pour ceux qui chériront toujours
Un souffle plutôt qu'un mot.

—Ayelet Menahemi est une cinéaste israélienne.
Elle a participé à son premier cours de Vipassana en 1993
et maintenant toute sa famille médite.

❧

Les possibilités sont illimitées. J'enseigne à des élèves de tout âge, et je pense que la méditation devrait être une pratique quotidienne acceptée par les étudiants de toutes les générations. Vipassana donne à tout le monde plus de paix, de clarté, de concentration et de conscience de soi. Ces compétences sont plus importantes que les maths ou la science parce qu'elles permettent à une personne de mieux se comprendre. Elles m'ont également encouragé à poursuivre une recherche artistique qui n'augmente pas la souffrance du monde, mais qui essaye d'instruire, d'enseigner et d'inspirer, d'élever l'humanité.

—*Max Kiely, Canada*

❧

Cela m'a donné une meilleure idée d'où, comment et pourquoi nous nous situons dans l'ordre des choses et cela a élargi mes horizons. Au lieu d'avoir un point de vue si étroit, tout est là, si grand. Génial !

Je pense que je suis un peu plus calme, un peu plus compatissant. Pas aussi replié sur moi-même, vous savez. Un peu d'ouverture, je crois, j'espère...

J'ai l'impression que maintenant j'ai un outil pour être plus conscient d'où je vais dans cette vie. C'est la première fois, et j'ai cherché longtemps – peut-être 30 ans- et j'ai beaucoup lu, sachant toujours qu'il y a quelque chose d'autre. C'est la première fois que j'ai pu trouver quelque chose qui vous explique comment faire. Tous les autres trucs que j'ai pu lire pour vous expliquer ce qu'on cherche à atteindre disent la même chose, mais sans vous dire comment y arriver et ceci vous dit comment.

Je suis très heureux de l'avoir fait...Oui, très heureux.

—*Interviews avec des étudiants après leur premier cours,*
Australie 1990.

❧

Puisse chaque lecteur ou lectrice trouver sa voie et grandir dans le bonheur et la paix.

CENTRES DE MÉDITATION VIPASSANA

Les informations sur la méditation Vipassana se transmettent généralement de bouche à oreille : une personne participe à un cours, en ressent les bienfaits et souhaitant partager ce qu'elle a reçu, encourage la famille et les amis à également suivre un cours. L'intérêt suscité par Vipassana et les demandes de participation aux cours ont sensiblement augmenté au cours des dernières années, et un nombre croissant de personnes entendent désormais parler de la technique dans des reportages, des discussions publiques, des livres et sur internet.

Le site web Vipassana **www.dhamma.org** comprend une liste complète des cours de dix jours organisés dans le monde entier. De nombreuses retraites ont lieu dans des centres Vipassana dédiés, et d'autres dans des sites loués non permanents. Une courte présentation de la technique et du code de discipline des cours sont également disponibles sur la page d'accueil. Les demandes d'inscription aux cours peuvent être complétées en ligne. Les informations sur Vipassana sont également accessibles dans des langues autres que l'anglais sur le site web. En cas de questions ou de demandes particulières, il est préférable de contacter directement l'un des centres. Il n'est pas nécessaire d'avoir de connaissances ou une expérience préalable de la méditation pour participer à un cours mais simplement un réel désir d'apprendre la technique et de faire ses propres recherches en lui donnant toutes ses chances.

De nombreux centres dans le monde offrent régulièrement des cours de méditation Vipassana telle qu'enseignée par S.N. Goenka, de l'Inde et l'Asie à l'Europe, au Canada et aux États-Unis, en passant par l'Australie et la Nouvelle-Zélande, entre autres.

INFORMATIONS ADDITIONNELLES À PROPOS DE LA MÉDITATION VIPASSANA

Livres et enregistrements recommandés pour les débutants et où se les procurer :

1. L'art de vivre : la méditation Vipassana telle qu'enseignée par S.N. Goenka (The Art of Living : Vipassana Meditation as Taught by S.N. Goenka) de William Hart*
   Une étude complète sur l'enseignement de S.N. Goenka, préparée sous sa direction et avec son accord. Elle comprend les histoires utilisées pendant les cours et les réponses aux questions des étudiants.
   Harper Collins, 1987, 170 pp.
   Réimprimé en Inde par l'Institut de Recherche Vipassana, Mumbai, 1988
   *Également disponible en espagnol, français, allemand, hébreux, farsi, hindi, marathi, gujarati et sindhi.

2. Les résumés des discours (The Discourse Summaries) de S.N. Goenka
   Résumé des discours du soir d'un cours Vipassana de 10 jours, dans lesquels M. Goenka fournit le contexte et le fondement de la pratique réelle de la méditation Vipassana.
   Vipassana Research Publications, 1996
   *L'intégralité des discours est également disponible dans de nombreuses langues.

3. Réaliser le changement (Realizing Change) de Ian Hetherington
   Ce livre rassemble des voix du monde entier, rapportant les récits détaillés de leur appréhension avant de suivre un cours Vipassana de dix jours, leur expérience pendant le cours et leur expérience du changement activé par la pratique de Vipassana.

4. La méditation maintenant - La paix intérieure à travers la vision intérieure (Meditation Now: Inner Peace through Inner Wisdom) de S.N. Goenka
   Recueil d'essais et d'entretiens avec M. Goenka. Cette sélection inclut des discours initialement prononcés au Forum

Économique Mondial de Davos en Suisse, au sommet mondial du millénaire pour la paix aux Nations Unies, et d'autres essais abordant des préoccupations actuelles.
Vipassana Research Publications, 2002, 128pp.

5. Karma et Chaos du Dr Paul Fleischman
Recueil d'essais et nouveaux essais (dont **Pourquoi je médite et** l'action thérapeutique **de Vipassana**) explorant l'interface entre la psychiatrie, la science et l'enseignement intemporel du Bouddha, d'un éminent psychiatre qui pratique et enseigne Vipassana.
Vipassana Research Publications, 1999, 160pp.

6. Cultiver la paix intérieure (*Cultivating Inner Peace*) du Dr Paul Fleischman
L'auteur met en avant divers exemples de personnes qui l'ont inspiré dans sa quête personnelle de l'harmonie et du bonheur. Il inclut un récit autobiographique de sa propre expérience de la pratique Vipassana.
Penguin Putnam, 1997, 300pp.

7. Le Bouddha enseigne la non-violence, pas le pacifisme (*The Buddha Taught Nonviolence, Not Pacifism*) du Dr Paul Fleischman
Un essai qui incite à la réflexion et un poème inspiré par les attaques terroristes de septembre 2001.
Pariyatti Press, 2002, 64pp.

8. L'art de vivre (*Art of Living*), Livre audio de William Hart avec S.N. Goenka. Dans cette version audio du livre, chaque chapitre est lu par l'auteur et suivi par une histoire racontée par S.N. Goenka lui-même, extraite directement des discours d'un cours Vipassana.
Il ne s'agit pas d'un cours pour apprendre Vipassana par soi-même mais plutôt d'une image puissante de ce qu'est la pratique Vipassana et de ce qu'elle permet d'atteindre.
Pariyatti Audio Editions, 1999, (5 heures au total)

9. Les frères dans le Dhamma (*The Dhamma Brothers*) de Jenny Phillips
L'Est rencontre l'Ouest dans le Sud profond. Une prison de haute sécurité surpeuplée, le bout de la chaîne dans le système correctionnel de l'Alabama, change de façon spectaculaire avec la mise en place d'un programme de méditation Vipassana.

10. *Purger sa peine, faire Vipassana* (Doing Time, Doing Vipassana)
    Lauréat du prix Golden Spire 1998 au festival du film international de San Francisco, ce documentaire extraordinaire transporte les téléspectateurs vers la plus grande prison indienne, réputée être l'une des plus dures au monde, et montre le changement spectaculaire provoqué par la mise en place de la méditation Vipassana.
    Karuna Films, Ltd, 1997, 52 minutes.

11. Changer de l'intérieur (*Changing from Inside*), produit et réalisé par David Donnenfield
    Il s'agit du récit fascinant d'un programme de méditation pilote intense conçu pour des détenus d'une prison de basse sécurité près de Seattle aux États-Unis.
    Vipassana Research Publications, 1998, 42 minutes.

12. *Graines de conscience* (Seeds of Awareness)
    Graines de conscience décrit les expériences vécues par des enfants de l'époque contemporaine avec la méditation Anapana. Cette technique de prise de conscience de la respiration date de l'époque du Bouddha. Aujourd'hui, elle est disponible au moyen de cours de courte durée conçus pour les enfants et les adolescents. Le film donne un aperçu de l'organisation d'un cours et de son impact.

Sources des publications Vipassana

Les librairies ci-dessous mettent des livres, des vidéos et d'autres publications à disposition de ceux qui sont intéressés par Vipassana dans cette tradition.

Amérique du Nord

PARIYATTI
867 Larmon Road
Onalaska, WA 98570 USA
[1](800) 829-2748; [1](360) 978-4998;
bookstore@pariyatti.org, www.pariyatti.org

Australie/Nouvelle-Zélande

DHAMMA BOOKS
P.O. Box 93
Blackheath
New South Wales 2785 AUSTRALIE [61](2) 4787-7184
dhammabooks@beagle.com.au, www.dhammabooks.com

VIPASSANA PUBLICATIONS AOTEAROA NZ
89 Mountain Road Roturua
NOUVELLE-ZÉLANDE
www.vipassanabooks.com

Europe

VIPASSANA LIVRES
2, les Sablons
89130 Villers-Saint-Benoit
contact@vipassanalivres.org
www.vipassanalivres.org

INSIGHT BOOKS
The Sun Garway Hill
Herefordshire HR2 8EZ
ROYAUME-UNI [44](0) 1981 580-436
insight.nandawon.com

AYANA BOOK SERVICE
Semmelweisstr. 20
D-78532 Tuttlingen ALLEMAGNE
+49(0)7461-12443
contact@ayana-book.com, www.ayana-book.com

Inde

THE BOOKSTORE
Vipassana Research Institute Dhamma Giri
P.O. Box 6
Igatpuri 422 403 District Nashik Maharashtra, INDE
[91](2533) 244076, or 244086;
info@vridhamma.org, www.vridhamma.org

À propos de PARIYATTI

Pariyatti a pour mission de faciliter l'accès aux enseignements authentiques du Bouddha en matière de théorie
(*pariyatti*) et de pratique (*paṭipatti*) du Dhamma de la méditation Vipassana. Association caritative 501(c)(3) à but non
lucratif créée en 2002, Pariyatti est financée par les contri-
butions de personnes qui apprécient et souhaitent partager
la valeur inestimable des enseignements du dhamma. Nous
vous invitons à visiter www.pariyatti.org pour découvrir nos
programmes, nos services, les moyens que nous mettons en
œuvre pour soutenir la publication et nos autres activités.

Types de publications de Pariyatti

Vipassana Research Publications (cible Vipassana tel
qu'enseigné par S.N. Goenka dans la tradition de Sayagyi
U Ba Khin)

BPS Pariyatti Editions (sélection de titres de la Société de
publications bouddhiste (*Buddhist Publication Society*), co-
publié avec Pariyatti)

MPA Pariyatti Editions (sélection de titres de la Société de
publications bouddhiste (*Myanmar Pitaka Association*),
co-publié avec Pariyatti)

Pariyatti Digital Editions (titres audio et vidéo qui incluent
les discours)

Pariyatti Press (titres classiques réédités et œuvres d'auteurs
contemporains)

Pariyatti enrichit le monde en

- diffusant les paroles des paroles du Bouddha,
- apportant un soutien à celui qui cherche,
- éclairant le chemin du méditant.

www.ingramcontent.com/pod-product-compliance
Lightning Source LLC
Chambersburg PA
CBHW021046090426
42738CB00006B/207